El Buda y el chingón

Autoayuda

Biografía

Vishen Lakhiani es fundador y CEO de Mindvalley, una plataforma de aprendizaje en línea que combina noticias, rodajes, tecnología y eventos de la vida real para crear un imperio educativo de más de dos millones de estudiantes. Es autor bestseller en *The New York Times* con *El código de las mentes extraordinarias*, el cual ha sido traducido a más de 20 idiomas. Actualmente, Vishen busca expandir la presencia de Mindvalley por todo el mundo, con el objetivo de llevar sus maestros, su tecnología y sus cursos a cien programas educativos gubernamentales y a cada compañía dentro de Fortune 500 durante los próximos años.

Vishen Lakhiani

El Buda y el chingón
Secretos espirituales para alcanzar
el éxito en tu trabajo

zenith

Título original: *The buddha and the badass: The Secret Spiritual Art of Succeeding at Work*

© 2020, Vishen Lakhiani

Esta traducción es publicada por acuerdo con Rodale Books, un sello editorial de Random House, una división de Penguin Random House LLC

Traducción: Adriana de la Torre Fernández

Diseño de portada: Planeta Arte & Diseño
Fotografías de portada: © iStock
Fotografía del autor: © Paulius Staniunas, 2020
Diseño de interiores: Sandra Ferrer Alarcón

Derechos reservados

© 2024, Ediciones Culturales Paidós, S.A. de C.V.
Bajo el sello editorial PAIDÓS M.R.
Avenida Presidente Masarik núm. 111,
Piso 2, Polanco V Sección, Miguel Hidalgo
C.P. 11560, Ciudad de México
www.planetadelibros.com.mx
www.paidos.com.mx

Primera edición en formato epub: noviembre de 2020
ISBN: 978-607-747-991-8

Primera edición impresa en México en Booket: febrero de 2024
ISBN: 978-607-569-652-2

Impreso en los talleres de Impregráfica Digital, S.A. de C.V.
Av. Coyoacán 100-D, Valle Norte, Benito Juárez
Ciudad De Mexico, C.P. 03103
Impreso en México - *Printed in Mexico*

A Hayden e Eve. Primero y ante todo.

Y a mi familia: Kristina, Roope, Liubov. Mohan, Virgo

Para mi equipo en Mindvalley
y a todos los sorprendentes autores y estudiantes
en el mundo que viven para servir.

ÍNDICE

ANTES DE QUE EMPIECES

Debes saber que este libro puede desafiar tus creencias más arraigadas sobre la vida.

Siempre escribo con la intención de disrumpir. En otras palabras, quiero introducir nuevas ideas en tu mente, entre el flujo normal de pensamientos que ejecutas en piloto automático. Ser consciente te libera; nuevas ideas que *nunca* te habías imaginado son puertas de entrada para convertirte en una versión más grande, mejor y más poderosa de ti mismo. Y eso te beneficia no solo a ti, sino también a tu familia, tu comunidad y el mundo.

Mi amigo y gran filósofo Ken Wilber popularizó la importancia de las cosmovisiones en su trabajo sobre teoría integral. Se puede simplificar su obra y determinar que los lectores de este libro cabrán en alguna de las siguientes cuatro categorías de visión del mundo. Dependiendo de la tuya, ciertos aspectos de este libro te resultarán atractivos y otros podrían ofenderte.

Podrías ser racionalista. En ese caso, te encantarán las ideas de negocios de este libro, pero te burlarás cuando hable de la magia de la mente, la intuición o de escuchar tu alma.

Podrías ser tradicionalista. En cuyo caso, te encantará cualquier cosa que te recuerde tus creencias espirituales, pero podrás sentirte amenazado cuando hable de cuestionar la cultura y las reglas convencionales.

O podrías ser un *verde*, lo que significa que también podrías ser un adicto a lo espiritual, por lo cual te encantará hablar de magia, pero tal vez te den miedo las secciones sobre emprender ciertas acciones y administrar un negocio.

Finalmente, podrías ver esto desde el nivel integral. Esto significaría que eres de mente abierta y puedes conjuntar todas estas visiones del mundo sin sentir amenazado tu ego, y más bien elegirás y utilizarás lo que resuene contigo. Esta es la forma más productiva de leer este libro.

Lo anterior se debe a que este no es un libro tradicional sobre emprendimiento o negocios. El mundo está cambiando rápido: cuando comencé a enseñar meditación en 2003 tuve que ocultarles mi carrera a mis amigos; hoy las empresas de meditación están valuadas en millones de dólares. Y hoy, cuando me encuentro con personas que están en los escalones más altos del gobierno, los deportes, Hollywood, Silicon Valley y los negocios, ellos me comparten en privado sus profundas creencias espirituales y que ya no ven su trabajo y su carrera desde un punto de vista estrictamente material.

Muchos lo comparten públicamente para que sea un hecho oficial. Mi agradecimiento a Miguel, estrella de R&B, quien comentó en la revista *Billboard* que antes de sus conciertos hacía mi meditación de seis fases (más sobre esto en el capítulo 5). Y a Tony González, la famosa estrella de futbol americano, por hacer lo mismo en innumerables entrevistas. También a Bianca Andreescu, quien, después de vencer a Serena Williams en el US Open a la edad de 19 años, avaló mi trabajo y mi libro ante la prensa como una herramienta que ella usaba. Multimillonarios y emprendedores que «cambian el juego» están hablando en privado sobre algunas de las controvertidas ideas de este libro. Y mi meta es hacer más pública esta conversación porque ha llegado la hora.

Entonces, este libro está diseñado para disrumpir la forma en que ves el mundo y brindarte las herramientas para modificarlo a través de cambios cognitivos en ti. En resumen, crea una transformación. Una vez que descubras los patrones que revela este libro, no podrás dejar de verlos.

Este libro te encantará o lo detestarás según tu visión del mundo. Así está diseñado, porque crecemos a través de la incomodidad o la reflexión, pero nunca a través de la apatía.

Es posible que hayas encontrado este libro en la sección de negocios en una librería, aunque, sinceramente, no sé si en verdad pertenezca ahí. Este libro aborda la forma en que trabajamos hoy, sí, pero porque lo hacemos completamente mal. Permíteme advertirte que este libro no es sobre negocios en ningún sentido convencional. Se trata de transformar el modo en que trabajas desde dentro hacia fuera y de cómo ese cambio interno puede extenderse para cambiar el mundo.

Entonces, ¿de qué trata realmente este libro? De que domines tu trabajo y tu vida, ya sea que estés al frente de una organización importante, iniciando una nueva empresa o apenas comenzando en tu primer trabajo. Es para alguien que esté volcando su energía en un trabajo que no alimenta su alma o, por el contrario, para alguien que, aunque tenga una visión increíble para su empresa, no logra encontrar la manera de expandirla a un nivel que cambie el mundo.

Mi primer libro, *El código de las mentes extraordinarias*, se convirtió por accidente en una biblia para los atletas de todo el mundo porque exploró el rendimiento. Este libro explora el trabajo en equipo, dirigir un negocio y hacer mella en el universo. Me gustaría que fuera una biblia para cambiar la naturaleza del trabajo.

LA DISRUPCIÓN DE LAS *BRULES*

Si ya me conoces, entiendes que a esto me dedico. Todos vivimos bajo un conjunto de reglas a las que nos han condicionado. Nuestros padres, maestros, cultura, gobiernos y medios de comunicación implantan a la máxima potencia estas creencias en nuestra psique. En *El código de las mentes extraordinarias* inventé un nombre para dichas creencias: *brules*. Significa *bullshit rules*, es decir, «reglas de mierda».

Están por todos lados. Y cuando no las cuestionamos, nos atrapan. Son capaces de robarnos una versión más completa de la vida que podríamos estar aprovechando. Ahora es el momento de disrumpir las *brules* que has tenido durante tanto tiempo respecto al trabajo. ¿Por qué? Bueno, porque si eres la persona promedio en el mundo desarrollado, pasas el 70% de tus horas de vigilia ahí. Y si eres la persona promedio, también te sientes deprimido en tu trabajo debido a esas *brules*, lo cual simplemente no es aceptable para tu única vida. Hablaré sobre eso más adelante.

Ahora bien, no soy un consultor de negocios. Pero alguna vez batallé como un emprendedor que solía cuestionar las reglas. Mientras experimentaba con disrumpir algunas de las *brules* tradicionales sobre cómo debía funcionar el trabajo, instauré una empresa, un lugar de trabajo y una vida que eran más que extraordinarios.

Mi laboratorio de investigación eran mi propia vida y mi compañía. Aquí he codificado todo lo que he aprendido en un procedimiento paso a paso. He aprendido que cuando el trabajo se sintoniza con lo que nos apasiona, deja de ser trabajo.

Lo que debes entender es que, sin importar tu estado actual, tienes poderes únicos e increíbles que necesitas aprender a usar. Pensar que para tener éxito debes trabajar duro y esforzarte demasiado es un mito moderno. Dentro de nosotros hay un espíritu y un alma que muchos nos negamos a liberar en el área del trabajo. Pero esto es una *brule*. Cuando llevamos una mente despierta al trabajo, ocurre la magia.

Profundicemos ahora sobre la palabra *magia*. Algunas de las ideas que comparto en este libro están en el ámbito de lo espiritual. En otras palabras, no pueden (todavía) ser comprobadas por la ciencia. Hablaré del alma, la intuición, la sincronicidad y de doblegar la realidad. Mantén una mente abierta. Si crees que estas ideas son mierda, recuerda que hombres como Steve Jobs, a quien vemos como uno de los mejores creadores y CEO de todos los tiempos, las acogieron.

Si estas ideas realmente no resuenan contigo, entrega este libro a alguien que pueda beneficiarse. Porque poner en práctica estas ideas es importante. Necesitamos arreglar el trabajo. Actualmente operamos bajo modelos obsoletos. Según Gallup,[1] el 85% de los trabajadores detestan su trabajo. La mayoría de las personas viven desempeñando responsabilidades que no aman con tal de ganar dinero para poder sobrellevar vidas que no aman. Mucho peor: se mienten a sí mismas al respecto. Fingen que más o menos disfrutan lo que hacen para ganar un salario fijo. Si una especie alienígena observara el planeta Tierra, pensaría: «¿Qué les pasa a estas criaturas?».

Desde una perspectiva global, esto significa que alrededor de 5 369 personas en todo el mundo mueren cada hora, todos los días, sin haber alcanzado su potencial máximo ni haber sentido su más profunda alegría. La mayoría de nosotros posponemos nuestra propia felicidad y sueños hasta mañana, en un intento por mantenernos a flote hoy. Pero eso es un error catastrófico. La verdad ineludible es esta: EL TIEMPO SE ACABA.

Si estás leyendo este libro, apuesto a que tienes aspiraciones increíbles. Sueñas con escribir libros, construir empresas exitosas, postularte para un cargo político o marcar una diferencia en tu comunidad. Así que no pierdas el tiempo, tu bien más preciado.

Cuando se trata de trabajar, hay que descartar lo que no te empodere. Esta guía es tu libro de cabecera.

Cómo se escribió este libro

Al igual que mi primer libro, *El código de las mentes extraordinarias*, este tiene integradas algunas metodologías exclusivas de aprendizaje. Mi empresa, Mindvalley, se especializa en la

[1] Gallup, Inc. es una empresa estadounidense de análisis y asesoría con sede en Washington, D. C., fundada por George Gallup en 1935. La empresa se dio a conocer por sus encuestas de opinión pública, realizadas en todo el mundo. Además, en la actualidad ayuda a líderes y organizaciones a resolver sus problemas más acuciantes. [N. de la t., con información tomada de la página de la empresa y de Wikipedia, consultadas el 23 de abril de 2020].

transformación humana, por lo que me importa hacer que el aprendizaje permanezca. Estos métodos aseguran que las ideas se queden contigo y se arraiguen en tu vida.

Ejercicios

A lo largo del libro comparto herramientas, técnicas, experimentos mentales y ejercicios, y luego compilo las herramientas y técnicas de cada capítulo al final del mismo para facilitar su consulta. Quiero que te involucres con el libro, tomes notas, escribas en los márgenes y que lo hagas tuyo.

También incluyo técnicas de liderazgo sigiloso[2] con el fin de adaptar ciertas ideas para el trabajador que actualmente no dirija su propia empresa o equipo. Si no lideras un equipo pero eres miembro de uno, comparto formas sutiles de crear cambios a tu alrededor sin que debas tener un título formal.

Historias

Mientras escribía este libro, reuní historias de algunas de las mentes más increíbles de la actualidad. Estoy eternamente agradecido de que mi compañía, Mindvalley, me haya permitido convertirme en un punto de intersección para líderes increíbles y entrevistar y trabajar con cientos de personas de los campos de los negocios, la ciencia, la tecnología, la espiritualidad, la educación y las relaciones; esto forma la base de mi éxito y de las ideas que comparto aquí.

Al escribir este libro, pasé dos semanas planeando con Richard Branson y otros líderes empresariales en Necker Island. Di discursos en eventos junto a Michael Beckwith, Jay Shetty y Gary Vaynerchuk. Me senté junto a Marianne Williamson, Dave Asprey, Ken Wilber, Keith Ferrazzi, Chip Conley y Shefali Tsa-

---

[2] *Liderazgo sigiloso, líder sigiloso* (*stealth leadership*): término acuñado por el autor para aquellos líderes que no ocupan puestos altos en una organización y, por tanto, no tienen un ámbito de actuación tan amplio. Podrían ser jefes o incluso miembros de un departamento. [N. de la t.].

bary, con quienes tuve entrevistas en las cuales hubo mucha franqueza. Hay demasiados nombres increíbles por mencionar que contribuyeron con este libro. No digo esto para presumir. Atribuyo mi éxito a su tutoría y agradezco poder decir que muchos de ellos son mis amigos. Estas relaciones me han permitido atar cabos, ver patrones y construir nuevos códigos sobre cómo alcanzar niveles de éxito poco ortodoxos. No creo en los gurús. Creo que nadie tiene todas las respuestas, incluido yo, por lo que mis libros integran teorías e ideas de múltiples mentes.

Compartiré historias de las conversaciones íntimas que he tenido con muchos de los mejores visionarios de nuestro tiempo. Este libro es un homenaje al conocimiento que han compartido conmigo, así como a las lecciones que aprendí de los miembros de mi propio equipo, muchos de los cuales me han influido de formas que nunca sabrán.

Mi voz y mi historia

Suelo escribir con franqueza, sin guardarme nada. He compartido historias que me han puesto nervioso al contarlas, pero no me importa exponerme con tal de que les llegue a todas las personas el mensaje de que pueden hacer lo que yo he hecho.

Renuncié a Silicon Valley en 2003 para convertirme en profesor de meditación. Luego arranqué Mindvalley con 700 dólares y sin financiamiento de capital de riesgo o de inversionistas. Ahora, durante la escritura de este libro, nos estamos preparando para salir a cotizar en la bolsa. Sucedió tras varios obstáculos serios. Mi éxito comenzó en la trastienda de un almacén en un gueto en Kuala Lumpur, Malasia. Si te preguntas dónde está eso, no me sorprende.

Espera encontrar historias personales y un estilo de escritura crudo y vulnerable, como si tú y yo estuviéramos sentados frente a frente.

Experiencia en línea

Para las personas que desean profundizar sobre los conceptos de este libro, compartiré enlaces a recursos adicionales en el camino. Como ingeniero informático de corazón, diseñé varias herramientas en línea para ayudarte con el viaje de transformación que puedes emprender con este libro. Encontrarás horas de videos y capacitaciones adicionales para secciones específicas de este libro con el fin de facilitar la aplicación de algunas de las ideas en tu vida.

Definición de *emprendedor*

Una nota importante sobre el uso de la palabra *emprendedor*. Para mí, esta palabra no significa que estás dirigiendo una empresa. Puedes trabajar para una empresa o ser parte de un grupo, como la NASA, y aun así tener mentalidad emprendedora. Significa que estás innovando, creando, perfeccionando tus habilidades y contribuyendo al mundo, y no simplemente girando una rueda de hámster para tener un salario fijo. Cuando uso el término *emprendedor* en este libro, me refiero a todos los que eligen hacer una diferencia en el mundo al dar lo mejor de sí en su trabajo, ya sea que lo hagan por cuenta propia, sean contratistas, dirijan una compañía de mil millones de dólares o trabajen en una empresa.

Conéctate conmigo

Me encanta conectarme con mis lectores. Principalmente uso Instagram, donde regularmente comparto nuevos experimentos, historias e ideas. Me encantaría conectarme contigo en esa plataforma. Pero, por si acaso, también a veces estoy en Facebook y X.

Instagram.com/vishen
Facebook.com/vishenlakhiani
X. com/vishen

Mis sitios web

Para conocer más de mí y de mi trabajo:
    Mindvalley.com
    Vishen.com

INTRODUCCIÓN

La naturaleza ama la valentía. Tú te comprometes
y la naturaleza responderá a ese compromiso eliminando obstáculos imposibles. Sueña el sueño
imposible y el mundo no te aplastará, te levantará.
Ese es el truco. Esto es lo que todos los maestros
y filósofos que realmente contaron, que realmente
tocaron el oro alquímico, comprendieron. Esta es
la danza chamánica en la cascada. Así es como se
hace la magia. Arrojándote al abismo y descubrien-
do que es una cama de plumas.

TERENCE MCKENA

En 2019 estaba en el Caribe en un curso de cuatro días de
mastermind[3] para emprendedores. Estaba en una hermosa isla
con playas de arena blanca y puestas de sol para morirse. Una
mañana después de una sesión temprana, salí a tomar aire fres-
co. Me senté en un banco de madera con vista a un acantilado
rocoso. El océano estaba en calma, un espejo con pequeñas

---

[3] Un *mastermind* es un grupo de entre tres y cinco personas (algunos dicen
que el ideal es cuatro; otros, que pueden ser más) con especialidades comple-
mentarias, pero con un objetivo de vida similar, que se reúnen cada semana
o cada mes de forma presencial o a través de Skype, Google Hangouts, Zoom,
Appear.in u otras plataformas, e intercambian conocimientos para alcanzar objetivos. [N. de la t. Recuperado el 23 de abril de 2020, de: https://www.triunfa
contublog.com/masterclass/mastermind/].

EL BUDA Y EL CHINGÓN

imperfecciones. Los rayos del sol de la mañana ardían a través de una fina capa de nubes y se reflejaban en la extensión de agua cristalina.

Me tomé un momento para asimilarlo todo, luego me volví hacia mi iPhone. Saqué los AirPods de mi bolsillo, me los puse en los oídos y comencé a revisar los cientos de mensajes de mi equipo al otro lado del mundo. Estaba completamente sumido en mi teléfono cuando una mujer se me acercó.

—Ayer y hoy te he visto todo el día en tu teléfono. Debes estar trabajando muy duro. ¿Qué haría que tu día fuera mejor? —preguntó ella, que estaba en el mismo curso de *mastermind* de negocios.

—Oh, gracias —le dije—, pero mi día ya es perfecto. Nada podría mejorarlo. —Ella pareció sorprendida—. ¿Me preguntas eso porque ves que estoy al teléfono aquí, en esta hermosa playa? —pregunté.

—Sí —dijo ella.

En ese momento entendí cuál era la intención de la mujer. Ella me veía en una playa pegado a mi celular. Podía entender por qué ella pensó que necesitaba salvarme de mi «trabajo». Y, a decir verdad, hubo una vez en que sí necesité «que me salvaran». Mi trabajo y mi vida personal alguna vez estuvieron separados. El trabajo era lo que tenía que hacer para pagar las cuentas para sobrevivir. Pero ese ya no era el caso. Déjame explicar…

—Te entiendo totalmente —le dije—, pero no estoy trabajando. Me estoy comunicando con mi equipo. Y mi trabajo es tan inspirador que nunca lo siento como trabajo. Amo a mi equipo. Comunicarme con ellos es como hablar con mis amigos —le expliqué. Levanté mi iPhone—: Y este no es un teléfono, para mí es un «portal de amor». En este momento estoy haciendo lo que amo; me estoy comunicando con las personas que amo. Escribiendo sobre lo que amo. Compartiendo en las redes sociales con muchas personas en todo el mundo a quienes amo. Enviando videos cursis a amigos y familiares que amo. No estoy desconectado, estoy profundamente conectado.

20

»Cuando haces lo que amas, no tienes que trabajar ni un día en tu vida. Así que gracias, y entiendo tu preocupación, y es maravilloso que te comuniques conmigo, pero elijo vivir este momento aquí, en este acantilado, haciendo exactamente lo que estoy haciendo ahora. Es lo que amo.

—Vaya —dijo ella—. Creo que acabo de aprender algo aquí.

Sonreí y volví a mi teléfono.

El trabajo no siempre fue así para mí. Pero hoy mi vida se ha convertido en la experiencia más elocuente de esta cita de L. P. Jacks:

> *El maestro en el arte de vivir*
> *hace poca distinción entre su trabajo y su juego,*
> *su trabajo y su ocio, su mente y su cuerpo,*
> *su educación y su recreación, su amor y su religión.*
> *Apenas sabe cuál es cuál. Simplemente persigue*
> *su visión de excelencia en todo lo que hace, dejando*
> *que otros decidan si está trabajando*
> *o jugando. Para él, siempre está*
> *haciendo ambas cosas.*

Cualquiera puede tener esto. Aunque para muchos requerirá un cambio total de mentalidad. Y eso es lo que este libro hará para ti.

Pero primero debes estar convencido de que puedes crear una vida donde el trabajo no se sienta como trabajo. No tienes que creerlo ya. Pero debes estar abierto a ello. Al menos debes creer que es posible para otras personas, incluso si aún no crees que pueda suceder para ti en este momento. Este libro te llevará allá. Está diseñado para que te veas a ti mismo en un paradigma completamente nuevo.

En segundo lugar, debes entender la gran y gorda *brule* acerca del éxito: la falsa creencia de que tienes que trabajar más que nadie. Poner más horas. En otras palabras, darle duro. Quien crea esto adopta una mentira que simplemente no es verdad.

Este libro te muestra cómo ir más allá del mito del trabajo duro. Llegarás a un nivel superior de trabajo donde tendrás acceso a estados de conciencia elevados que te permitirán deslizarte sin esfuerzo por el mundo mientras creas un impacto. Cuando operes desde esos estados, notarás que combinas dos hermosos estados que surgen cuando se es humano. Yo llamo a esto la fusión del buda y el chingón.

El buda es el arquetipo del maestro espiritual. Es la persona que puede vivir en este mundo, pero también moverse con la facilidad, la gracia y el flujo que provienen de la conciencia interna y la alineación. No hablo estrictamente del buda literal —es decir, alguien que haya logrado la iluminación—, sino de alguien que reconoce y usa el poder del mundo «dentro de nosotros».

Crecí en el sudeste asiático en una familia que practica tradiciones hindúes y budistas. Hablo del buda con reverencia y busqué el consejo de maestros espirituales budistas antes de elegir el título. Sin embargo, este libro no incluye ninguno de los aspectos culturales o religiosos del budismo, aunque los estudiosos profundos de ese campo notarán algunas cosmovisiones similares dentro de este libro.

El chingón es el arquetipo del hacedor de cambios. Esta es la persona que está afuera creando, construyendo, codificando, escribiendo, inventando, liderando. Empuja a la humanidad hacia delante para dar vida a nuevas estructuras en el plano físico. El chingón representa al disruptor benevolente: la persona que desafía las normas para que podamos ser mejores como especie.

Para ser un verdadero maestro de la vida, necesitas integrar las habilidades de ambos. Cuando lo haces, vives a un nivel diferente al de la mayoría de las personas:

1. Dicha: encuentras una gran alegría en lo que haces. Trabajar y jugar se convierten en uno.
2. Inmunidad a estar abrumado: ya no te agobia la idea de estar abrumado. Hacer varias cosas al mismo tiempo se vuelve fácil.

3. Relaciones: puedes crear un ambiente positivo y generar energía con las personas con quienes trabajas. Esto significa que todas las relaciones son ganar-ganar y todas las interacciones están imbuidas de positividad y estimación.

4. Inspiración bajo demanda: puedes aprovechar las ideas, la inspiración y la creatividad cuando las necesitas, para convertirte en una fuente de innovación y producción creativa.

5. Abundancia: ya sea financiera o de salud, amor y experiencias de vida, comienzas a ver que la abundancia emerge en todas las áreas de tu vida.

6. Flujo y facilidad: la vida fluye casi como si estuviera bendecida por la suerte y la sincronicidad. Casi se siente como si estuvieras sostenido por un universo benevolente.

7. Doblega la realidad: lo que quieres te llega con facilidad; sientes como si el universo te estuviera apoyando.

Estos estados elevados de conciencia pueden sonar místicos o espirituales, pero son reales. Todos los seres humanos pueden acceder a ellos. No me malinterpretes: esforzarse demasiado tiene su razón de ser, pero solo para las personas que operan en niveles normales.

De los siete rasgos que mencioné anteriormente, toma un bolígrafo y resalta los tres primeros que desees aprender con este libro. Esta simple acción te ayudará a aprovechar aún más el libro. Haz una pausa por un momento y elige. Te hará leer este libro con una *intención* deliberada.

Independientemente de dónde estés ahora, quiero que sepas esto: puedes vivir la vida a un nivel expandido. Y no importa en qué etapa de tu negocio o carrera te encuentres, el libro está diseñado para brindarte formas nuevas de descubrirte a ti mismo y mirar el mundo, que provocarán un mejoramiento enorme en tu funcionamiento. Lo sé por experiencia.

No hace mucho tiempo tenía 32 años, vivía en una habitación en la casa de mis padres, conducía un Nissan March y apenas ganaba 3 000 dólares al mes. Eso fue en 2008. Pero hoy, cuando este libro va a la imprenta, tengo la suerte de dirigir un imperio multimillonario que está transformando la educación global. Y mi vida de hoy le habría parecido una fantasía poco realista a mi yo de 2008.

Tú también puedes hacerlo. Puedes lograr lo que sea que tu alma fue enviada a hacer aquí. Y en este libro compartiré todas las herramientas que he aprendido para poder ayudarte a llegar más fácil y más rápido que yo.

Diez años de experimentos

En 2008 mi compañía, Mindvalley, funcionaba con 18 personas. Creábamos sitios web y cursos en línea para autores de crecimiento personal. No tenía un producto exitoso importante. Para ser honesto, estaba gastando 15 000 dólares al mes y me estaba quedando sin fondos. Mi pequeño equipo operaba desde una pequeña casa de tres dormitorios en una zona residencial.

Tenía grandes sueños, pero no tenía idea de cómo llegar allá. Estábamos generando 250 000 dólares al mes en ventas de comercio electrónico en pequeños sitios de compras, pero seguíamos perdiendo dinero. Si continuaba quemando dinero, mi empresa pronto estaría muerta.

Como resultado de este dilema, me hundí en un periodo de depresión. Tenía un bebé de un año. No podía fallar en este negocio. Pero, carajo, fue difícil.

Sin embargo, lo que sí tenía a mi favor era una obsesión con el crecimiento personal. Estaba comprometido con crecer constantemente para poder convertirme en la mejor versión de mí mismo. Leí todos los libros que pude conseguir, estudié a cada autor y asistí a todos los seminarios de crecimiento personal que pude. Mi rutina diaria era:

Hacerme crecer a mí mismo.
Hacer crecer mi negocio.
Repetir.

A menudo no prestamos atención al crecimiento personal cuando se trata de negocios o trabajo; en cambio, nos centramos en la estrategia comercial, la innovación de productos y la cultura. Bueno, lo intenté. Incluso invertí una gran parte de lo ganado con mi pequeño negocio en estudiar un MBA en Stanford para poder incorporar las últimas innovaciones de la administración moderna. No sirvió de nada.

Pero eso no fue todo. Empecé Mindvalley en Estados Unidos. Como inmigrante, no pude obtener una visa de trabajo y tuve que trasladar todo el negocio a Malasia, donde nací. (Compartiré la historia completa en el capítulo 2). Imaginé a Mindvalley como una marca reconocida a nivel mundial. Y, en cambio, estaba atrapado en Kuala Lumpur, Malasia. Esta situación no ayudaba.

Entonces, no tenía un producto, no tenía dinero y estaba en un país altamente desfavorecido.

Así que centré mi atención en un objetivo particular: crear el lugar número uno en el mundo para trabajar (la historia exacta de por qué elegí ese objetivo y cómo surgió la compartiré en el capítulo 2). Pensé que si podía lograr eso, todo lo demás llegaría: la gente, el talento, la innovación del producto y el dinero. Si me enfocaba en crear un lugar de trabajo tan bueno, también disfrutaría más de mi trabajo. Y tendría más tiempo para prosperar, crecer y amar la vida.

Esta obsesión se convirtió en el experimento Mindvalley, a partir del cual descubrí los principios que hacen del trabajo un campo de juego para la innovación, la productividad, la creación y la alegría. Pero más que eso, estos principios generan un nuevo tipo de empleado o emprendedor: la persona que ha fusionado al tipo chingón y al buda en su naturaleza, y es capaz de crear resultados enormes con mágica facilidad.

En los 10 años siguientes cambiaron muchas cosas:

* La revista *Inc.* incluyó en 2019 a Mindvalley en su lista de las 10 oficinas más bellas del mundo. Como pronto sabrás, comenzó en la trastienda de un almacén en Kuala Lumpur,

Malasia. Hemos reinventado la oficina y hoy es un caso de estudio para diseñadores de interiores de lugares de trabajo.

- En Mindvalley nuestra cultura laboral es tan atractiva que personas de todo el mundo se trasladan a Malasia para trabajar en nuestra sede. Mindvalley emplea mentes brillantes de 60 países diferentes. Con toda su diversidad, entrar a nuestra oficina es como entrar a las Naciones Unidas.

- La dinámica de nuestro equipo es vibrante y próspera. Nuestro equipo obtiene puntajes significativamente superiores al promedio en diversas métricas de bienestar y salud. Cuando las personas se unen a Mindvalley rejuvenecen, están en mejor forma, más felices y más saludables. Yo mismo supero mis métricas de salud cada año a medida que envejezco. Recientemente fuimos galardonados con el reconocimiento al «Empleador más saludable» en nuestra ciudad, según datos de las aseguradoras. Nuestra gente se enferma menos y obtiene puntajes muy superiores al promedio en múltiples áreas de datos de salud.

- Pero el logro más importante e inusual es que, cuando este libro se encontraba en imprenta, nos acercamos a los 100 millones de dólares en ingresos como una compañía EdTech (educación de tecnología) sin haber utilizado fondos de riesgo. Esta es una rareza en la industria. Nuestra competencia al mismo nivel de ingresos recauda entre 75 y 300 millones de dólares en fondos. Nosotros hicimos todo eso sin capital de riesgo.

- Lo mejor de todo es que llevo mi vida con equilibrio y felicidad. Me siento bendecido y agradecido de despertarme cada mañana. Tengo una conexión cercana y amorosa con la gente a mi alrededor. Me pongo a trabajar en cosas que me iluminan. También puedo viajar, ver el mundo con mis dos hijos, conocer a las personas más increíbles y experimentar una enorme satisfacción en lo que hago para servir al mundo.

Los puntos anteriores hacen que este libro sea único. En él te muestro cómo hice mi propio laboratorio de pruebas, el cual, a pesar de estar en una ubicación desfavorecida y no tener acceso a capital, estoy convirtiendo en una empresa que produce 100 millones de dólares en ingresos, justamente al utilizar las ideas de este libro. Documenté todas las lecciones, tanto las dolorosas como las brillantes, para que puedas replicar este éxito.

La magia y el poder dentro de ti

Soy ingeniero. Tengo una licenciatura en Ingeniería Eléctrica y Ciencias de la Computación. He sido un nerd de la ciencia toda mi vida. Mi mente está en sintonía con los procesos, números, códigos y hojas de cálculo.

Sin embargo, siempre me han intrigado las personas que parecen operar desde un espacio más allá de los datos duros. Ellas generan ideas sobre la marcha, atraen magnéticamente a las personas adecuadas y parecen inusualmente «afortunadas». Otras anhelan unirse a sus misiones, sus empresas, sus equipos. Si trabajan en una organización, se mueven con fluidez y facilidad, y realizan proyectos con una sonrisa en el rostro. Obtienen los codiciados aumentos y promociones. Muchas de ellas pueden manejar varios proyectos a la vez, pues hacen malabares con roles y responsabilidades dobles, mientras logran que cada proyecto prospere, al igual que Steve Jobs malabareó al ser un líder tanto en Pixar como en Apple. Y las fuerzas del agobio no se atreven a tocarlos.

Estos trabajadores superestrellas a menudo pueden «entrar en la zona» a voluntad y demuestran que su concentración y creatividad son notables. Además, producen un trabajo formidable a velocidades vertiginosas, como cuando Elton John lanzó cuatro álbumes en un solo año y fue responsable del 5% de toda la música que se vendió alrededor del mundo ese año.

Con frecuencia también son maestros de las relaciones: forjan lazos estrechos con sus equipos, sus proveedores y todos los que los rodean. Son intensamente agradables. Cuando hacen negocios, se enfocan en ganar-ganar y no en ganar-perder. He sido testigo de esto en líderes carismáticos que he llegado a conocer, como Richard Branson, de Virgin, y Oprah Winfrey.

Una de las cualidades más singulares que parecen tener es una suerte notable. Las cosas simplemente se les dan con facilidad. Ellos son los que obtienen los aumentos, el reconocimiento y el éxito empresarial fácil. Pareciera que el universo se inclina a su favor.

Sus vidas personales también prosperan. Muchos de ellos gozan de buena salud y no parecen envejecer tan rápido. Sus familias, sus amistades y la conexión con quienes los rodean son maravillosas.

Estos hombres y mujeres no están bendecidos por una ventaja genética particular como la inteligencia. Más bien, manejan sus vidas según un conjunto distinto de reglas. Estas superestrellas encarnan las cualidades tanto del buda como del chingón. Todos los seres humanos tienen acceso a estas dos cualidades y ese es el viaje al que te lleva este libro.

El mito del trabajo duro

Entonces ¿por qué la obsesión con el trabajo duro, el esfuerzo extremo y matarse como un esclavo, a expensas de todo lo demás? En pocas palabras: porque no entendemos lo que es normal. Nuestros sistemas educativos están tan dañados que nos enseñan a sobrevivir en un trabajo, pero no a prosperar como seres humanos. El éxito a menudo se define como la cantidad de dinero en tu cuenta bancaria o el título en tu tarjeta de presentación. Pero las personas son mucho más complejas que un título o un puesto. Para entender esto, debes entender los dos mundos en los que todos vivimos.

Existe nuestro mundo exterior que compartimos con otros seres humanos, el mundo de trabajos, carreras, cultura, rituales y significado compartido con otros. Enfatizamos el régimen y el orden de este mundo exterior con leyes, normas, estructuras y procesos para gobernar nuestras vidas.

Pero también tenemos un mundo al interior de nuestras propias cabezas. Son nuestras esperanzas, miedos, aspiraciones, sueños, una cascada diaria de emociones. Consiste en cada duda, cada esperanza, cada pensamiento evidente, cada deseo o aspiración secreta. Y, para la mayoría de las personas, este mundo es completamente desestructurado, desordenado y desorganizado.

Para alcanzar el equilibrio debes poner orden en ese mundo interior. Para ello necesitas saber en qué consiste este mundo y tener intenciones claras de lo que deseas experimentar en tu mundo interior antes de ir a buscarlo en el exterior.

Lo anterior significa negarse a aceptar la mentira del trabajo duro y reemplazarla por:

> *La experiencia del alma en la Tierra no es para trabajar duro y esforzarse. Es para tener libertad, tranquilidad y expansión.*

He viajado por el mundo y he conocido a toda clase de gente, desde multimillonarios hasta maestros espirituales en las montañas de China. Gracias a estas experiencias descubrí que las personas verdaderamente extraordinarias no están trabajando «duro», sino que se centran en cultivar un cierto estado interno del ser y una identidad que les permiten desplegar una vida sin esfuerzo.

Cambiar nuestros modelos mentales de trabajo

El primer paso en este viaje es cambiar tus modelos mentales, el sistema operativo para toda tu experiencia de vida y trabajo.

Tu modelo mental está hecho de tus creencias y tus creencias son el interruptor principal de tu vida, pues la realidad es subjetiva.

En 1977, el famoso físico David Bohm dio una conferencia en Berkeley. Un extracto de su discurso fue publicado más tarde en el libro *The Quantum and the Lotus* (*El infinito en la palma de tu mano*) de Matthieu Ricard y Trinh Thuan. En él ofrece una hermosa formulación de la interacción entre nuestras creencias y lo que experimentamos como realidad:

> *La realidad es lo que consideramos como verdad.*
> *Lo que consideramos verdad es lo que creemos.*
> *Lo que creemos se basa en nuestras percepciones.*
> *Lo que percibimos depende de lo que buscamos.*
> *Lo que buscamos depende de lo que pensamos.*
> *Lo que pensamos depende de lo que percibimos.*
> *Lo que percibimos determina lo que creemos.*
> *Lo que creemos determina lo que*
> *consideramos verdadero.*
> *Lo que consideramos verdadero*
> *es nuestra realidad.*

En resumen, la realidad no existe de forma verdadera, sino que todo lo vamos inventando todo el tiempo. Así que tú puedes doblegar la realidad; puedes cambiarla, moldearla y jugar con ella. Es muy divertido. Cuando lo haces bien, el trabajo y la vida se convierten en uno solo. Es un acto magistral de vivir perpetuamente en juego, ya que pareces tener habilidades sobrehumanas para hacer malabarismos con todo.

El ser humano multidimensional

Cuando construí Mindvalley tuve la suerte de tener acceso a muchas de las mentes más brillantes del mundo. Para mi primer libro, *El código de las mentes extraordinarias*, realicé aproximadamente 200 horas de entrevistas con pensadores destacados sobre la mente humana. Luego, con lo que aprendí integré varios modelos de transformación.

Acuño nombres específicos para estos modelos con tal de que sean más fáciles de entender y aplicar en tu vida. Estos son algunos de los modelos de transformación que usaré en este libro:

1. Ingeniería de la conciencia

La *ingeniería de la conciencia* es un marco para expandir tu nivel de conciencia sobre cualquier tema. Sugiere que si queremos crecer en un campo, prestemos atención a dos cosas:

1. Nuestros modelos de realidad. Un *modelo de realidad* es una creencia y tus creencias se convierten en tu realidad. Si crees que el trabajo duro es necesario para el éxito, lo será para ti. Alguien más podrá tener una creencia totalmente diferente.

2. Nuestros sistemas de vida. Un *sistema de vida* es un proceso, es tu conjunto optimizado de procedimientos para hacer algo. Por ejemplo, una rutina particular en el gimnasio. Aplicado al trabajo, un sistema podría ser una forma de alinear tus objetivos con tu equipo, por ejemplo, para ser multitarea o para alcanzar niveles sobrehumanos de concentración y fluir.

Cada capítulo del libro recopila al final los modelos y sistemas del capítulo para que puedas recurrir fácilmente a esos procesos, a medida que implementes las ideas del libro.

Si piensas en el ser humano como una computadora, tus creencias serían como el hardware y tus sistemas como el software. Si deseas obtener una computadora más rápida, puedes actualizar el hardware o descargar una actualización del software. Del mismo modo, debes actualizar tus creencias, deshacerte de ideas que te detengan y asumir nuevas creencias de empoderamiento. Y para que tus sistemas suban de nivel, adopta sistemas mejores y más optimizados para trabajar.

Puedes aplicar esto para comprender cómo funciona cualquier genio o artista sobrehumano. Mi amigo Jim Kwik, el entrenador cerebral mundialmente famoso, dijo una vez en un video que publicó en Instagram:

Quiero hacer visible lo invisible.
Quiero exponer el método detrás de la magia.
Cada vez que ves a alguien hacer algo increíble
en salud, deportes o negocios, hay un método
para su magia. Porque el genio deja pistas.

Cuando aplicas este enfoque a la vida, te vuelves muy, muy bueno muy pronto. Cada capítulo de este libro desenvolverá nuevos modelos de realidad que puedes adoptar libremente, así como nuevos sistemas de vida para aplicar en tu vida.

2. *Brules*: las reglas de mierda

Todos vivimos según un conjunto de reglas condicionadas en nosotros. Llamo a estas creencias *brules*. Significa *bullshit rules*, es decir «reglas de mierda».

Ellas están por todas partes y, cuando no las cuestionamos, nos atrapan. Pueden robarnos una versión más completa de la vida que podríamos estar aprovechando. Ahora es el momento de disrumpir las *brules* acerca del trabajo que durante tanto tiempo has aceptado como ciertas.

3. Doblegar la realidad

Este es un concepto que reaparecerá a lo largo del libro, pues es fundamental para lograr la mentalidad de buda/chingón. Muchas de las personas más creativas y poderosas en el arte de trabajar parecen capaces de acceder a este estado a voluntad. Doblegar la realidad es un estado mental particular en el que parece que la vida se desarrolla mágicamente. Suerte, sincronicidad, momentos de fluir en extremo, todo parece alinearse. Probablemente hayas experimentado esto en algún momento de tu vida. El truco es poder acceder a este estado cuando quieras.

Es curioso que Walter Isaacson haya usado tres veces la frase «doblegar la realidad» en la biografía que escribió sobre Steve Jobs. Isaacson dijo sobre Steve:

> La raíz de su distorsión de la realidad era su creencia de que las reglas no se aplicaban a él. Tenía pruebas de eso: en su infancia, a menudo había podido doblegar la realidad según sus deseos [...]. Tenía la sensación de que era... un elegido. Él piensa que hay algunas personas que son especiales como Einstein y Gandhi y los gurús que conoció en la India, y él es uno de ellos.

En *El código de las mentes extraordinarias* menciono una notable y curiosa estratificación de estados mentales que parece permitirles a las personas doblegar la realidad. Sugiero que tiene que ver con el acceso a emociones y pasiones dichosas, casi como si el trabajo fuera un juego (verás esto en la Parte II de este libro), combinado con visiones poderosas que te empujan hacia delante (verás esto en la Parte III de este libro). Este doble pilar de dicha y pensamiento visionario conduce a estados mejorados de funcionamiento en el mundo.

Steve Jobs no fue la primera leyenda comercial en hablar sobre este estado. Hace 100 años, cuando el titán John D. Rockefeller tenía 80 años escribió este poema, el cual se publicaría en el libro *Titan* de Ron Chernow.

> *Desde muy niño me enseñaron a trabajar y jugar,*
> *Mi vida ha sido un largo y feliz celebrar;*
> *Lleno de trabajar y de jugar—*
> *La preocupación en el camino pude dejar—*
> *Y Dios fue bueno conmigo en cada día y lugar.*

Rockefeller fue la persona más rica de su tiempo. Y notarás la misma dualidad en su escritura: dicha y pensamiento visionario.

Además de los modelos mentales como la ingeniería de la conciencia y doblegar la realidad, este libro analizará sistemas elegantes para administrar un negocio. Pero no vamos a hablar en lenguaje de un MBA.

Los únicos sistemas que cubriré aquí son los sistemas para administrar un negocio y hacer crecer tu carrera que tengan en cuenta al ser humano como un ser multidimensional.

4. Liderazgo sigiloso

Puedes ser el CEO de una de las compañías en Fortune 500, un emprendedor en modo de arranque que trabaja desde un Starbucks o un empleado en una organización mucho más grande. No importa lo que seas, puedes elegir ser un líder. Tienes el poder de transformar tu trabajo e influir en las personas y en los equipos con los que trabajas. Incluso si no tienes un título oficial, puedes aplicar las estrategias de este libro para brillar en tu carrera e influir en tus compañeros. A esta práctica la llamo «liderazgo sigiloso».

La realidad es que cada ser humano es un líder, pero la mayoría de las personas no logran reclamar su poder sobre sus vidas y experiencias. No necesitas el título de CEO para influir en las personas que te rodean. Ser un líder sigiloso significa que ejerces tu influencia incluso cuando no tienes esas tres letras después de tu nombre (y, de hecho, te diré por qué me despojé del título de CEO y cómo eso me hizo aún más efectivo para liderar a mi equipo).

No eres solo un cuerpo de carne controlado por neuronas

Mientras veamos a los seres humanos como meros cuerpos de carne controlados por un exquisito conjunto de neuronas, pensaremos en el trabajo de una manera particular y extremadamente limitada.

Prefiero pensar que somos mucho más que eso. Somos seres multidimensionales.

Cuerpos de carne, sí. Neuronas, sí. Pero también somos un espíritu y un alma. Somos energía, criaturas complejas llenas de anhelos profundos, ansias del alma y superpoderes únicos, listos para ser desbloqueados.

Lamento si creíste que habías comprado un libro tradicional de negocios. Espero que tu librería tenga una buena política de reembolso.

Las tres secciones de este libro

Este libro tiene tres partes y cada capítulo va profundizando en los temas. Aquí hay muchas ideas y tácticas, así que si encuentras algo útil, es posible que debas leerlo dos veces para que realmente lo internalices.

Sin embargo, no tienes que leerlo de forma lineal. Puedes saltarte capítulos e ir directo al que más te llame la atención. A continuación explico de lo que trata cada capítulo; de esta forma, si tienes prisa y no puedes leer de principio a fin, ve directamente al capítulo que más te atraiga.

Parte I. Hazte magnético
Mira hacia dentro para atraer lo externo

¿Para qué naciste? Una vez que estés alineado con tu verdadero propósito y tu huella del alma todo lo demás se volverá mucho más fácil.

Imagina tu negocio como un poderoso imán que atrae todo lo que hay en el mundo hacia él. El talento que necesitas viene corriendo hacia ti.

Las personas que imaginas, con las habilidades, creencias y actitudes que encajan con las tuyas, como las piezas que faltan en un rompecabezas, aparecen de repente. Toda la experiencia ocurre sin esfuerzo y se siente extrañamente sobrenatural.

En la Parte I, te entrenaré para que te conviertas en un poderoso imán. Eso se logra al alinear tu trabajo, ya sea tu organización, iniciativa, proyecto o misión de vida, con tus valores más íntimos y la identidad de tu alma.

Capítulo 1. Descubre la huella de tu alma

La vida de cada persona se desarrolla de manera única. Cada evento significativo que vives deja un rastro: cada pico, cada valle, cada momento de gozo, cada sufrimiento. Estas experiencias te transforman en lo que debes ser. Y cuando las decodifiques, descubrirás que el universo tiene un plan para lo que debes ser. Estás aquí para desempeñar tu papel, tu carrera y tu misión únicos. Tu mejor trabajo es descubrir estos valores, mantenerte fiel a ellos y actuar en consecuencia.

Capítulo 2. Atrae a tus aliados

La grandeza se logra mejor junto a los demás. El mundo es demasiado complejo para acometerlo solo. No atraes a las personas debido a tu plan de negocios, sino porque tu sueño les da esperanza. Los seres humanos nos movemos más por la emoción que por la lógica. El mejor regalo que puedes darle a alguien es invitarlo a compartir un sueño. Así es como te vuelves magnético y te alineas con las personas que necesitas para hacer realidad cualquier visión.

Parte II. Encuentra tu poder
Los cuatro elementos que transforman
el trabajo y amplifican los resultados

Después de entrevistar a miles de personas para trabajar en mis empresas, descubrí una verdad sorprendente sobre el comportamiento humano.

Hay cuatro necesidades dominantes que las personas anhelan de cualquier trabajo que realicen. Cuando comprendes y aplicas este conocimiento, las personas se enamoran de su trabajo y de la cultura de la que forman parte. Y tú también necesitas esto. Cuando mezclas estas necesidades humanas en tu trabajo, este se convierte en un lugar de sanación y amplificación de tu poder.

Nada de esto es místico. Todo está respaldado por notables teorías que han desarrollado los principales psicólogos, filósofos y líderes espirituales del mundo.

Capítulo 3. Enciende la chispa de las conexiones profundas

Los seres humanos desean unirse. La necesidad de pertenecer está en nuestro ADN. Si bien podemos vernos separados el uno del otro, la verdad es que estamos conectados por lazos invisibles. Cuando entiendes cómo influir en este espacio, creas comunidades donde todos son más grandes juntos que separados.

Capítulo 4. Domina la inalterabilidad

En un mundo de muchas opciones, buscamos seguir a los demás en lugar de seguir nuestra propia guía interior. La clave es aprender a amarte profundamente y a confiar en tus anhelos interiores. Mientras lo haces, puedes canalizar estos sueños, visiones y deseos en una obra maestra de vida. Como líder también puedes ayudar a que otros desarrollen todo esto en sí mismos. Cuando lo haces, las visiones compartidas que creas se hacen realidad con elegancia y facilidad.

Capítulo 5. Haz del crecimiento tu objetivo máximo

Tu alma no está aquí para lograr cosas. Tu alma está aquí para crecer. La mayoría de la gente se equivoca en esto; se deja seducir por el éxito y se quiebra por el fracaso. Añaden un gran significado a lo que esencialmente no tiene sentido, porque la realidad es que el éxito y el fracaso son ilusiones. Lo único que importa es qué tan rápido evoluciones. Tu viaje consiste en eliminar todas las barreras que te detienen de la autorrealización.

Capítulo 6. Elige tu misión con sabiduría
A medida que te realizas, ganas una ventaja en la vida. El siguiente paso es usar esa ventaja para elevar a otros y mejorar el mundo: esto es la autotrascendencia. Cuando vivas desde ese plano, alcanzarás un nivel de satisfacción más allá de lo que puedas imaginar. El objetivo ya no es simplemente refinarte o sentarte en una introspección interminable, sino usar tus habilidades recién descubiertas para mejorar el mundo en favor de los demás, varias generaciones adelante.

Parte III. Conviértete en un visionario
Fusiona al buda y al chingón
para cambiar el mundo

En la Parte III aprenderás cómo convertirte en un visionario. Cómo crear visiones y objetivos que realmente inspiren y emocionen al mundo. Luego aprenderás a avanzar rápidamente hacia esos enormes objetivos con facilidad. Y como beneficio adicional, aprenderás a hacerlo sin sacrificar tu salud, tu vida amorosa o tu familia. Vamos a reventar la idea insidiosa de que el trabajo duro es necesario para obtener resultados notables.

Capítulo 7. Activa a tu visionario interior
No hay mayor experiencia que vivir tu vida trabajando para lograr una visión tan audaz que te asuste. Cualquier visión con la que te comprometas debe ser lo suficientemente inspiradora para mantenerte despierto por la noche mientras te atrae y coquetea contigo. Ahora déjame decirte un gran secreto: cuanto más grande sea tu visión, más fácil se vuelve. Cuando vives de esta manera, puedes encontrar que la visión no proviene de ti. Más bien, el universo elige pasar a través de ti para realizar lo que el mundo necesita.

Capítulo 8. Opera como un Cerebro unificado
Para abordar una visión realmente grandiosa necesitas tener muchos cerebros, un equipo de personas que actúe como un

súper Cerebro unificado. Por primera vez tenemos herramientas increíbles para esto; sin embargo, la mayoría de los equipos trabajan dentro de sistemas de colaboración antiguos. Cuando aprendes a crear un Cerebro unificado, te mueves con asombrosa velocidad y destreza.

Capítulo 9. Asciende tu identidad

El universo actúa como un espejo: refleja lo que eres. El milagro de esto es que puedes cambiar tu identidad y el mundo obedecerá. Pero debes cambiarla tan profundamente que creas en la nueva identidad y vivas la vida de acuerdo con ella.

Algunas palabras finales...

Ahora, más que nunca, es momento de hacer que el trabajo importe. Es hora de que encuentres ese poder y magia internos para transformar la manera en que funcionas en el trabajo y, como resultado, inspirar a todos los que te rodean.

Si estás buscando a quién transferirle la responsabilidad, es hora de que comiences a relacionarte contigo mismo como alguien mucho más grande y mucho más poderoso. ¿Quién es el pionero al que más admiras? No eres diferente. Bezos. Branson. Musk. Huffington. Winfrey. Elige uno. O si te empodera, forja tu propia identidad.

Es hora de preguntarte: ¿qué tipo de líder quieres ser? ¿Qué quieres experimentar en esta vida? ¿Por qué legado quieres que te recuerden tus hijos? Es hora de que nos unamos para poner el trabajo en orden.

Ahora vamos a eso.

MIRA HACIA DENTRO
PARA ATRAER LO EXTERNO

Demasiadas personas terminan escondiendo los dones exclusivos que poseen para encajar en el mundo que los rodea. Los emprendedores también lo hacen. Imitamos más a menudo de lo que irradiamos.

Por irradiar me refiero a descubrir los valores fundamentales únicos dentro de tu propia alma. Valores que yo diría que el universo colocó dentro de ti por una razón y para que con ellos infundas todo lo que toques. Buscas dejar tu huella del alma en todo lo que creas, ya sea una nueva aplicación, un libro o una empresa. Y cuando haces esto, te vuelves magnético.

En el capítulo 1, «Descubre tu huella del alma», harás un ejercicio crítico para comprender para qué naciste. Esto también te permitirá tomar consistentemente las decisiones correctas sobre a quién invitar a tu ecosistema. Aprenderás por qué necesitas marcar tus creaciones con el sello único de tu alma. El proceso que aprendes, al que llamo «ejercicio de la historia de origen» (*Origin Story Exercise*), está diseñado para extraer tus valores profundamente arraigados. Llegarás a comprender que los valores centrales no pueden inventarse, sino que deben provenir de ti.

En el capítulo 2, «Atrae a tus aliados», aprenderás cómo convertir tu idea, ya sea para un negocio, organización con o sin fines de lucro, grupo comunitario o proyecto, en un imán que atraiga a las personas que necesitas. Aprenderás un proceso para compartir tus ideas efectivamente, comunicándote primero con la emoción, luego con la lógica. Aprenderás los primeros pasos para formular cualquier idea y llevarla al mundo para que las personas que imaginas, con las habilidades, creencias y actitudes exactas, y que están en la misma misión que tú, aparezcan de repente.

Cuando hagas las tareas que presento en estos dos capítulos, te alinearás sin esfuerzo con tus valores, y otras personas que compartan tus valores se sentirán atraídos por ti. Estarás rodeado de la gente exacta que necesitas para hacer realidad tu visión. Pasarás de reaccionar ante la vida, a darle forma.

Capítulo 1

DESCUBRE LA HUELLA DE TU ALMA

Nunca olvides lo que eres, porque seguramente el mundo no lo hará. Hazlo tu fuerza. Entonces nunca podrá ser tu debilidad. Hazte una armadura con ello y nunca se usará para lastimarte.

GEORGE R. R. MARTIN, *Juego de tronos*
(*Canción de hielo y fuego, libro 1*)

La vida de cada persona se desarrolla de una manera única. Cada evento significativo que experimentas deja un rastro: cada pico, cada valle, cada momento de gozo, cada sufrimiento. Estas experiencias te transforman en lo que debes ser. Y cuando las decodifiques, descubrirás que el universo tiene un plan para quien debes ser. Estás aquí para desempeñar tu papel, tu carrera y tu misión únicos. Tu mejor trabajo es descubrir tu historia, mantenerte fiel a ella y actuar a partir de ella.

De 2013 a 2016, mi empresa, Mindvalley, gastó casi todo su efectivo. Una serie de eventos desastrosos casi aniquilaron el negocio. Ese periodo de tres años fue una batalla por la supervivencia.

Una noche, después de otro día horrible en modo de supervivencia, me dejé caer en una silla del comedor de mi cocina, angustiado. Estaba en crisis. Eran las 11 de la noche. Quería hundir la cabeza en la almohada, apagar las luces y dormir. Pero tenía una cita. Tenía una llamada programada con un posible maestro para Mindvalley; hablaríamos sobre su participación en uno de nuestros populares programas de contenido. Y afortunadamente cumplí con la cita.

Marqué el número de Srikumar Rao. Y esa noche tuve la experiencia de su profunda sabiduría por primera vez.

Rao es un famoso profesor que ha dado conferencias en diversos lugares, como las escuelas de negocios de Columbia y Londres. Hay listas de espera para poder asistir a sus clases porque sus enseñanzas son muy revolucionarias. Rao mezcla la sabiduría de los filósofos y maestros espirituales que murieron hace mucho tiempo con las ideas modernas de las escuelas de negocios estadounidenses. No es el currículum clásico de un MBA. Es más bien el hijo de Rumi y Jack Welch.

Rao vive en Nueva York, pero no es la típica persona de ahí. Es un hombre indio, humilde y con los pies en la tierra. Es de las personas que solo ocasionalmente abre la boca en un grupo y habla lentamente; pero cada vez que habla, todas las personas en la sala se callan porque saben que les abrirá la mente.

Esa noche éramos extraños. Pero él es bueno leyendo a la gente: supo por mi tono de voz que estaba estresado.

—Vishen, basta de hablar de negocios. ¿Estás bien? —me preguntó.

—Estoy bien —contesté.

Era mentira, por supuesto. Rao también lo sabía, así que sondeó más. Me pareció tan amoroso, tan sincero, que me sentí seguro con él. Había estado luchando por contener mi angustia, pero en ese momento la dejé salir en una gran y desordenada corriente de confesiones.

—Estoy agotado, Rao, y muy estresado. Mi salud se ha ido a la mierda. Dudo de mi capacidad para liderar y ser un CEO. Estoy luchando por mantener esta compañía a flote y no puedo compartir esto con nadie. Lo he estado guardando todo. Simplemente no sé qué hacer —compartí.

Rao escuchó y luego dijo:

—Vishen, quiero leerte un poema. Solo escucha. Es de un poeta del siglo XIII llamado Rumi.

—Está bien —dije.

Pero en el fondo de mi mente estaba pensando: «¿Poesía? ¿En serio? Estoy abriéndole mi corazón, ¿y él quiere darme una maldita clase de poesía?».

Pero es lo que hizo.

Este es el poema de Rumi que me leyó:

> *Cuando corro tras lo que creo que quiero,*
> *mis días son un horno de angustia y ansiedad;*
> *Si me siento en mi propio lugar de paciencia,*
> *lo que necesito fluye hacia mí y sin ningún dolor.*
> *De esto comprendo que lo que quiero también me quiere a mí,*
> *me está buscando y me atrae.*
> *Hay un gran secreto en esto para quien pueda entenderlo.*

En ese entonces no entendí nada; solo llegué a comprender lo que realmente significaba este poema dos años después. Sin embargo, en ese momento Rao me preguntó qué significaba el poema y eso me inició en el viaje de la comprensión. Así que ahora te hago la misma pregunta: «¿Qué crees que significa este poema?».

Haz una pausa por un momento. Considera tu respuesta antes de seguir leyendo. Mejor aún, escribe tu respuesta: «¿Qué crees que significa este poema?».

Al final de este libro, te lo recordaré. Te pediré que consideres nuevamente lo que crees que significa. Puedes sorprenderte con una nueva interpretación.

Rumi expresa que hay momentos en los que sientes la necesidad de correr tras lo que quieres. Pero ¿es este un deseo que emerge de tu ser más íntimo? ¿O es una necesidad artificial? ¿Un deseo programado en ti por un condicionamiento cultural?

Eso es diferente del verdadero deseo. Nadie puede explicar esos momentos. Hay personas, lugares, ideas a las que podemos sentirnos atraídos sin ninguna razón en particular. Estoy seguro de que has tenido experiencias como esta: una idea que te atraiga o una visión que te mantenga despierto por la noche. A veces no tiene ningún sentido, pero te resulta inquietante. Sin embargo, te sientes atraído por esa visión a pesar del sentido común.

Así como cada uno de nosotros tiene una huella digital única, ¿qué pasaría si también tuviéramos una huella del alma única? ¿Un marcador único para nuestra alma, basado en las experiencias que el alma busca tener en esta vida?

Descubre la huella de tu alma

He aprendido a escuchar a mi alma. Puedes llamarlo conocimiento interior o instinto. Estoy seguro de que tú la has escuchado también. Y cuando lo haces, el universo te envía lo que necesitas. En ese momento ocurre la magia.

Tu *huella del alma* es un conjunto subyacente de instrucciones que está operando en sincronización sin darte cuenta. En los negocios, tu huella espiritual se crea al descubrir tus valores fundamentales.

Lo que aprenderás en este capítulo es que estos valores no se pueden inventar: vienen de ti y son los marcadores únicos de tu alma. Te guiaré a través de un proceso para descubrirlos.

Esto es lo que significa pensar como un buda. En lugar de atarte a las ilusiones del mundo, la cuales te entrenan para querer cosas que de hecho no importan, debes eliminar el lavado de cerebro. Cuando aprendas a escuchar la voz que es auténticamente tuya, entenderás lo que tu alma está llamada a hacer en este mundo, pues esa será la única razón por la que realmente naciste.

Tu huella del alma está constituida por un conjunto único de valores integrados en ti. Los valores hacen que cada decisión que tomes sea simple. Cuando descubres tu huella del alma obtienes una nueva resonancia en tu vida, la cual atrae más de aquello que está en armonía con tus verdaderos deseos y repele lo que no lo está.

Muchos de nosotros estamos corriendo detrás de lo que suponemos querer porque nos han lavado el cerebro para creer que esas son nuestras necesidades. Aceptamos trabajos que aplastan nuestra alma o creamos negocios que no tienen resonancia con nuestros anhelos más profundos. Lo sé porque lo he hecho.

En 2010 comencé un negocio respaldado por capital de riesgo en el espacio de los cupones digitales de Silicon Valley, entonces en boga. No me interesaban los cupones digitales, solo cofundé esta compañía porque sabía que el espacio estaba en auge. Cerramos una ronda de financiación de dos millones de dólares y el negocio despegó, pero seis meses después me di cuenta de lo insoportable que se había vuelto mi vida. Para mí era horrible ir a trabajar y no veía ningún valor en nuestro producto, así que cedí la mayoría de mis acciones a los otros cofundadores y dejé de sentirme como un fracaso.

Mis intentos fallidos se debían a que lamentablemente ignoraba mis valores fundamentales, mi huella del alma. Si hubiera sabido hacerme esta pregunta filosófica que aprendí años después, no habría tenido que soportar tanta confusión: «Si soy un alma que elige tener una experiencia humana, ¿por qué estoy aquí?».

Si diriges un negocio exitoso, estás creando uno o lideras un equipo, lo que aprenderás en este capítulo será vital. Quizás incluso cambie por completo la manera en que abordas tus proyectos.

Muy a menudo se nos dice que construyamos productos basados en lo que quiera el mercado. Nos dicen que preguntemos: «¿Qué producto quieres vender?» o «¿Qué está pidiendo el mercado?». Estas preguntas deben hacerse dentro de un contexto de valores. La pregunta que la mayoría de la gente nunca hace es: «Según mis valores, según lo que me satisface y cómo quiero crecer, ¿qué puedo ofrecerle al mundo de manera única?».

Antes de aceptar un trabajo o comenzar una empresa, empieza por conocer tus valores. Tu libro, tu blog, tu línea de ropa, tu aplicación, tu carrera deben estar infundidos por tu conjunto único de valores. Si no estás en una posición de liderazgo, identificar tus valores es la forma más fácil de alinearte con las personas adecuadas y la carrera correcta, donde tus dones brillarán.

Tus valores son los que te dan a ti y a lo que sea que hagas esa ventaja especial. Incluso, son más que eso: hacen que tu trabajo sea significativo para ti, para que sepas que realmente has hecho mella en el mundo. La investigación de mercado, los datos y las encuestas a los clientes están subordinados a tus valores.

Y ten por seguro que tus valores ya están dando forma a tus elecciones. Cuando tienes claridad sobre cuáles son, esos valores te ayudarán a evitar colocarte en posiciones que vayan en contra de tus creencias más arraigadas.

Así la vida se vuelve más fácil, pues a diferencia de muchas otras personas, sabes quién eres en verdad y lo que realmente quieres.

En este capítulo descubrirás cuáles son tus valores y así darás un vistazo a tu exclusiva huella del alma. Pero antes de hacer ese trabajo, dado que hay tantos conceptos erróneos en torno a los valores centrales, permíteme limpiar el terreno.

Tus valores apuntan a nuevas visiones del mundo

La mayoría de los emprendedores se equivoca sobre los valores centrales. En los primeros días de Mindvalley, yo ciertamente lo hice. En 2008, cuando reuní a mi equipo para hacer un ejercicio de valores, estaba imitando a las nuevas empresas de Silicon Valley. Pasamos por un proceso democrático de votación para elegir los valores de la empresa.

Cada miembro de mi equipo tenía un voto igualitario. Nuestro equipo de 40 personas identificó unos 300 atributos diferentes de Mindvalley. Los agrupamos y terminamos con una lista de 10 puntos de nuestros supuestos «valores». La lista incluía líneas como:

Convertimos a los clientes en fanáticos entusiastas.
Nos atrevemos a soñar en grande.
Evolucionamos a través del aprendizaje.

Fue democrático. Fue justo. Fue también muy, muy equivocado.

Ocho años después me di cuenta de la locura de este método. Había confundido mis valores personales (*valores fundamentales*) con los valores de mi empresa (*valores organizacionales*). Casi todos los fundadores o emprendedores de una *start-up* cometen este error.

Necesitaba aprender la diferencia y la importancia fundamental del porqué personal con respecto al porqué de la empresa. Esto sucedió en 2016 cuando un exempleado, conocido en ese momento como Amir Ahmad Nasr, me invitó a comer.

Contratar a Amir fue una de las mejores decisiones que he tomado. Él tenía 21 años cuando llegó a Mindvalley en octubre de 2007. Cinco años después publicó una reconocida memoria: *My Isl@m: How Fundamentalism Stole My Mind and Doubt Freed My Soul*, que lo llevó a compartir el escenario con premios Nobel, exjefes de Estado y emprendedores que han cambiado el mundo.

Este valiente libro causó tanto revuelo que lo obligó a trasladarse a Canadá, donde ahora reside. Hoy es más conocido como el músico, compositor y creativo emprendedor que vive en Toronto, Drima Starlight. Es un artista al que le encanta enseñar; es asesor estratégico de confianza para fundadores y directores ejecutivos consumados, empresarios en la lista de Forbes de los 30 emprendedores menores de 30 años, narradores de historias que han recibido premios Grammy y Emmy, autores *bestseller* de *The New York Times* y oradores de TEDx.

Me enorgullece que Drima haya comenzado profesionalmente en Mindvalley.

Durante su explosivo crecimiento profesional, Drima se obsesionó con las historias de origen y los valores fundamentales. Un día me invitó a comer para señalarme gentilmente que estaba pensando en los valores de manera incorrecta. Había pasado cinco años en Mindvalley y conocía la compañía a detalle. Puesto que mantuvimos nuestra amistad mientras se convertía en una autoridad mundial en el diseño de valores para empresas, ahora él estaba en condiciones de expandir mi mente.

Drima me explicó los dos tipos de valores centrales y por qué tanta gente tiene valores incorrectos.

Los *valores fundamentales* definen el alma de una empresa: atraen a las personas adecuadas al ecosistema y le dan a un producto una ventaja única. Grandes marcas, excelentes libros, excelentes restaurantes, a menudo son únicos debido al «sabor» singular que les otorgan los valores de sus fundadores. Piensa en Nike, Apple o Starbucks. Estos valores también son los principios clave, las creencias orientadoras y las ideas fundamentales que dan forma a la cultura. Los valores fundamentales provienen del equipo fundador de una empresa, se utilizan para decidir quién entra por la puerta. Si eres un *solopreneur* o un profesional independiente, estos son los valores para tu forma de operar.

Los *valores organizacionales* se desarrollan una vez que las personas están dentro. Son las reglas que rigen los comportamientos esperados, requeridos para que las colaboraciones diarias funcionen sin problemas. Los establece la empresa en su conjunto. A medida que crece tu equipo y tu empresa, los valores organizacionales se vuelven cada vez más importantes.

Mindvalley tenía un conjunto claro de valores organizacionales que provenía del equipo. Esa era la lista que compartí anteriormente. Pero yo, como fundador, nunca había expresado adecuadamente los valores fundamentales, es decir, la razón por la cual mi alma me llevó a comenzar esta compañía en primer lugar.

Drima me ayudó a corregir esto, pero lo que estaba a punto de decirme me causaría un cambio tan drástico que perdería el 30% de los miembros de mi equipo en un solo año. (Hablaré sobre esto más adelante).

—Vishen, piensa en tus valores fundacionales personales como el documento fundador de Estados Unidos. La Constitución de Estados Unidos es sacrosanta y a lo largo de la historia solo ha sido enmendada después de medidas significativas, por razones importantes e imprevistas, o descaradamente ignoradas por los padres fundadores de Estados Unidos —explicó Drima.

Los valores organizacionales, en su analogía, son como las leyes aprobadas por el Congreso.

—Tus valores fundamentales personales son similares —continuó—. Toman forma en el crisol de las experiencias formativas anteriores de tu vida, en especial durante la infancia y la adolescencia. Raramente cambian en la edad adulta, a menos que sufras una enorme confusión, un trauma o que haya cambios importantes en las circunstancias de tu vida. Pero, aparte de eso, se mantienen casi iguales y sin cambios durante largos periodos.

Los valores organizacionales se forman cuando reúnes personas. Surgen por consenso. Evolucionan con mayor frecuencia a medida que los nuevos miembros del equipo van y vienen, y las circunstancias en tu mercado y el mundo cambian y se modifican. Desempeñan un papel crucial similar a las leyes introducidas, actualizadas y aprobadas periódicamente por el Congreso.

Las leyes son como un modelo vivo que guía y organiza el comportamiento social según corresponda, para representar la voluntad de las personas. Deben estar en armonía y en alineación con la Constitución de Estados Unidos, porque de lo contrario serían consideradas anticonstitucionales y, por lo tanto, las rechazarían.

Es por eso que los valores organizacionales no son suficientes. Para que los valores organizacionales realmente importen, deben basarse en el *porqué* subyacente de los valores fundamentales, que provienen directamente del fundador o del equi-po fundador.

Sin embargo, la mayoría de las empresas olvidan esto y la mayoría de los fundadores pasan por alto la importancia de sus propios valores, y los entierran por modestia o por un deseo de agradar al *statu quo*. Pero recuerda esto:

En la mayoría de los casos,
cualquiera puede imitar tu negocio.
Pero nadie puede imitar tu negocio si está construido
con base en tu historia. Cuando tus valores infunden
tu negocio, le das una vida especial a tu creación.

Steve Jobs infundió a Apple valores estéticos en una época en la que las computadoras personales eran feas. Oprah infun-dió a sus programas de entrevistas los valores del amor y la sa-nación en una era en la que los programas de entrevistas usaban el escándalo y los chismes familiares para ganar espectadores.

Si eres un fundador o líder, tú, de entre todas las personas, no puedes ignorar que tienes valores fundamentales profunda-mente personales que te impulsan. Tienes que darte cuenta de ellos y de cómo te animan, o de lo contrario, como dijo Carl Jung: «Mientras no hagas consciente al inconsciente, este diri-girá tu vida y lo llamarás destino».

Entonces, ¿cómo descubres estos sistemas de valores? Bue-no, comienzas con los valores fundamentales. No los encon-trarás contándote mentiras de mierda. Deben provenir directa-mente de tu núcleo. El truco es descubrirlos.

¿Cuál es tu semilla?

Yo fui uno de los primeros conejillos de indias en probar el proceso de valores centrales llamado «Ejercicio de la historia de origen», el cual me permitió descubrir mis cuatro valores fundamentales y transformar mi forma de trabajo. Cuando le

DESCUBRE LA HUELLA DE TU ALMA

pregunté a Drima cómo lo desarrolló, me contó una historia
que nunca olvidaré. La llamó «Sabiduría a la sombra de un
árbol de limas» y surgió de una profunda lección que aprendió
de su abuelo.

Sabiduría a la sombra de un árbol de limas

Cuando era niño, pasaba la mayoría de las vacaciones en Jartum,
la capital del norte de Sudán, el lugar donde convergen los ríos
Nilo Blanco y Azul, la ciudad en que nací y donde viven la mayoría de los miembros de mi familia. Ahí visitaba la casa de mi
abuelo. En su jardín, él tenía un árbol de limas que para entonces
comenzaba a dar cada vez menos frutos.

Él y yo nos sentábamos a la sombra del árbol y jugábamos
ajedrez casi todos los días. Mi abuelo siempre usó ese tiempo
para enseñarme lecciones de vida y crear lazos conmigo. Fue una
figura mentora en mi vida.

Un día estábamos jugando ajedrez debajo del árbol y él re-
cogió una lima que había caído en la hierba. La abrió, la pellizcó,
arrancó una semilla y dijo:

—Nieto, mira esto. Esta es una semilla de lima. Te da un árbol de lima. No puede darte un árbol de mango o un manzano.
Una semilla de lima solo te da un árbol de lima. Obviamente,
debes colocarla en el tipo de suelo adecuado, darle algo de agua
y asegurarte de que tenga sol. Pero, a fin de cuentas, pase lo que
pase, la semilla de lima solo producirá un árbol de lima.

Luego continuó diciendo:

—Este árbol de lima se está haciendo viejo y se está mu-
riendo. Tal como yo. Me estoy haciendo viejo y un día también
moriré, así que tienes que entender algo. A medida que enveje-
ces, antes de que se acabe tu tiempo, es tu deber responder esta
importante pregunta: «¿Cuál es mi semilla?».

»Tu semilla producirá solo lo que debe producir. Eso es todo.
No te dejes atrapar por las distracciones. No te dejes atrapar por
la manipulación. No te dejes atrapar por el ruido de la sociedad.
Sintonízate hacia dentro.

53

»Pregúntate: «¿Cuál es mi semilla?». Una vez que lo sepas, persigue la respuesta. Persíguela con humildad y tú también podrás cumplir el propósito de tu vida.

La historia de Drima expresa de una manera sumamente conmovedora la verdad interna de los miles de millones de personas de este mundo. Ninguno de nosotros es un clon. Cada persona es única, con un modelo de valores fundamentales, profundamente arraigados, que dan forma a nuestro comportamiento. Los valores son simplemente las creencias desde las cuales operamos y que son tan parte de nosotros como nuestro ADN.

Y al igual que el ADN, cuando te haces consciente de las creencias que impulsan todo lo que haces, se vuelve mucho más fácil tomar decisiones, lo que te permite acelerar tu tasa de logro en los resultados que deseas en los negocios.

El ejercicio de la historia de origen

Este es el ejercicio con que Drima me guio en el verano de 2016. Fue un momento decisivo en mi vida porque, por primera vez, me di cuenta de cómo mi pasado estaba dando forma a mi presente.

Paso 1: Haz una gráfica con tus picos

Drima comenzó por hacerme pensar en los altibajos de mi vida. «Cierra los ojos y recuerda algunas de las experiencias más dolorosas que tuviste cuando eras niño».

Durante cada uno de esos momentos surgieron valores. Los puntos bajos (ser víctima del racismo, que me bulearan) me hicieron ganar valores como el aprecio por la diversidad y la compasión por los demás. Los puntos altos, como ver que un producto despegaba o ver los rostros de las personas iluminarse en los eventos que hacía, germinaron como valores para la innovación.

Paso 2: Extrae lo que importa

Drima me pidió que escribiera los valores en una lista; me preguntó: «¿Qué es importante para ti en la vida?». En unos 20 minutos generé esta lista:

- Transformación
- Conectividad
- Compasión
- Crecimiento
- Humanismo
- Estética
- Visión
- Felicidad
- Trascendencia
- Amor
- Cambio
- Aprendizaje autodirigido
- Cuestionamiento
- Innovación
- Futurismo

Paso 3: Destilación

El siguiente paso fue mirar esta lista y agrupar los valores relacionados. Cuatro grupos se hicieron evidentes de inmediato.

VALORES RELACIONADOS
CON LA UNIDAD
- Conectividad
- Compasión
- Humanismo

VALORES RELACIONADOS
CON EL AUTOCRECIMIENTO
- Transformación
- Crecimiento
- Trascendencia
- Aprendizaje autodirigido

VALORES RELACIONADOS
CON LA INNOVACIÓN
- Estética
- Visión
- Cambio
- Innovación
- Cuestionamiento
- Futurismo

VALORES RELACIONADOS
CON EL AMOR
- Felicidad
- Amor

Paso 4: Nombra los valores

El siguiente paso fue darles nombre a estos grupos. Se me hizo evidente que estos cuatro valores se habían convertido en parte de mi ADN. Al hacer el ejercicio al final de este capítulo, también intenta agrupar tus valores. Cada grupo debe tener un nombre. Ejemplo: para el grupo 3, que involucra valores relacionados con la innovación, decidí usar el título «Visualización».

Estos son los cuatro valores fundamentales que surgieron de mí cuando hice este ejercicio.

- Unidad
- Transformación
- Visualización
- Amor

Aquí es donde sucede la magia. Muchos fundadores, consultores o expertos se convierten en replicadores: crean empresas, trabajos y productos que imitan el *statu quo*. En el mundo de hoy esto ya no es suficiente. Esta es otra razón por la que debes infundirle tus valores a tu trabajo.

Si trabajas para una empresa y no eres el fundador, tus valores fundamentales son los activos que aportas al trabajo todas las mañanas. Aplican al trabajo que haces, no importa lo pequeño que creas que sea. Conozco a un agente de atención al cliente cuyo valor es la alegría: todos los correos electrónicos que envía a un cliente tienen ese valor.

Mis cuatro valores continuaron infundiéndole una ventaja única a Mindvalley y así es como los describimos al interior de la empresa:

1. Unidad: creemos ferozmente en la diversidad, el humanismo y el ambientalismo. Nosotros, como raza humana, estamos en la evolución hacia un futuro mejor, juntos. La unidad es la idea de ver las similitudes por encima de las diferencias y acoger a la raza humana en su conjunto.

2. Transformación: creemos en apoyar a las personas para que se transformen en las mejores versiones de sí mismos; esto es válido para nuestros clientes, socios y empleados. Creemos que tu crecimiento personal debe ser lo más importante en tu vida.

3. Visualización: no tenemos miedo de cuestionar al *statu quo* y nunca nos conformaremos en nuestro esfuerzo por superar los límites y crear un futuro mejor. Nuestro enfoque predeterminado es la innovación, la creación y la invención.

4. Amor: nos preocupamos profundamente por nuestro equipo, nuestros socios y clientes. Nos tratamos con cuidado y amor.

Cada uno de los cuatro valores hizo que nuestra empresa destacara en nuestra industria.

- La unidad como valor es la razón por la cual empleamos a personas de 60 países en una oficina.
- La transformación es la razón por la cual todos en Mindvalley toman su propio crecimiento personal tan en serio.
- La visualización es la razón por la cual reinventamos constantemente nuestros productos y servicios para mantenernos a la vanguardia en nuestra industria.
- El amor es la razón por la cual tenemos una cultura de amistad cercana entre los miembros de nuestro equipo.

Usé cada uno de estos valores como una ventaja para elaborar nuestra marca. Con el ejercicio al final de este capítulo podrás hacer lo mismo. Convierte tus valores en la historia de tu marca. Pero tus valores harán más que eso: descubrirlos también te hará comprender tus propios comportamientos.

Las fuerzas ocultas
que guían tus decisiones

Ahora bien, antes de que yo descubriera los cuatro fundamentos que leíste arriba, no me había dado cuenta de las fuerzas subyacentes que guían muchas de mis decisiones. Solía encontrarme en negocios con socios con los que no trabajaba bien, o me sentía en conflicto sobre decisiones importantes. Antes de darme cuenta de que la transformación era uno de mis valores fundamentales, intentaba crear empresas en otros campos, solo para fracasar una y otra vez. Pero cuando comencé empresas o proyectos en el campo de la transformación humana, siempre fueron un éxito rotundo. Cuando conoces tu huella del alma, conoces tu ventaja única.

Visualizar, o el acto de imaginar nuevas creaciones, fue otro de mis valores que descubrí en este ejercicio. Como un niño que creció jugando con LEGO, además de que soy exingeniero, siempre siento que doy lo mejor de mí cuando construyo, creo e invento. Para mí nada se mantiene constante. La innovación es una forma de vida. Pero antes de 2016, no sabía lo profundo que era este valor. Antes de establecer la visualización como un valor, una de las mayores críticas negativas que los empleados de Mindvalley hacían era que «las cosas cambiaban demasiado rápido».

Sin embargo, para mí el cambio era una necesidad en nuestra industria. Al establecer y definir claramente la visualización como un valor y, por lo tanto, hacer del cambio nuestra forma de vida, ahora atraemos a personas que prosperan en entornos de ritmo acelerado. La queja de que el negocio cambiaba demasiado rápido prácticamente desapareció de la empresa. Ahora, las personas que traemos a bordo se relacionan con la innovación como una necesidad. El resultado: personas más felices y un negocio más saludable.

Estos cuatro valores, unidad, transformación, visualización y amor, irradian en todo lo que hacemos en Mindvalley y en todos los que trabajan para nosotros. En la página web con nuestras ofertas de empleo incluimos parte de la historia de nuestra empresa y una sección que dice: «¿Te alineas con nuestros valores?».

La investigación de los valores centrales comienza ahí. Desafiamos a nuestros posibles empleados desde el momento en que nos encuentran y esto continúa durante el proceso de contratación hasta que los invitamos a unirse a nosotros. Es por eso que las personas que atraemos encarnan estas mismas cualidades.

La mayoría de las personas lleva su vida a ciegas, sin conocer las profundas creencias orientadoras que dan forma a su comportamiento. No nos enseñan a prestar atención a esto, lo cual no tiene sentido. Drima lo dijo de esta manera:

> *Vishen, tus valores deben provenir de tu alma.*
> *Tú creaste esta empresa. Hay una razón*
> *por la que naciste y una razón para lo que sucede*
> *en tu vida. Escucha lo que hay dentro de ti y decide*
> *qué valores te importan. No mires afuera ni traigas*
> *ningún proceso de votación de mierda.*

Recuerda esto: si tú eres el fundador de tu empresa, debes descubrir e infundir tus valores en la organización naciente. No los disminuyas: tus valores fueron colocados deliberadamente dentro de tu alma y son las semillas de lo que el universo busca crear a través de ti. Escucha atentamente lo que está surgiendo.

Como dijo Steve Jobs en su famoso discurso de graduación en Stanford en 2005:

> *No puedes conectar los puntos mirando*
> *hacia adelante; solo puedes conectarlos mirando*
> *hacia atrás. Entonces tienes que confiar que los puntos*
> *se conectarán de alguna manera en tu futuro.*
> *Tienes que confiar en algo: tu instinto, tu destino,*
> *tu vida, karma, lo que sea. Este enfoque nunca*
> *me ha decepcionado y ha marcado*
> *la diferencia en mi vida.*

Mira hacia atrás, recorre los eventos de tu vida: los fracasos, los sufrimientos, las altas y las bajas. Todos ellos moldearon tus valores y estos deben guiar tus decisiones sobre el tipo de empresa que generes y el trabajo que realices.

Los valores tienen que venir de ti, pues se arraigan en ti durante los eventos importantes que le dan forma a tu vida. Lo que he llegado a entender es que, por lo general, esos momentos son dolorosos, pero en esos momentos crecemos más. Hay un gran valor en la experiencia más dura. Ese es el lado positivo de la vida.

Los regalos ocultos de tu dolor

Ahora bien, este es el gran secreto de los valores fundamentales. A veces surgen del dolor y el sufrimiento que puedes haber tenido en la vida. Tus valores son a menudo tu deseo inconsciente de asegurarte de que otras personas no experimenten el mismo dolor que tú.

Tus valores se convierten en la sanación que deseas dar al mundo, debido al dolor que has sufrido tú. O, para sacar a colación otra cita de Rumi:

La herida es el lugar por donde la luz entra en ti.

Que me hayan puesto en la lista negra de Seguridad Nacional (ya te contaré la historia en el próximo capítulo) y tener que abandonar Estados Unidos fue doloroso, pero no me arrepiento. Me ayudó a reconocer mi valor clave: la unidad.

Y cuando ves que tu sufrimiento puede contener un regalo oculto, sucede algo especial. Quizás esto es a lo que Viktor Frankl, autor del famoso libro *El hombre en busca de sentido*, se refería cuando dijo:

El sufrimiento deja de serlo en el
momento en que encuentra un sentido.

Ahora bien, por lo general, un solo valor no te define. Habrá muchos. La idea es comenzar con una lista grande y consolidar y numerar los principales.

El ejercicio de la historia de origen podría alterar radicalmente, pero para bien, la forma en la que manejas tu vida y tu negocio. Eso hizo para mí. Supongo que tendrás una experiencia similar cuando realices el proceso al final de este capítulo. Y cuando lo hagas, recuerda:

A menudo, el dolor de tu pasado
son las migas de pan que te llevarán al significado,
los valores y el propósito de tu vida.

Lleva esto a tu equipo

Hay una salvedad para introducir valores fundamentales en un equipo: es posible que surja un aspecto temporalmente inconveniente, incluso un poco doloroso en el proceso. En el año 2016, cuando implementé los valores fundamentales en Mindvalley, vimos renunciar al 30% de nuestro equipo. Esto no debe sorprenderte. Cuando aportas nuevos valores, cambias la empresa. Por eso es mejor construir un negocio a partir de ellos y hacer este proceso antes de construir un equipo.

Pero si tu negocio ya está funcionando, haz el ejercicio e instaura tus valores fundamentales. No todos estarán contentos con este cambio. Eso no significa que estén equivocados, solo significa que quizá la relación laboral ya no puede continuar.

¿El lado positivo? En 12 meses comenzó un periodo de crecimiento acelerado de tres años. La organización se alineó en torno a estos nuevos valores. Las personas que se unieron al «nuevo» Mindvalley en 2016 se quedaron por casi un 50% más tiempo, produjeron el doble de ingresos por empleado y fueron en general más felices, porque nuestros valores estaban alineados.

Los beneficios superan significativamente cualquier caída a corto plazo. Los valores fundamentales generan equipos de mayor rendimiento y que están más conectados. Así que cumple con esta regla: los valores fundamentales son lo primero.

Ahora realiza el ejercicio de la historia de origen, o bien, sigue leyendo para saber en qué te enfocarás una vez que hayas establecido tus valores fundamentales: los valores organizacionales.

Así es como se ven juntos los valores fundamentales y organizacionales.

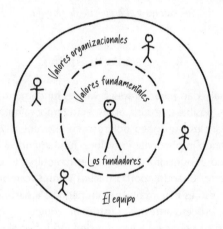

Los valores fundamentales provienen del fundador y permean a toda la empresa; los valores organizacionales provienen del equipo. En los ejercicios de cierre de este capítulo explico un proceso de creación de valores organizacionales. Este es opcional; puedes omitirlo y pasar al capítulo 2 si esto no resuena contigo. Los valores organizacionales se realizan con los miembros de tu equipo.

Pero primero detente ahora mismo y haz el ejercicio de tu historia de origen. Es hora de que descubras tu exclusiva huella del alma.

Resumen del capítulo

Modelos de realidad

Debes conocer tus valores fundamentales. Ya sea que los conozcas o no, tus valores dan forma a todas tus decisiones. Una vez que los definas claramente, comprenderás lo que debes hacer a continuación y con quién necesitas conectarte para construir una vida y un negocio que inspiren.

Cuando comprendes los valores con los que operas, todo en la vida se vuelve más fácil. Entiendes por qué haces lo que haces, a quién necesitas tener en tu equipo, qué proyectos debes emprender, cómo cambiará tu negocio al mundo. Te sentirás como un buda, sereno y seguro de tus acciones. Tu buena actitud se extenderá hacia afuera. Liderarás con tu actitud y tu comportamiento.

Una vez que sepas lo que quieres, tu próximo trabajo es atraer magnéticamente a las personas adecuadas, que es lo que aprenderás en el capítulo 2.

Sistemas de vida

Ejercicio 1: El ejercicio de la historia de origen

Sigue las instrucciones a continuación para definir tus valores fundamentales. Recuerda que estos valores no pueden ser inventados, deben ser extraídos.

Cuando realices este ejercicio, obtendrás una lista que te ayudará a determinar qué negocios, movimientos o proyectos iniciar, y cómo posicionar tu organización para alinearte con los mejores socios.

Paso 1: Vuelve a conectarte con los momentos pico de tu pasado. Los valores tienden a surgir en momentos dolorosos, porque ahí es cuando tomamos decisiones poderosas sobre cómo elegiremos comportarnos en el futuro. Pero también surgen de los momentos pico, momentos de asombro o alegría tan grandiosos que no quieres olvidarlos nunca. Piensa en los momentos pico de tu vida, buenos o malos. Nota: si has experimentado un trauma significativo, puede ser útil contar con el apoyo de un ser querido o un terapeuta mientras realizas este paso.

Pregúntate: «¿Cuál es la experiencia más dolorosa que experimenté cuando era niño?».

Paso 2: Escribe la historia en detalle. Regresa a ese momento en tu mente, descríbelo vívidamente. ¿Quién estaba ahí? ¿Qué pasó? ¿Cómo te sentiste?

Ejemplo: Me caí del columpio al lodo y todos mis amigos se rieron de mí.

Paso 3: Repite el proceso para las edades de cinco a 25 años. Explora tu pasado y repite los pasos 1 y 2 para cada recuerdo. Si te ayuda, puedes dibujar una línea de tiempo y marcar los momentos principales en los que sufriste un dolor significativo.

Paso 4: Escribe los valores que surgieron de esos momentos. Considera lo que aprendiste de todas tus experiencias dolorosas y tus principales logros. ¿Qué creencias adoptaste? Al lado de cada recuerdo, escribe una palabra que describa la creencia o el valor central que crees que surgió de ese momento.

Ejemplos: verdad, valentía, conexión.

Paso 5: Define tus valores. Revisa todos los valores y creencias que anotaste. Define lo que significan para ti.

He creado, junto con Drima, un video adicional de este proceso que te guiará a través de una versión extendida de este ejercicio. Puedes acceder a él en: www.mindvalley.com/badass.

Hoy Drima Starlight dirige talleres ejecutivos y capacita en privado a los principales líderes de las principales marcas estadounidenses y globales con su socio David Anthony Childs. Para obtener más información sobre los servicios que brindan, visita: www.DrimaStarlight.com.

Bono opcional: comprender los valores organizacionales

Los valores organizacionales son las actitudes y comportamientos que los miembros del equipo deben mostrar. Por eso surgen de un proceso democrático.

Además, cuando el equipo y la cultura cambian, se deben revisar los valores organizacionales en cada etapa de tu negocio. El desarrollo de valores organizacionales nunca se detiene. Es un proceso evolutivo. Los equipos que tuve en 2008, 2015 y 2019 tenían versiones ligeramente diferentes. Es importante volver constantemente a los valores organizacionales y revisar e iterar. (En comparación, los valores fundamentales rara vez cambian).

Esta es la forma en que identificamos nuestros valores organizacionales en 2019. Reuní un grupo de colegas a los que francamente me encantaría meter en una máquina para clonarlos. Todos saben trabajar en equipo y son de alto rendimiento, expertos en su oficio, con actitudes que nosotros como equipo queríamos codificar.

Nos habíamos preparado antes de ese día. Tomó unos meses de trabajo colaborativo, que empezó conmigo. Comencé con mis valores fundamentales. Teniéndolos en cuenta, pero luego reflexionando sobre lo que el negocio y el equipo necesitaban, armé una lista de 10 valores que quería que esta nueva evolución de la cultura en Mindvalley incorporara. Luego hicimos que nuestros compañeros de alto rendimiento cuestionaran la lista inicial y aportaran.

Un viernes por la tarde, el grupo se reunió fuera de la oficina, en un hotel cercano. Escribimos cada valor en un pizarrón.

Éramos unas 50 personas. Nos dividimos en equipos donde cada miembro tenía voz sobre los comportamientos que nos gustaría que exhibieran nuestros compañeros de trabajo. Luego reagrupamos a los equipos y continuamos.

Al final solidificamos una lista de valores organizacionales para reemplazar la que habíamos creado en 2015. Esta es una lista parcial:

1. Comunicación transparente
   - Creo un espacio seguro para que las personas estén libres de juicios y ego.
   - Prefiero sobrecomunicar que subcomunicar.
   - Busco entender antes de ser entendido.

2. Liderazgo visionario
   - Acciones audaces. Gane o pierda, pruebo la idea, incluso si no estoy seguro del resultado.
   - Dirijo no solo con palabras, sino también con acciones. Demuestro los comportamientos y actitudes que espero.
   - Mantengo la percepción de los demás como si fueran la versión más elevada de sí mismos.

3. Trabajo en equipo
   - Constantemente sincronizo ideas con los demás para cocrear en grupo.
   - Escucho las ideas de los demás y estoy abierto a retroalimentación.
   - Colaboro en lugar de competir.

Está bien extraer ideas de otras compañías, pero ten en cuenta que cada equipo tiene un código cultural único que es diferente a cualquier otro. Asimismo, a medida que el negocio evoluciona, siempre deben revisar en equipo sus valores organizacionales.

Recuerda que los valores organizacionales deben venir después de los valores fundamentales. Si deseas implementar esto en tu equipo, aquí hay una guía aproximada.

Ejercicio de valores organizacionales (opcional)

Los valores organizacionales son las reglas que gobiernan las actitudes esperadas y los comportamientos requeridos por los miembros del equipo para que las colaboraciones diarias funcionen sin problemas. Sigue este proceso democrático para crear una lista que defina el código de conducta de cualquier equipo.

Paso 1: Consulta tu lista de valores fundamentales. Considera las actitudes y comportamientos deseados que ya existen en los miembros del equipo y las actitudes y comportamientos con los que deseas que opere tu equipo futuro.

Considera también la experiencia cotidiana del flujo de trabajo. ¿Cómo quieres que el equipo trabaje en conjunto? ¿Para qué está trabajando el negocio ahora? ¿Qué actitudes y comportamientos se necesitan para llegar ahí?

Genera una lista de seis a 10 valores fundamentales que crees que representan las condiciones deseadas que quieres ver en la cultura de tu equipo.

Paso 2: Primero revisa tu lista de seis a 10 valores fundamentales con el equipo ejecutivo. Pídeles que revisen, separen, hagan preguntas, aporten a la lista. Decidan entre seis y 10 valores finales.

Paso 3: Reúne a tu equipo. Selecciona a todas las personas de alto rendimiento que han estado en la empresa durante mucho tiempo, que entienden la dinámica actual del equipo y lo que necesita el negocio. O trabaja con todo el equipo en el siguiente proceso.

1. Comparte los valores básicos con todo el equipo. Haz que cada individuo escriba declaraciones de comportamiento que crean que demuestran el valor central deseado. *Ejemplo: Liderazgo visionario: «Cuestiono el status quo».*

2. Divide a todo el equipo en grupos de tres. Haz que estos equipos revisen y consoliden las declaraciones de comportamiento que cada miembro del equipo escribió y que sean iguales, para crear una sola lista de cada equipo.

3. Haz que los equipos de tres se unan para convertirse en equipos de seis. Haz que continúen consolidando y revisando las declaraciones de comportamiento que cada miembro del equipo escribió.

   Los grupos de seis deben escribir su lista final de declaraciones de comportamiento en una lista oficial, sin repetir las declaraciones proporcionadas por otros equipos.

4. Reúne a todo el grupo y revisen cada lista de valores centrales para solidificar las declaraciones finales.

Paso 4: Comparte la lista con toda la empresa. Si van un paso más allá, pueden ser creativos y crear un canto, un código o un lema del equipo, con el fin de facilitar que los miembros del equipo aprendan y memoricen la lista final.

Capítulo 2

ATRAE A TUS ALIADOS

Encuentra un grupo de personas que te desafíen e inspiren, pasa mucho tiempo con ellos y eso cambiará tu vida.

AMY POEHLER

La mejor manera de alcanzar la grandeza es junto con otros. El mundo es demasiado complejo para acometerlo solo. Las personas no se sienten atraídas a ti por tu plan de negocios, sino porque tu sueño les da esperanza. Los seres humanos se mueven más por la emoción que por la lógica. El mejor regalo que puedes darle a alguien es invitarlo a compartir un sueño. Así es como te vuelves magnético y te alineas con las personas que necesitas para hacer realidad cualquier visión.

Un día como cualquier otro, en 2003, llegué al aeropuerto J. F. K. Regresaba a casa en Nueva York después de visitar a mis padres en Malasia. Pero cuando llegué a Migración, en lugar de que me sellaran el pasaporte, como de costumbre, me llevaron a un retén de seguridad.

Me senté ansiosamente mirando en cámara lenta cada tic-tac del reloj en la pared, esperando a que el oficial de migración en el cubículo sacara el archivo amarillo con mi nombre. Mi pierna brincoteaba de arriba abajo con un tic nervioso incontrolable, como una máquina de telégrafo ocupada.

Estaba nervioso por dos razones: por mis maletas sin recoger en el reclamo de equipaje y porque no tenía idea de por qué demonios estaba ahí.

Tres horas después, un oficial llamó:

—Señor Vishen Mohammad. —Nadie se levantó. Me pregunté si se refería a mí. De nuevo dijo—: Señor Vishen Mohammad.

Me puse de pie, acomodé mis maletas y me encaminé hacia su jaula de vidrio. Abrió la ventana y me miró con cara de piedra.

—¿Se refiere a Mohammad o Mohandas? —pregunté.

El oficial miró el pasaporte que tenía en la mano y luego respondió:

—Ah, sí, Mohammad, Mohandas, lo que sea...

Quizás la diferencia en los apellidos era sutil, pero resulta fácil ver la insensibilidad en la situación. En aquel entonces usaba el segundo nombre de mi padre, que era Mohandas, un nombre indio bastante común. El nombre de pila de Gandhi era Mohandas. Las sílabas de este nombre se parecen mucho a Mohammad, un nombre árabe, y esto al parecer era suficiente para despertar sospechas.

—Lamento informarle que su nombre está en la lista especial de registro —dijo el oficial.

Inmediatamente me sentí culpable, aunque no tenía absolutamente ninguna razón para ello. ¿Alguna vez has sido acusado de alguna infracción y, a pesar de saber que eres inocente, revisas entre tus recuerdos por si acaso hiciste algo que explicara los reclamos en tu contra? Así me sentí.

—¿Qué significa eso? —pregunté.

—Ha sido agregado a una lista de seguridad —dijo—. Probablemente porque nació en Malasia.

—Pero mi nombre no es Mohammad. Llevo nueve años viviendo aquí —respondí.

—No importa. El Departamento de Estado se niega a correr más riesgos —dijo el oficial.

La «lista especial de registro» era una base de datos de aproximadamente 70 000 hombres, la mayoría nacidos en países musulmanes. Se le conoce más comúnmente como la lista de vigilancia musulmana. Fue iniciada por el gobierno para monitorear las amenazas de seguridad y mitigar los ataques terroristas. El programa especial de registro requería que todos los visitantes extranjeros varones que ya se encontraran en Estados Unidos, mayores de 16 años, de países específicos, se registraran en las oficinas de migración designadas dentro de un periodo determinado. Yo no era musulmán, aunque eso tampoco debería importar. De todos modos, me habían agregado a la lista.

En ese entonces solo habían pasado 18 meses desde los ataques terroristas del 11 de septiembre: Estados Unidos estaba en un estado de hipervigilancia y era por una buena razón. Pero yo no había hecho nada para que me calificaran como una amenaza potencial de seguridad. Solo para que se sepa: me eliminaron de la lista en 2008 y en 2013 se eliminó todo el programa, después de que se descubrió que era prácticamente inútil. (Eso no impidió que Trump reintentara revivirlo en 2018 y fracasara).

En 2003, cuando me añadieron a la lista, Estados Unidos había sido mi hogar durante nueve años y de repente se me negaba el derecho a abordar un avión o incluso a bajarme de uno sin una entrevista especial que podría tomar hasta tres insoportables horas. Viajar por cielo se convirtió en una terrible experiencia.

Esto no fue nada comparado con la obligación de reportarme mensualmente. Eso era peor. Incluso si decidía dejar de viajar, cada cuatro semanas tenía que formarme en una fila de extranjeros que rodeaba una oficina gubernamental en el centro de la ciudad de Nueva York para reportarme. Algunos días hacía un frío miserable. Una vez, en febrero, me formé al final de una fila que abarcaba cuatro cuadras, estuve temblando por tres horas. Finalmente me dejaron entrar en un edificio con calefacción, aunque el servicio que recibí tuvo muy poca calidez.

Cuando llegó mi turno, tomaron mis huellas digitales y luego mi foto para el archivo policial. También revisaron minuciosamente los registros de mi tarjeta de crédito en busca de actividades sospechosas.

Estados Unidos era mi hogar, un país que amaba. Quería que mis hijos nacieran y crecieran ahí. Pero rápidamente se convirtió en un lugar difícil de habitar.

Al tercer mes de repetir obedientemente los rituales a los que el gobierno me obligaba, llegué a casa una noche, miré a los ojos a Kristina, mi esposa en ese entonces, y le dije: «Ya no puedo hacer esto». Amaba Estados Unidos, pero no podíamos vivir ahí, así que dejamos nuestra casa.

Quiero dejar claro que no menciono esto para culpar a nadie. El país que amaba había sufrido un ataque devastador. Había vivido en Nueva York, cerca incluso de las torres, y había pasado muchos días de verano patinando por la zona. El World Trade Center estaba en mi vecindario. Los ataques fueron dolorosos para mí, como para cualquier otro ciudadano nacido en Estados Unidos, y quería que el país estuviera a salvo.

Dejamos el país que amaba no porque no quisiera estar en él, sino porque vivir ahí se volvió demasiado doloroso. Debido a las estructuras de seguridad recién impuestas, ya no me sentía aceptado.

Aterrizar en Kuala Lumpur, Malasia, fue una pesadilla surrealista. Bajé las escaleras del avión hacia el asfalto y a través del aeropuerto miré las exuberantes palmeras verdes que bordean la pista. Respiré el aire húmedo con olor a jazmín. Pensé: «Mierda, ¿y ahora qué?». Malasia era casi ajena a mí. Había pasado mi vida adulta en Estados Unidos, Mindvalley fue fundada en Estados Unidos, todos mis clientes y socios estaban allá. Sentí que me habían echado de mi casa.

Pero estaba decidido a seguir construyendo mi negocio. No tenía idea de cómo, pero sabía que encontraría la manera.

La voz interior

En junio de 2004, cuando tuve que regresar a Malasia, el país sufría un grave problema de fuga de cerebros. En el momento en que llegamos, Malasia perdía alrededor de 300 000 de sus mejores y más inteligentes personas cada año. Los profesionales más talentosos del país se mudaban a países como Singapur, Hong Kong, Inglaterra o Canadá.

Sencillamente, había oportunidades mucho mejores. Malasia era vista como un callejón sin salida profesional. Los amigos me preguntaron: «¿Por qué demonios has vuelto? No hay buenos trabajos aquí». Por suerte, en Malasia tuvimos la comodidad y el apoyo de mi familia inmediata; mi mamá y mi papá todavía vivían en Kuala Lumpur.

La pregunta era: ¿podría lograr mis sueños de construir una *start-up* al estilo de Silicon Valley para el mercado estadounidense en un país al otro lado del planeta con una grave escasez de talento?

Tenía cuatro maletas, el amor de mi esposa y de mis padres, y en ese momento me mudaba de regreso a la casa de mis papás, a los 28 años. Ellos también creían en mí y me dieron el espacio para ser tontamente necio.

Fue entonces cuando una voz interior me habló.

¿Alguna vez has notado una voz interior que te da un golpecito con el codo, aunque realmente no estés seguro de si existe tal cosa? ¿Es tu alma? ¿Tu intuición? ¿Instinto? ¿O sería que a esa ensalada que comiste se le pasó la fecha de caducidad?

Una de mis citas favoritas de todos los tiempos proviene de la película *Babe, el puerquito valiente*. Es una película sobre un puerquito parlante que quiere ser un perro pastor. Hay un momento en la película en que el granjero siente que su cerdo es especial, tanto que podría ganar una competencia de perros pastores. Cuando se da cuenta de esto, el narrador de la película dice:

Las pequeñas ideas que hacen cosquillas
insisten y se niegan a irse nunca deben ser ignoradas,
porque en ellas yacen las semillas del destino.

Recuerda esto. Es una de esas citas bajo las cuales vivir.

Estoy seguro de que has experimentado momentos como ese. Llámalo la voz interior, intuición, creatividad, alma, instinto, una corazonada, el universo o Dios. Elige las palabras que te permitan describirlo. Todos los humanos tienen presentimientos como este.

Y eso es lo que me pasó, pues cuando regresé a Malasia no pude acallar mi voz interior; me estaba diciendo:

Voz INTERIOR: **Estás aquí por una razón. Deja de sentirte mal por ti mismo y comienza a construir esta compañía que llamas Mindvalley.**

Yo: Lárgate. No estoy de humor.

Voz INTERIOR: **Sé honesto, no tienes muchas opciones. La cultura laboral aquí es horrenda, está décadas atrás de Nueva York y Silicon Valley. No puedes encontrar un trabajo aquí que te haga feliz. Mejor crea tu propio mundo.**

Yo: Buen punto.

Voz INTERIOR: **¿Qué te hace pensar que no puedes atraer talento en Malasia? Claro, el país sufre de fuga de cerebros y puede que no haya mucho talento, pero no seas cuadrado: ve más allá. ¿Qué pasaría si atrajeras una fuga de cerebros de otros países y los convencieras de mudarse aquí?**

Yo: Bueno, ¡eso sería increíble! ¿Pero *cómo*?

Aunque mi voz interior estaba bastante animada con esta idea, mi mente lógica no, así que le estuve dando vueltas durante muchas semanas. Me pareció una eternidad, pero mi voz interior no se callaba.

Mi mayor desafío era que todavía no contaba con un producto exitoso. No sabía lo que iba a hacer. Estaba en un punto en que daba tumbos entre los negocios y la vida. Tenía ideas brillantes, pero mis circunstancias no se prestaban a usar un camino fácil para lograr ninguna de ellas.

Ahora veo que esta misma situación les sucede a muchos de mis colegas, amigos, socios y estudiantes. Tienen grandes ideas y su intuición sigue empujándolos, pero se detienen ahí. Están paralizados por el miedo de no tener todas las respuestas. Las ideas mueren porque saben el *qué*, pero no el *cómo*.

Cuando eso sucede también pierden la fe en sí mismos y en la vida. Aquello se convierte en un fracaso secreto que solo ellos conocen. Una vez más, sienten que se han conformado con sus circunstancias y aceptan creencias como que «la vida es difícil», «no puedo hacer eso» o «eso es demasiado trabajo». Pero, entonces, nunca aprenden el verdadero poder con el que nacen todos los humanos.

Aprendí una lección en ese momento de mi vida y luego repetidamente desde entonces. Ahora se ha convertido en un conocimiento que me libera cuando estoy atorado. Es esta:

No necesitas saber cómo lograr un resultado.
Olvídate del CÓMO. Todo está en el PORQUÉ y el QUÉ .
Luego compartirás esto con pasión; las personas que necesitas
vendrán a ti y te traerán las respuestas.
Generalmente mucho más rápido de lo que esperas.

De eso se trata este capítulo: de desbloquear tu sueño y compartirlo con potencia para que el mundo se sienta atraído por ti. La gente que necesitas llegará y juntos doblegarán la realidad con más fuerza.

«Atraeré una fuga de cerebros de otros países»

Lo comprendí de pronto en una noche de insomnio. ¿Qué pasaría si pudiera crear un lugar de trabajo tan atractivo que hiciera que gente talentosa de todo el mundo se mudara voluntariamente a Malasia y me ayudara a construir la compañía de mis sueños?

En mi cabeza, una cita de Buckminster Fuller se repetía. Bucky dijo una vez:

Nunca cambias las cosas luchando
contra la realidad existente.
Para cambiar algo, construye un nuevo modelo
que haga que el modelo existente sea obsoleto.

Esta visión de construir un nuevo tipo de negocio, el mejor lugar de trabajo del mundo, me impulsó. Y no iba a estar en Nueva York, Silicon Valley, Londres o Berlín, ni en ninguna de las ciudades más populares del mundo. Iba a estar en Kuala Lumpur.

Me di hasta el 2020 para lograrlo. Mi mantra personal se convirtió en: «Al diablo la fuga de cerebros. Nuestra compañía atraerá cerebros de otros países hacia Malasia».

Ahora, lo admito, el nivel de engaño requerido para decir algo como esto es bastante alto, especialmente, cuando estás en bancarrota y trabajas desde una oficina en la fábrica de tu padre en un gueto de la ciudad (gracias, papá, por el espacio de oficina gratuito), pero, curiosamente, ese loco sueño comenzó a hacerse realidad.

Cómo atraer magnéticamente a las personas

Ya sea que dirijas una empresa, trabajes para una o estés comenzando tu propio negocio, organización sin fines de lucro o movimiento, el primer paso para un éxito gigante es convertirte en un imán para las personas que necesitas con el fin de lograr tu misión; estos podrían ser tus colegas, socios o clientes.

La buena noticia es que existe una fórmula. Para la mayoría de las personas, comienza con un cambio total de mentalidad. Déjame decirte que no necesitas tenerlo todo resuelto, sino tener una visión y luego comenzar con el *quién*. No intentes descifrar cada paso para hacer realidad la visión: renuncia a la necesidad de conocer todas las respuestas y, en cambio, concéntrate en atraer a las personas que harán realidad la visión. Una vez que tengas a las personas adecuadas a bordo, te ayudarán a descubrir el *cómo*.

En este mismo momento, hay personas con talento en todo el mundo que desean unir fuerzas contigo. Creen en las mismas (quizás inadaptadas) ideas, visualizan el mismo futuro y están desesperadas por el mismo cambio que tú anhelas.

Este es el genio de la mentalidad de buda. No se trata de saber cada respuesta: se trata de creer en tu idea y en el hecho de que otras personas tienen sueños similares y están dispuestas a colaborar contigo; se trata de someterte al misterio de tu instinto y confiar en que otros comparten tu conocimiento interno.

Lo más genial de esto es que muchas de estas personas tienen habilidades que tú no tienes y que necesitas. Y ellos te necesitan. Forma un equipo con ellos y juntos se convertirán en una banda imparable de rebeldes impulsados por misiones que pueden cambiar el mundo.

Para que esto suceda debes hacer el trabajo de este capítulo, que consiste en convertir tu negocio, movimiento o tu ser en un imán. Entonces es fácil: atraes a las personas que necesitas directamente hacia ti, pero la mejor parte es que no necesitas tener una oficina elegante ni beneficios adicionales o (en mi caso) una empresa viable para atraerlos.

Sé el conductor del autobús

En el libro *Good to Great* (*Empresas que sobresalen*), Jim Collins escribe: «Eres un conductor de autobús. El autobús [tu empresa o proyecto, idea o movimiento] está parado y tu trabajo es ponerlo en marcha». Continúa: «No comiences con "dónde" sino con "quién"... Comienza por subir al autobús a las personas adecuadas, a bajar a las personas equivocadas y sentar a las personas correctas en los asientos correctos».

Tomé este consejo en serio y, para ser honesto, esto no solo tenía buen sentido comercial. Yo estaba solo: extrañaba a mis amigos en Estados Unidos, anhelaba la conexión social con personas de ideas afines tanto como quería una empresa exitosa.

Hice todo lo que pude para llenar el grupo de talentos, aunque fuera parcialmente, pero por desgracia no podía pagar una oficina real. Trabajaba en Starbucks, hasta que cancelaron su servicio gratuito de Wi-Fi para evitar que tipos como yo compraran un capuchino *venti* y acapararan una mesa durante siete horas.

Ahora bien, esto fue en 2004, la era anterior a que los fondos para *start-ups* estuvieran fácilmente disponibles. Tenía 28 años y estaba en la ruina. Me vi obligado a hacer lo que hacen muchos emprendedores: fui al banco de Papá y le pedí ayuda. Mi padre, entonces, me ofreció voluntariamente la oficina improvisada en la parte trasera de su almacén.

Mindvalley estaba constituido por mí, más un *labradoodle* (mezcla de labrador y poodle) llamado Ozzy, en un almacén deteriorado. Aunque Ozzy era una gran compañía, no logró usar un teclado y nunca entregó verdaderos resultados.

Pero entonces mi amigo de la Universidad de Michigan, Mike, se unió al equipo y se convirtió en cofundador. Juntos publicamos un anuncio para dos pasantes: Adelle y Hannu fueron mis primeros empleados. Teníamos poco que ofrecerles, solo un salario escaso y un sueño. Nuestro primer producto tecnológico aún estaba a años de su lanzamiento, pero ambos vieron nuestra aventura como una oportunidad de capacitación.

Mike y yo ahora teníamos dos pasantes a bordo; entre los cuatro fuimos construyendo el negocio hasta llegar al punto en que nos urgía contratar más talento. Nuestro enfoque principal era crear aplicaciones web innovadoras para el espacio emergente conocido como Web 2.0. Competíamos con start-ups en Silicon Valley, pero nuestro crecimiento se veía estancado por nuestra desesperada necesidad de ingenieros talentosos, mentes de marketing y expertos en marcas. Necesitábamos trabajadores inteligentes rápido, pues yo estaba haciendo mucho más de lo que podía, una señal obvia de que requeríamos contratar a más personas.

Luego, por casualidad, nos topamos con la solución. Un día, solo por diversión, escribí un manifiesto para describir el nuevo tipo de negocio que quería crear.

Táctica #1: El manifiesto

La oficina 1.0 estaba en una zona terrible. La caminata matutina para llegar implicaba pasar por aceras rotas, donde los vendedores ambulantes tenían sus puestos de comida al lado del camino y el aire siempre olía a curry y pollo frito. En el callejón detrás del almacén había camiones de transporte cargados con cestas tejidas baratas, tarimas llenas de camisetas para vender al mayoreo o cajas de frutas exóticas, artículos destinados a lugares mucho más modernos.

El primer programador informático que entrevisté rechazó el trabajo, por supuesto. Honestamente no lo culpé, al menos fue lo suficientemente amable para decir: «Lo pensaré», aunque en realidad quiso decir: «¡Ni loco! Nunca trabajaría en este lugar».

Para llegar a nuestra oficina él tuvo que pasar entre furgones de tres metros, llenos de prendas chinas e indias listas para ser cargadas en camiones.

La pregunta era cómo lograr que personas brillantes se mudaran a Malasia, para trabajar en una empresa nueva sin nombre y sin dinero. Después de meses de frustración, me di cuenta de que los anuncios de trabajo convencionales no funcionarían; necesitábamos un nuevo enfoque. Una noche me puse en modo ingenioso y tomé un trozo de papel, garabateé un manifiesto: no decía qué era Mindvalley (honestamente no era mucho) o qué habilidades buscaba, sino qué representaba Mindvalley y qué sería la compañía. La idea que se me ocurrió abriría las compuertas y todavía hoy la usamos. Yo la llamo «la técnica del manifiesto».

Un manifiesto no solo generará más solicitudes de empleo, sino que con él también obtendrás personas que confluyan con tus valores y creencias. Te conseguirá el tipo correcto de personas.

He aquí el primer manifiesto que escribí, en toda su imperfecta gloria. Recuerda, mientras leas, que lo escribí en 2005, cuando el mundo era un lugar diferente.

LAS 10 RAZONES PRINCIPALES
PARA TRABAJAR EN MINDVALLEY (2005)

1. Libertad: entendemos que las personas brillantes detestan las reglas y los grilletes, y desean la libertad para hacer su trabajo a su manera.

2. ¡Pensar en grande! No pretendemos crear software de correo electrónico, sino crear la mayor revolución en el correo electrónico desde Gmail. No nos contentamos con crear herramientas de blogs, nuestro objetivo es crear el primer blog «inteligente» del mundo. Cuando creamos un sitio de comercio electrónico, nuestro objetivo es colocarlo en el 1% superior de los sitios en cuanto a tasas de rendimiento. Buscamos ser tan influyentes en la mejora de la vida de las personas a través de la tecnología, como Yahoo!, Google o Apple. Nos encantan los objetivos Grandes, Aterradores y Audaces.

3. Rentabilidad: somos totalmente rentables y seguimos viendo crecer nuestras ganancias al menos un 10% cada mes.

4. Grandes personas: contratamos solo a los mejores. Para un puesto típico, examinamos 100 currículos y entrevistamos al menos a 10 personas. Logra entrar y trabajarás con algunas de las mejores mentes del negocio. Entendemos que las personas de excelencia atraen a personas de excelencia.

5. Trato: tratamos bien a nuestros empleados. Esto incluye subsidio de alquiler, entradas ocasionales para conciertos, café Starbucks, cenas y bebidas. Nuestros fundadores han

trabajado en Microsoft y en eBay, y creen en el modelo de Silicon Valley en el que se consiente a los empleados.

6. Creatividad: tu semana laboral típica es de 45 horas. De este tiempo, te permitimos pasar cinco horas a la semana trabajando en tus propios proyectos o inventos. Si tu proyecto tiene éxito, te ayudaremos a lanzarlo. Hemos modelado esto de acuerdo con los estilos de Google y 3M para cultivar la creatividad dentro de la organización.

7. Estabilidad: nunca hemos tenido una caída en la inversión y, por lo tanto, no tenemos inversionistas que nos retiren su apoyo. Nuestro negocio también abarca múltiples industrias, como marketing en internet, desarrollo de productos, publicación y codificación. Esto nos protege de las tendencias del mercado a corto plazo en cualquier industria.

8. Diversión: ponemos la «diversión» en «fundamentos empresariales».[4] No nos malinterpreten: somos un motor de crecimiento disciplinado y bien engrasado, pero creemos que los negocios deben ser divertidos y las personas deberían estar entusiasmadas por ir a trabajar todos los días.

9. Idealismo: el 100% de nuestros empleados ha pasado mucho tiempo como voluntarios o trabajando para organizaciones sin fines de lucro. Comenzamos este negocio para cambiar el mundo; las ganancias vienen en segundo lugar. Por eso dedicamos nuestro tiempo y atención a causas que quizá no generen ganancias a corto plazo, pero que pueden generar un cambio social positivo.

10. Emprendimiento: entendemos que las grandes personas sueñan con comenzar sus propias empresas. Te ayudamos a alcanzar este sueño, brindamos capacitación y tutoría para ayudarte a crecer. No requerimos que ningún empleado firme un contrato vinculante. En pocas palabras: eres libre de aprender de nosotros y luego seguir adelante cuando

---

[4] Juego de palabras: *diversión* en inglés es *fun*, letras con las que empieza *FUNdamentos*. [N. de la t.].

estés listo y comenzar tu propio negocio. Respetamos el emprendimiento.

Las ideas en este manifiesto resonaron profundamente con la gente. Este texto de 10 puntos resultó en una horda de solicitantes. En un mes, nuestra operación sombría en la trastienda estaba llena de entrevistados. No solo atraíamos talento local: recibíamos currículos de trabajadores altamente calificados de todo el mundo. Fue asombroso. Pero lo más importante: estábamos obteniendo el talento correcto. Personas impulsadas por valores con habilidades de rockstar; en resumen, personas que eran tanto budas como chingones.

Uno de los solicitantes que contratamos fue Khailee Ng: hoy es el director ejecutivo de 500 Startups, la empresa de semillas de inversión principal del momento. Él es uno de los inversionistas y fundadores de *start-ups* más famosos de Asia y fue uno de nuestros primeros empleados geniales (empleado #11). Se unió a nosotros, aunque pudo haber elegido prácticamente cualquier trabajo.

Lo que no entendí completamente en ese momento era por qué nuestro enfoque del manifiesto era tan efectivo. Nuestra compañía ciertamente no había cambiado, todavía éramos solo nosotros cuatro y Ozzy, y trabajábamos en un almacén horrible. Los solicitantes que vinieron a vernos todavía tenían que caminar por las mismas calles rotas y pasar por los mismos vendedores de comida.

En lugar de utilizar una lista con viñetas de habilidades laborales regulares para atraer talentos de alto nivel, y creer que funcionaría, habíamos creado una visión inspiradora. Nuestro manifiesto era una promesa, una actitud. Definió quiénes éramos y cómo planeábamos llevar nuestro juego de negocios para ganar. A las personas inteligentes y talentosas les importa eso. Les importó entonces y les importa hoy, más que nunca.

Esta fue mi primera lección importante. A la gente no le importa *qué* haces, sino *por qué* lo haces. Y cuando compartes tu gran *porqué*, debes ser crudo, real y auténtico. Esto significa compartir públicamente tus creencias más íntimas sobre el mundo y tu visión personal.

Ahora, aquí hay una regla importante: tu manifiesto no está destinado a atraer a todos. Deseas generar sentimientos de atracción o repulsión extrema. Esperemos que a la mayoría de las personas les encanten algunos de los aspectos de tu manifiesto, aunque está bien si otros odian algunos de ellos. Pero hagas lo que hagas, mantente alejado de la zona de apatía.

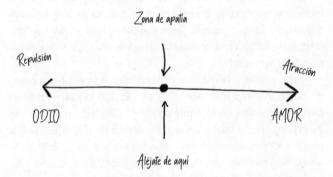

En mi nuevo manifiesto para mi compañía (puedes leerlo en mindvalley.com/careers), afirmo que veo a Mindvalley como una compañía de la Tierra y no como una compañía estadounidense, malaya o estonia. Esto ahuyenta a algunas personas que podrían decir que no somos patrióticos. Está bien, pero atrae a más personas de las que rechaza. Atraemos a personas con vistas centradas en el mundo, y eso es exactamente lo que quiero. Si tienes demasiado miedo de ofender a unos *pocos*, no atraerás a *muchos*. Mantente alejado de la zona de apatía, no seas de vainilla.[5]

Al final de este capítulo, hay un ejercicio para ayudarte a crear el proceso de construcción de tu manifiesto. No necesitas un negocio para hacer el tuyo, pues aplica al líder sigiloso

---

[5] «Ser de vainilla» se entiende como tratar de complacer a todos, porque, aparentemente, a todo mundo le gusta el helado de vainilla. [N. de la t.].

tanto como a cualquier persona en una posición de liderazgo; sin embargo, antes de llegar ahí, compartiré algunas ideas para ayudarte a entrar profundamente en tus creencias y razones de existir.

Táctica #2: Encuentra tu gran porqué

En su famosa TED Talk, Simon Sinek, autor del libro *Start with Why* (*Empieza con el porqué*), dice: «La gente no compra lo que haces; compra por qué lo haces. Y lo que haces simplemente demuestra lo que crees». Sinek también dice: «Solo hay dos formas de influir en el comportamiento humano: puedes manipularlo o inspirarlo».

Aquí es donde la mayoría de las personas se equivoca cuando comparte sus ideas sobre un negocio. No logran explicar el *porqué* y por ello no logran inspirar. No importa si eres el CEO de un negocio, si lideras un equipo dentro de una empresa o si eres un empleado nuevo en una empresa y deseas llevar ideas adelante o cambiar una dinámica de equipo: para inspirar a las personas, debes liberar el *porqué* de tu empresa y comunicarlo de manera efectiva.

Sinek usa a Apple para ilustrar su punto. Apple nunca dice: «Compre nuestras computadoras porque están bellamente diseñadas y son fáciles de usar». Por el contrario, comunica un propósito más profundo: desafía el *statu quo* y piensa diferente, solo que resulta que lo hace con productos bellamente diseñados y fáciles de usar.

Starbucks es otra marca global que ha hecho esto. Si bien es cierto que Howard Schultz se preocupaba por el café de calidad cuando tomó el timón de Starbucks, fue la experiencia centrada en la comunidad lo que marcó la diferencia en el negocio. El *porqué* de Starbucks es «Inspirar y nutrir el espíritu humano». Y lo hacen «una persona, una taza y un vecindario a la vez». Por ello, si viajas a un lugar en el que nunca has estado y ves a la sirena verde y coronada en el frente de un café, puedes reconocer que se trata de un lugar al que puedes ir para sentirte inmediatamente conectado con las personas y la comunidad que te rodea. También es la razón por la que los compradores de café de esta compañía apoyan el comercio justo y por la cual los baristas escriben el nombre de cada persona en los vasos. En este ritual, el cliente se siente reconocido y apreciado.

¿Qué hay de Nike? Su promesa de marca es «brindar inspiración e innovación a todos los atletas del mundo». No se trata simplemente de hacer excelentes equipos deportivos o vender unos zapatos bonitos decorados con ingeniosas marcas de «aprobado».

Los seres humanos están biológicamente conectados para tomar decisiones a partir de sus emociones; por eso nos acercamos a las empresas y personas que despiertan emoción en nosotros. De hecho, un estudio del neurocientífico Antonio Damasio demostró lo profunda que es esta conexión. Estudió a individuos con daño en la amígdala, que es una región del cerebro responsable del procesamiento de las emociones. Descubrió que los participantes con estas lesiones cerebrales podían discutir conceptualmente las decisiones, pero no podían tomarlas; incluso decisiones sencillas como qué comer eran imposibles para ellos. El campo de la neurociencia ahora tiene datos empíricos sobre cómo las emociones están intrínsecamente vinculadas al proceso de decidir.

Sin embargo, cuando las personas toman decisiones, piensan que las basan en hechos y datos, es decir, usando su neocorteza, que es la región del cerebro que se ocupa de la practicidad, el razonamiento y el pensamiento consciente; pero en realidad están usando su sistema límbico, la red neuronal que procesa las emociones.

Por lo tanto, para atraer a trabajadores, clientes y socios que sean adecuados, debes conectarte de una manera auténtica y que despierte emoción; en otras palabras, de una manera que sea humana.

Desecha el desapasionado discurso corporativo; para muchos líderes empresariales esto requiere un cambio total de mentalidad. Por eso hablar sobre tus creencias, tus valores, tu visión del mundo, importa. Por eso mi manifiesto de 2005 funcionó tan bien.

Ahora bien, supongamos que eres un líder sigiloso que quiere transformar el entorno no saludable de un equipo en tu oficina. Tu trabajo es considerar tu visión para ese equipo. Luego compartes tu visión y tu *porqué* con las personas del equipo, y comienzas a crear alianzas con las personas que trabajarán contigo en tu misión. Incluso puedes elaborar un manifiesto que describa los cambios que deseas crear y POR QUÉ deseas esos cambios. También puedes usar esto fuera del lugar de trabajo, para construir conexiones sociales increíbles y alinearte con las compañías, marcas y organizaciones adecuadas.

¿Qué pasa si estás en una industria tradicional? ¿O qué pasa si está fabricando un bien básico? Todavía hay una manera de compartir tu «GRAN POR QUÉ».

Encuentra el porqué si estás en una industria tradicional

Aprendí esta lección de Srikumar Rao, el profesor de MBA y mi mentor personal a quien mencioné en el capítulo 1.

Una noche, Rao dio un discurso sobre la importancia de compartir públicamente los valores de una empresa; después abrió una sesión de preguntas y respuestas. La primera mano levantada fue la del propietario de una empresa de fabricación de vidrio.

Se puso de pie y dijo: «Está bien, te entiendo, Rao, pero dime: si mi compañía hace vidrios para los cristales de las ventanas, ¿cómo voy a inspirar a la gente?».

Rao pasó por toda una línea de preguntas con el hombre. Le pidió que describiera la empresa, le preguntó qué le emocionaba de ir a trabajar, cómo se preocupaba por sus empleados, y entonces descubrieron un *porqué* bastante notable.

Este fabricante de vidrio proporcionaba empleo a unas 170 personas en su ciudad, le apasionaba profundamente retribuirle algo a la comunidad. Una vez al año, cada empleado tenía la oportunidad de ser voluntario durante una semana en un comedor comunitario o en una organización benéfica y aun así recibir su salario completo. El fundador creía en proporcionar empleos estables para las familias en su pequeño pueblo y convertir a sus empleados en conciudadanos compasivos, con lo que los alentaba a ser voluntarios durante una semana cada año.

—Imagina contar esa historia —dijo Rao.

En lugar de tener una seca declaración de marketing sobre «hacer las mejores ventanas de la historia», el manifiesto de la empresa debería centrarse en su voluntariado y su misión centrada en la comunidad. Podría verse así:

Retribuir a nuestra comunidad: esta empresa está dirigida por personas atentas y orientadas a la comunidad que creen en la retribución. No solo construimos e instalamos las ventanas más transparentes, fuertes y resistentes a las tormentas en nuestro estado; también nos preocupamos por que nuestra gente siempre se sienta segura, cálida y protegida de más formas de las que ofrece una humilde ventana. Por lo tanto, todos los miembros de nuestro equipo pasan una semana al año fuera de nuestra fábrica y se ofrecen como voluntarios en comedores populares y otros lugares donde podemos servir a nuestra comunidad desde el fondo de nuestro corazón.

Hacer esto requiere que te alejes de la lógica y te conectes con tu corazón. Sé introspectivo y trata de entender tu propia motivación para lo que haces. Considera el negocio, iniciativa o proyecto que realmente estás comprometido a traer al mundo y la diferencia que hará en él. Cuando empieces a hacerlo, te sorprenderá cómo se da de forma natural.

Si actualmente estás contratando personal, consulta el sitio web de tu trabajo o el tu anuncio donde ofreces el trabajo o cualquier contenido que hable sobre a quién estás contratando. ¿Hablas en términos secos, sobre habilidades, tareas cotidianas y la naturaleza del trabajo? ¿O lo haces desde el corazón, sobre tus creencias, tu visión del mundo y *por qué* haces lo que haces?

Siempre comienza con tus creencias, tus valores y tu *porqué*. Escribir tu manifiesto es un excelente punto de partida; así es como obtienes a las personas adecuadas en los asientos correctos del autobús, para hacer eco del sabio consejo de Jim Collins.

Jim fue superclaro. No tienes que saber siempre hacia *dónde* va tu negocio, misión o proyecto; pero si sabes *por qué* lo estás haciendo y con ello atraes a las personas adecuadas al autobús, este grupo variopinto te ayudará a decidir a *dónde* ir.

Cuando Mindvalley estaba en sus primeros dos años, mi pequeño equipo trabajó en varios productos que en nada se relacionaban entre sí. Desarrollamos un sitio web de meditación que vendía CD, un motor de marcadores sociales llamado Blinklist.com (el cual vendimos) y un nuevo tipo de software de blog que esperábamos que cambiara la naturaleza del correo electrónico y los blogs (al final este fracasó). Como muchos aspirantes a empresarios, tuve que probar con muchas cosas. Por último, a medida que experimentamos y atrajimos a buenas personas, comenzamos a reunirnos en torno a las ideas que funcionaban mejor. Por eso el manifiesto es lo primero. Luego, una vez que empiezas a tener buenas personas en el autobús, te enfocas en la visión.

Táctica #3: Elabora tu Visión Vívida

Las creencias compartidas pueden ser lo primero que atraerá a las personas correctas hacia ti; la segunda es un futuro que inspire. De eso se trata esta táctica, de que las acciones de las personas se alineen con el futuro que quieren crear para sí mismas. Dales el futuro que quieren y se unirán a ti.

Cameron Herold es famoso en los círculos empresariales como el CEO *Whisperer*.[6] Ha trabajado con cientos de organiza-

---

[6] *Whisperer*: literalmente, «el que susurra». Se utiliza desde el «encantador de caballos», personaje que domaba caballos con susurrarles al oído. Demostró que el trato dulce era más efectivo que un látigo. En este caso, el Encantador de CEO.

ciones, incluido un operador inalámbrico para las Big 4[7] y una monarquía. Enseña un proceso llamado Vivid Vision™ (Visión Vívida) que ha ayudado a líderes empresariales como yo a dar vida a sus ideas y conectarse auténticamente con su audiencia.

En una entrevista que hice con Cameron en 2019 para el podcast de Mindvalley, me dijo que el mayor problema que ve en los líderes empresariales es la falta de visión, que luego repercute en todos los niveles de la compañía. La falta de visión infecta a todo el equipo, por no mencionar a sus consumidores.

Si no diriges un equipo o una empresa en este momento, aplica esta misma idea en tu vida. La falta de visión para tu vida te obligará a tomar acciones involuntarias que no se alinearán con lo que deseas; por eso crear una Visión Vívida es un trabajo crítico. La intencionalidad facilita las decisiones y acelera tu velocidad para lograr lo que deseas. El ejercicio de la Visión Vívida al final de este capítulo te ayudará a descubrir lo que realmente quieres, en el trabajo y en la vida.

Si bien una Visión Vívida es algo que todos deberían aprender en la escuela, son principalmente las escuelas de negocios las que enseñan la importancia de las declaraciones de visión. Pero lo hacen al revés: la forma clásica es reunir a los mejores empleados en una sala de juntas, inventar un párrafo que suene sexy para contar la historia de la empresa y luego publicarlo en todas partes.

Cameron dice que esto está mal. En primer lugar, la Visión Vívida debe provenir del fundador de la empresa o del líder del equipo. Y si eres un *solopreneur* o lideras una división en tu empresa, felicidades, lo eres. Es tu responsabilidad crear esa Visión Vívida para tu división.

Cameron me dio un consejo útil: «Olvídate de la misión y la visión. Esas palabras son demasiado confusas», dijo. «En cambio, debes pensar en ellas como en una sola cosa: tu propósito central».

---

[7] Las Big 4 son las cuatro empresas de consultoría empresarial más grandes en Estados Unidos. [N. de la t.]

Tu Visión Vívida mantiene todo junto. Herold luego me mostró este diagrama:

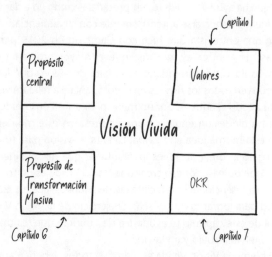

Piensa en la Visión Vívida como la poseedora de los otros elementos de tu trabajo. Hemos simplificado y cubierto el propósito central en este capítulo.

Los valores son lo que aprendiste en el capítulo 1. No te preocupes por el Propósito de Transformación Masiva (PTM, lo aprenderás en el capítulo 6) o los OKR (capítulo 7). Por ahora solo presta atención a la Visión Vívida.

Una Visión Vívida da vida al futuro. El proceso implica elaborar un recorrido experimental sobre cómo se transformará el mundo a corto plazo gracias a tu negocio. Encapsula por qué existes, pero también cómo planeas lograr lo que visualizas. Luego, realizas una ingeniería inversa sobre cómo llegará la empresa hasta ese lugar.

Una Visión Vívida da claridad a los miembros del equipo, clientes, usuarios, socios y medios de comunicación. Les ofrece una alineación y los ayuda a ver lo que es posible. También se convierte en un imán motivador que entusiasma a las personas por el futuro que se está construyendo ahora. Y lo más importante: extrae ideas de la cabeza del líder y permite que se compartan para que las ideas se multipliquen rápidamente a través del poder del equipo.

Cameron dice que la mejor manera de elaborar una Visión Vívida es pensar tres años adelante. Amplifica tu negocio hacia el futuro y pregúntate: ¿cómo se ve el futuro debido a que mi negocio existe? El plazo de tres años es importante: te da tiempo suficiente para lograr los resultados deseados, pero no está tan lejos como para que no te emociones. De esta manera, Visión Vívida se convierte en el último motivador que te impulsa a ti y a tu equipo hacia delante. Y recuerda lo que escribí en *El código de las mentes extraordinarias*:

> *Como seres humanos tendemos a sobreestimar*
> *lo que podemos hacer en un año. Pero tendemos*
> *a subestimar de lo que somos capaces en tres años.*
> *Así que visualiza siempre tu vida tres años adelante,*
> *empuja ese límite y sueña más grande.*

Cameron sugiere que mapees tu Visión Vívida en no más de cuatro páginas. Compártelo en un Google Doc y obtén opiniones. Publícalo en sitios web de trabajo y páginas de empleo. Cameron hace un gran trabajo al describir el concepto Visión Vívida en su libro *Vivid Vision* y en su libro con Hal Elrod, *The Miracle Morning for Entrepreneurs* (*La mañana milagrosa para emprendedores*).

Cuando tengas claridad sobre la Visión Vívida, cuando la escribas y la presentes, te sorprenderá cómo vienen a ti las personas adecuadas por sí solas.

Como ejemplo, la Visión Vívida de Mindvalley comienza de la siguiente manera:

Imagina una escuela para la humanidad. Una escuela sin fronteras, físicas o imaginarias. Una escuela que convierta a la Tierra en un campus global. Une a todos los géneros, edades, países y culturas, a los 7.5 mil millones que somos. Las prácticas enseñadas ahí nos capacitan para vivir vidas extraordinarias. No solo eso: nos enseñan cómo doblegar la realidad, cómo elaborar las vidas que creamos independientemente de lo que nos digan. En esta escuela se alienta a los estudiantes a pensar críticamente. Se les permite cuestionar sus creencias y los sistemas colectivos que han adoptado. Esta escuela reinventa la naturaleza del trabajo. Las personas dan rienda suelta a sus compulsiones creativas. En un mundo de cambio exponencial, esta escuela experimenta con las últimas herramientas y está obsesionada con la innovación. Pero la graduación nunca sucede, porque el aprendizaje dura toda la vida. Es tan divertido que nunca quieres parar. Esta escuela reúne a los mejores maestros del mundo y extiende su conocimiento a todos los rincones de la Tierra. No tiene miedo de hacer las grandes preguntas.

Y recuerda: cualquier departamento (o cualquier persona) puede tener su propia Visión Vívida. Si eres editor del blog de tu empresa, puedes crear una Visión Vívida para la calidad de las publicaciones que deseas producir, el estilo y la visión del blog, la cantidad de lectores que atraerás y las tasas de conversión a las que aspiras. También mencionarás qué haría destacar al blog y cómo lo volverías de clase mundial. Todo esto ayuda a tu equipo a comprender lo que tienes en mente. Ayuda a los escritores que contratas a conocer qué tipo de trabajo deben entregar.

Ahora la parte desafiante para algunas personas es hacer público el Google Doc y compartirlo con el mundo. Puede que te preocupen los juicios de las personas, pero no dejes que eso te detenga. Tu visión atraerá a las personas adecuadas. Las personas equivocadas pueden rechazar lo que leen, pero esto es exactamente lo que quieres.

Cada idea en este mundo comienza con una visión y eso viene de una persona. Para que esto suceda, esa idea debe compartirse. Si tienes miedo de eso, piensa: una idea no compartida es egoísta. Compartir es fundamental para que una idea sea viable porque para que tome su forma y nazca en el mundo necesita que otra persona la escuche o presencie. La mentalidad de buda no está relacionada con el juicio; se trata de expresar tu verdad interior. A cualquiera que pierdas en el proceso nunca habría servido para tu misión de todos modos.

Entonces, ¿cuál es tu Visión Vívida para tu empresa o tu próximo proyecto? Usa las preguntas al final de este capítulo para guiarte.

Y no te preocupes por hacerlo perfecto. Deja que tu visión fluya, permite que los miembros de tu equipo, cónyuge o clientes en los que confías lo lean y te den su opinión. La magia ocurre cuando una visión se crea en conjunto.

Cuando consigas los ingredientes correctos, encontrarás que las personas adecuadas fluirán hacia ti con facilidad.

Y cuando vengan, es hora de liderar. La siguiente sección de este libro y los capítulos 3 al 6 profundizan en estas ideas. Aprenderás no solo cómo crear una vida notable para ti y un impacto extraordinario en tu trabajo, sino también cómo llevar en este viaje a las personas con las que trabajas más de cerca.

Resumen del capítulo

Modelos de realidad

Atraer a los aliados que necesitas no es un proceso lógico. Sé inspirador cuando te comuniques. Usa la emoción; las declaraciones de misión secas son ineficaces. Habla desde el corazón.

1. Crea un manifiesto que resuma lo que buscas aportar al mundo, tus creencias y valores, y cómo operas. Agrega esto a tu sitio web si tienes uno. Recuerda compartir el *porqué* de lo que haces.

2. Encuentra tu gran porqué. Desecha el desapasionado discurso corporativo. Hablar de tus creencias, tus valores, tu visión del mundo involucrará las emociones de las personas, que es con lo que toman las decisiones.

3. Elabora una Visión Vívida y hazla pública. Habla de tres años hacia el futuro. No te preocupes si actualmente eres

pequeño o estás operando desde un almacén. Habla sobre el futuro como si estuviera sucediendo ahora.

Sistemas de vida

Ejercicio 1: Elabora tu manifiesto

Tu manifiesto no tiene que tener 10 puntos. Puede tener entre tres y 10. Nuestro nuevo manifiesto tiene siete puntos y ha evolucionado significativamente desde el que compartí en 2005. Si no diriges una empresa, crea un manifiesto personal para ayudarte a atraer a las personas adecuadas entre tus amigos o personas en tu comunidad y tus colegas.

Hazte las siguientes preguntas:

- ¿Qué nos hace extraños/únicos o vanguardistas como compañía?
- ¿Qué hacemos de manera diferente a nuestra competencia?
- ¿Qué hace que nuestra cultura sea única?
- ¿Qué hace que la gente nos llame locos, extraños o inusuales?
- ¿Qué creemos acerca de la vida y el mundo, que podría considerarse inusual?
- ¿Cuáles son las cosas que definitivamente NO haríamos? (Por ejemplo, una empresa publicitaria que se niegue a aceptar clientes que promuevan alimentos no saludables).

Ve un ejemplo del Manifiesto de Mindvalley en: https://careers.mind valley.com/manifesto.

Ejercicio 2: Elabora tu Visión Vívida

Piensa en el negocio, organización sin fines de lucro, proyecto o movimiento que deseas crear o que ya creaste. Adelántate tres años. ¿Cómo se ve el mundo? ¿Cómo has hecho la diferencia? ¿Qué logros habrás alcanzado?

Dedica suficiente tiempo para este ejercicio: de 30 minutos, por lo menos, a una hora. Ve a un lugar que estimule tu creatividad: una cafetería, un bar, un jardín, incluso una caminata con una aplicación de dictado si eso te ayuda. Escribe una experiencia de tres a cuatro páginas que narre vívidamente tu historia o la de tu negocio, proyecto o movimiento en el futuro. Usa las siguientes preguntas para guiarte.

No lo hagas solo por tu equipo. Si eres un individuo, puedes crear una visión como esta para tu propia trayectoria.

- ¿Dónde ves tu empresa, movimiento, habilidad o proyecto en los próximos tres años?
- Si no existieras, ¿qué le faltaría al mundo?
- ¿Qué problemas estás aquí para resolver?
- ¿Qué logros habrás alcanzado dentro de tres años?
- ¿Cómo es diferente el mundo gracias a ti?
- ¿Quiénes son tus socios?
- ¿Cómo quieres que se sientan las personas cuando interactúen con tu marca / creación?
- ¿A qué grupos has impactado?

PARTE II
Encuentra tu poder

LOS CUATRO ELEMENTOS QUE TRANSFORMAN EL TRABAJO Y AMPLIFICAN LOS RESULTADOS

Piensa en esa persona en el trabajo a la que TODO LE SALE BIEN. No solo es altamente eficiente: tampoco deja a nadie más sin energía. Es más, como que contagia de energía a sus compañeros de trabajo y también los inspira a trabajar de la mejor manera que puedan. Esas personas contribuyen a una atmósfera que hace a todos más saludables, felices y creativos. ¿Ves a esos rockstar de alto rendimiento? Esos son los chingones del lugar de trabajo, y cualquiera puede transformarse en uno.

Existe un secreto para tener un alto rendimiento: en un nivel básico, cada persona vive para satisfacer un conjunto universal de necesidades humanas. Solo cuando alguien haya logrado satisfacer sus necesidades básicas podrá realmente hacer su mejor trabajo.

Después pasar algunos años entrevistando a casi 2000 personas de 60 países para trabajos en Mindvalley, noté un patrón. Lo que la gente realmente quería en su trabajo no era seguridad o un salario estable, incluso si eso era lo que pensaban que querían. Lo que querían se reducía a cuatro grupos de necesidades personales.

Estos requerimientos surgieron una y otra vez de candidatos de todos los orígenes religiosos, culturales y nacionales.

Los cuatro grupos de necesidades son:

Felicidad, amor y pertenencia

La mayoría de las personas quieren despertarse todas las mañanas sabiendo que se dirigen a un trabajo que disfrutan, en una atmósfera en la que les gusta estar. Quieren caerles bien de verdad a sus compañeros de trabajo, sentir que pueden expresarse.

Después de muchos años, descubrí que cuando las personas dicen que quieren ser felices en el trabajo, lo que realmente significa es que quieren amar lo que hacen y con quién lo hacen. Quieren sentir que pertenecen. Es por eso que las estructuras que aprenderás en el capítulo 3 se centran en el amor y la conexión.

Significado

La mayoría de la gente quiere saber que el trabajo que hace es importante. Quieren ser apreciados. Quieren permitirse un buen hogar o ropa adecuada para verse lo mejor posible, o la buena comida para alimentarse saludablemente. Quieren sentirse escuchados y que su opinión sea importante. Quieren poder expresarse.

Aprenderás estructuras para hacer que las personas se sientan apreciadas y que son importantes en el capítulo 4.

Crecimiento

La mayoría de la gente quiere crecer; quiere oportunidades para adquirir nuevas habilidades y conocimientos y ampliar sus capacidades. Las personas desean que se les brinde acceso a educación y capacitación para ayudarlas a crecer tanto profesional como personalmente.

Cubriremos esto en el capítulo 5, en el que aprenderás cómo crear una dinámica de equipo donde las personas se retan y se apoyan mutuamente para ser los mejores.

Sentido

La mayoría de las personas quiere saber que el trabajo que realiza contribuye positivamente a la sociedad, que no está haciendo un trabajo que haga retroceder a la humanidad o que envenene a una población con una necesidad inducida por el marketing de un producto no saludable. Les importa que su trabajo contribuya a asegurarnos que nuestro planeta y nuestra especie estarán mejor muchas generaciones adelante.

Esto es lo que verás en el capítulo 6. Aprenderás las estructuras para impulsar una misión hacia adelante y lograr que las personas se mantengan en la tarea.

Las cuatro necesidades eran tan comunes que comencé a dibujar un diagrama como este en mi iPad mientras entrevistaba a personas y les pedía que hablaran sobre cómo se sentían acerca de estos cuatro elementos. Me referí a él como el Cuadrante laboral y me ayudó a comprender las mentes de las personas que estaba entrevistando para ver si realmente encajaban con nuestra cultura.

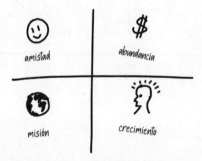

Por supuesto, las personas aún necesitan que se les pague lo suficiente para cubrir sus necesidades; sería ideal que su trabajo no los enfermara, no los envejeciera prematuramente ni amenazara su forma de vida de ninguna manera; su entorno de trabajo al menos debería hacerlos sentir seguros. Pero más allá de eso, las personas se preocupan por mucho más que solo el salario o el título.

En los equipos donde se satisfacen las necesidades básicas de cada miembro hay un crecimiento con dos efectos. Por un lado, las personas aportan el 150% en todo lo que hacen y no solo porque les dé resultado; también se convierten en personas intrínsecamente motivadas *versus* personas extrínsecamente motivadas. En otras palabras, no necesitan ninguna prestación o beneficio como incentivos.

Cuando aprendes a satisfacer estas cuatro necesidades fundamentales, construyes equipos con miembros de alto rendimiento y, más allá de eso, también verás aumentar tu poder y potencial en tu trabajo. El trabajo se convierte en algo más que un medio para ganar un sueldo: se convierte en un aspecto esencial para vivir una vida verdaderamente maravillosa.

Capítulo 3

ENCIENDE LA CHISPA
DE LAS CONEXIONES PROFUNDAS

> Todos estamos muy profundamente interconecta-
> dos; no tenemos más opción que amar a todos. Sé
> amable y haz el bien a cualquiera y eso se reflejará.
> Las ondas del corazón bondadoso son las bendi-
> ciones más elevadas del universo.
>
> AMIT RAY, *Yoga and Vipassana:*
> *An Integrated Lifestyle*

Los humanos desean unirse. La necesidad de pertenecer está en nuestro ADN. Si bien podemos vernos separados el uno del otro, la verdad es que nos conectan lazos invisibles. Cuando entiendes cómo influir en este espacio, creas comunidades donde todos son más grandes juntos que separados.

Amo a los seres humanos, pero, seamos honestos, podemos ser un poco absurdos. Esto cruzó por mi mente por un breve momento mientras me encontraba en círculo con una centena de mis compañeros de equipo. Estábamos en un retiro de la compañía en un hotel frente al mar en una impresionante isla llamada Penang, en el noroeste de Malasia. Nuestro facilitador caminó hacia el centro del círculo y dijo: «Este próximo juego nos hará más vulnerables entre nosotros, pero sé que ustedes están listos para eso».

Ahora, antes de contarte lo que sucedió después, tengo que preguntar: ¿por qué necesitamos jugar para ser reales entre nosotros? Es bastante extraño. Y esto no es un comentario sobre las demás personas, ciertamente no estoy fuera en esta declaración.

Seamos sinceros, en general, el lugar de trabajo no es el sitio para tener conversaciones relevantes y crear una conexión humana profunda. A veces necesitamos algunos empujoncitos para formar relaciones más significativas.

Este ejercicio fue parte de nuestro retiro de equipo en 2019, que se centró únicamente en el tema de la conexión. Si bien los retiros de nuestro equipo alguna vez se trataron de la estrategia, objetivos y resultados clave de la empresa (OKR, *objectives and key results*), aprendí mi lección. Hoy, los retiros de nuestro equipo se centran primero en la conexión y el vínculo. No hablamos mucho sobre el negocio o la visión; más bien nos enfocamos en ser verdaderamente francos, abiertos y transparentes entre nosotros.

Cuando te enfocas primero en la conexión, todo lo demás cae en su lugar. Esto es cierto tanto para los líderes como para cualquier otra persona en el grupo. Y si no eres oficialmente un líder, ten en cuenta que la habilidad de construir conexiones es quizá la más poderosa de las herramientas en el kit de los líderes sigilosos. En primer lugar, te permite ascender de forma encubierta en cualquier organización. El segundo beneficio es la ventaja social que logras cuando tienes la capacidad de transformar cualquier equipo que no esté empoderado. Para ti, esto significa nunca tener que trabajar en un ambiente tóxico. Y dado que ya se ha demostrado científicamente que tu calidad de vida está determinada por las personas con las que pasas más tiempo, las relaciones son mucho más importantes de lo que podrías pensar.

Ese día en el retiro de nuestro equipo, mientras estaba en ese círculo, sentí una sensación de seguridad y paz. Pero no de-

ENCIENDE LA CHISPA DE LAS CONEXIONES PROFUNDAS

tuvo la sensación de que mariposas monstruosas revoloteaban en mi estómago. Más tarde supe que no era el único.

Este juego en particular se llamaba *¿Alguien más?* Una persona se para en el centro del círculo, comparte algo personal —algo vulnerable— y luego dice: «¿Alguien más?». Si la afirmación es cierta para alguien más, esa persona se une de inmediato a la persona en el centro.

Una vez que el juego comenzó, se convirtió en un desfile de personas valientes dando un paso adelante, una por una.

«A veces me siento raro en situaciones sociales, así que finjo estar solo y alejarme o estar ocupado en mi teléfono, pero realmente me siento inseguro», dijo una persona.

«Me bulearon en mis años de escuela primaria y me tomó más de una década superarlo», dijo otro.

Con cada frase se les unía gente en el centro. Y hubo más:

«No importa cuántos logros tenga, nunca me siento suficientemente bueno».

«Me temo que nunca encontraré una pareja romántica y estaré solo para siempre».

Luego dije mi declaración: «He tenido momentos en el pasado donde sentí una depresión tan profunda y oscura que me pregunté si realmente valía la pena estar vivo».

Diez personas entraron. Fue un momento esclarecedor. El tremendo miedo que sentí justo antes de pronunciar esas palabras se disipó; los 11 nos quedamos ahí parados, juntos. El mensaje no verbal que nos enviamos fue: «Yo también he estado ahí. Entiendo cómo es eso. Pero te apoyaré. No estás solo».

No hubo lágrimas, solo sonrisas de compasión y alivio en muchos de los rostros a medida que avanzaba el ejercicio. Me sentí conectado; los demás también. Fue un intercambio poco común entre compañeros de trabajo. Al principio fue quizás un poco desconcertante, pero condujo a un extraordinario nivel de cercanía entre todos nosotros.

Como aprenderás en este capítulo, la conexión profunda es un componente clave para una cultura donde todos se comprometen y formen un equipo de alto rendimiento.

Cuando los colegas van más allá de las relaciones superficiales «profesionales» y se relacionan entre sí como seres humanos, prosperan.

Esta no es simplemente una opinión que tengo; existen amplias evidencias científicas para respaldar el valor de los lazos sociales. La conexión es un deseo muy profundo asentado en todos los humanos. La anhelamos. Y cuando lo conseguimos en el lugar de trabajo, la vida y el trabajo se fusionan a la perfección.

Como fundador de una empresa de crecimiento personal, soy testigo una y otra vez de cuánto luchan las personas a solas con pensamientos y experiencias que son universales. He vivido cientos de eventos de transformación en los que las personas se conectan más profundamente de lo que suelen hacerlo en público, desde Burning Man hasta A-Fest y Mindvalley University. Es mágico cuando los grupos tienen permiso para compartir de manera auténtica. Es entonces cuando nuestras inseguridades, desafíos, rarezas incluso, se disuelven. Esto permite que las personas pasen de sentirse solas, confundidas y temerosas a sentirse apoyadas, entendidas y sin miedo.

Los lazos sociales son la variable número uno que aumenta la salud física, el estado mental y el rendimiento diario de una persona. En otras palabras, casi cualquier cualidad relacionada con la satisfacción general de una persona con la vida está directamente relacionada con la fuerza de sus lazos sociales. Hoy existen muchos resultados científicos para respaldar lo anterior.

La ciencia de la conexión

Los seres humanos son criaturas sociales. El hombre prehistórico confiaba en su tribu para sobrevivir: ser expulsado significaba la muerte. La necesidad de pertenecer no es un rasgo de carácter, sino un requisito básico de supervivencia que está en el hardware de nuestro ADN.

Por eso, cuando se llena el sentido de pertenencia de una persona, puede sentirse invencible. Por el contrario, cuando no es así, se marchita. Numerosos estudios neurocientíficos muestran que la conexión social hace que los centros de recompensa del cerebro se iluminen. Por otro lado, las experiencias de dolor social (como la soledad) provocan actividad en las mismas regiones del cerebro que procesan el dolor físico real. Un corazón roto literalmente duele.

Uno de los estudios más largos y cualitativos de Harvard fue el estudio «Gente muy feliz» de Ed Diener y Martin Seligman. Se extendió por 80 años y siguió la vida de 222 personas que fueron evaluadas respecto a sentirse realizados en la vida utilizando múltiples filtros de evaluación. Los científicos hicieron un análisis invasivo: revisaron los amplios registros médicos de los participantes y realizaron cientos de entrevistas y cuestionarios en persona.

Los revolucionarios hallazgos fueron que los lazos sociales tienen una correlación de 0.7 (que en el mundo de la ciencia es gigante) con el sentirse realizado en la vida.

Piénsalo. De todo lo que analizó el estudio de Harvard, solo un factor realmente se correlacionó con la felicidad. No era riqueza, ni buena apariencia, ni fama, ni vivir en un lugar con clima cálido. Lo que más importaba era la *fuerza de las conexiones sociales de una persona*.

En la introducción a la Parte II de este libro te conté cómo hice un sondeo de los candidatos que entrevisté y cómo me llevó a identificar cuatro grupos de necesidades humanas básicas que subyacen en el desempeño superior. Hay más en esta historia. Más tarde, empecé a conocer el trabajo de Abraham Maslow y noté una similitud fascinante: los cuatro cuadrantes en mi diagrama coincidían casi perfectamente con los cuatro niveles superiores de la pirámide de Maslow.

La jerarquía de necesidades de Maslow muestra las etapas universales de motivación por las que pasan todos los seres humanos. Maslow dice que para que cualquier persona pueda pasar de un nivel al siguiente, se deben satisfacer las necesidades anteriores. Por ejemplo, cuando se satisfacen las necesidades fisiológicas y de seguridad de una persona, está motivada para buscar la conexión con otras personas. Luego, una vez que tiene apoyo social, se enfoca en demostrar que es importante para ella misma y para el mundo de maneras más impactantes.

Según Maslow, después de que alguien satisface sus necesidades fisiológicas y de seguridad, las cosas que realmente importan son:

Amor y pertenencia: sentirse parte de una tribu.
Autoestima: saber que importas.
Autorrealización: descubrir tu verdadero potencial.
Autotrascendencia: trascender tus preocupaciones personales y ver desde una perspectiva más alta.

La similitud entre las necesidades de Maslow y las que me topé en mi proceso de entrevista (lo que llamé «Cuadrante de trabajo») confirmó que estaba en el camino correcto en la construcción de un nuevo tipo de lugar de trabajo. Así es como se alinean:

LAS PREGUNTAS DE MI ENTREVISTA (CUADRANTE DEL TRABAJO)	MASLOW
• Amistad	• Conexión y pertenencia
• Abundancia	• Autoestima
• Crecimiento	• Autorrealización
• Sentido	• Autotrascendencia

Es obvio que la amistad se alinee con la conexión y la pertenencia, y que el crecimiento y el significado se conecten con la autorrealización y la autotrascendencia, pero lo que confunde a la gente es: ¿cómo se relaciona la abundancia con la autoestima?

Resulta que la abundancia nunca se trató de dinero, sino del respeto que la gente sentía que el dinero les daba. El dinero era un medio para un objetivo. (Abundo sobre esto en los próximos capítulos). Para Maslow, el nivel de autoestima incluye confianza, fortaleza, autoconfianza, aceptación personal y social, y respeto de los demás. Todo esto era lo que la gente realmente buscaba cuando creían que necesitaban dinero.

Cuando miras la pirámide de Maslow, te das cuenta de algo interesante: se supone que los gobiernos deben cuidarnos, pero los gobiernos se detienen principalmente en los niveles 1 y 2 (Necesidades fisiológicas y Seguridad). ¿Quién, entonces, proporciona el resto?

Creo que las estructuras humanas más capaces de proporcionar los siguientes cuatro niveles son las estructuras del lugar de trabajo. El trabajo no debe consistir solo en producir un producto o servicio. Puede ser mucho más.

Los siguientes tres capítulos están basados en Maslow y en mi propia investigación con las personas que he entrevistado. Por ahora discutiremos la felicidad a través de la conexión y la pertenencia, y cómo llevar esto al trabajo lo transforma todo y hace que tu vida sea mucho más satisfactoria.

El trabajo es la tribu de hoy

En el último medio siglo, la necesidad de pertenencia de la mayoría de las personas se satisfacía mediante las instituciones. Los militares, las iglesias y las banderas de las naciones eran estructuras de conexión. Ya no. El papel que han desempeñado se está debilitando a un ritmo más rápido que nunca.

Algo tiene que llenar ese vacío y muchas personas hoy están tratando de satisfacer esa necesidad en el trabajo. Puede sorprenderte saber que el Barómetro de Confianza de Edelman (*Edelman Trust Barometer*) de 2019 informa que, a nivel mundial, se confía significativamente más en «mi empleador» (75%) que en las ONG (57%), las empresas (56%), los gobiernos (48%) y los medios de comunicación (47%). Si tienes una empresa, felicidades, tienes el monopolio de la confianza y esta te da un inmenso poder para cambiar la vida de alguien.

Las empresas de hoy están bendecidas con una oportunidad increíble, pero la mayoría de ellas la desperdician al poner las necesidades comerciales antes que a su gente. En la mayoría de los lugares de trabajo hay poco sitio para los sentimientos, la vulnerabilidad o las tonterías emocionales. La instrucción y expectativa de la gerencia es ser *profesional*. Qué concepto tan estúpido.

Ese modelo es obsoleto (si acaso alguna vez fue efectivo). Es un remanente de mediados del siglo XX. En la era moderna, desde el final de la Revolución Industrial, el trabajo era un bastión de la masculinidad. Lamentablemente, muchos lugares de trabajo, organizaciones y escuelas aún funcionan de manera autoritaria de arriba abajo: los subordinados siguen a los líderes que han sido elegidos por un puñado de hombres en traje. Un *Señor de las moscas* corporativo.

Los líderes de la posguerra regresaron de servir en la Segunda Guerra Mundial y llevaron su mentalidad militarizada a las salas de juntas de las corporaciones en todas partes. Un joven soldado en la década de 1940 tenía 40 años en la década de 1960 y 50 en la década de 1970. En el campo de batalla, ciertamente, no hay lugar para los sentimientos. Un soldado está ahí para seguir las órdenes, para hacer un trabajo.

Así se arraigó una cultura pseudomilitar en los pasillos de la industria, sin espacio para arrebatos emocionales o para hablar de familias amorosas, y sin mucho apoyo social saludable. Eso se abordaba en el hogar.

Hoy en día, muchas compañías han permitido un ambiente más relajado (piensa en los viernes informales), pero el estilo de gestión autoritario aún no se extingue por completo. Permitir usar sudaderas con capucha en el lugar de trabajo o repartir comida gratis en la cafetería de la empresa no es suficiente para que prospere la conexión humana.

Como la mayoría de las personas pasa ocho horas de su día en el trabajo, los colegas pueden muy bien ser la nueva tribu. La mayoría de las personas pasa más tiempo con sus compañeros de trabajo que con sus familias. Ahora bien, esta es una buena noticia si la dinámica del equipo del que forma parte está conectada, pero hay implicaciones horrendas si no es así. Dobleguemos, pues, las reglas sobre cómo se *supone* que deben funcionar las empresas.

¿Y por qué molestarse en hacerlo? Bueno, considera esto:

Hoy sabemos que la conexión social es el factor número uno que se correlaciona con la felicidad. Y resulta que ahora la ciencia dice que la felicidad es lo que quizá contribuye más al desempeño de tu equipo. Van juntas en una línea recta.

Conexión social $\longrightarrow$ Felicidad $\longrightarrow$ Desempeño

La verdad acerca de la felicidad

Los libros sobre cultura empresarial a veces conducen a la ilusión de que los trabajadores deberían estar en un estado constante de felicidad, que deben sentirse alegres en el trabajo todo el tiempo y que los líderes deben implementar estructuras para esto. Francamente, eso es basura. Es imposible que alguien sea feliz todo el tiempo. Además, no es el trabajo de ningún líder caminar por los pasillos de la compañía lanzando confeti y pastelitos al aire para hacer sonreír a todos.

Las grandes compañías tienen estructuras que fomentan el crecimiento de una cualidad a la que yo llamo «optimismo positivo». Déjame aclararlo.

Un estado positivo es cualquier estado de ánimo en el que te sientes bien, como la felicidad que se logra fácilmente cuando una persona recibe cualquier estímulo. Mira algunos videos de gatitos en YouTube, come un trozo de chocolate o atibórrate de Netflix, y con seguridad llegarás a un estado positivo, aunque fugaz. Los estados emocionales fluctúan de un momento a otro.

Puedes estar trabajando felizmente en tu computadora en un momento y luego recibir un correo electrónico de un compañero de trabajo sobre un error que pone en peligro el proyecto de tu equipo. Pasas de la felicidad al malestar muy rápido. Así es como funcionan los estados emocionales.

Nadie puede ser positivo todo el tiempo: no es saludable ni útil, y la verdad es que mantener la positividad siempre encendida no te permite sentir la verdadera satisfacción. Todas las emociones son útiles. Sentirlas completas es saludable. La aceptación es vital.

En una entrevista que Big Think[8] le hizo a la doctora Susan David, psicóloga de Harvard, ella dijo: «La preocupación de la

---

[8] Big Think es un portal web multimedia fundado en 2007 por Victoria Brown y Peter Hopkins. El sitio web es una colección de entrevistas, presentaciones y mesas redondas con expertos de una amplia gama de campos, con el fin de

sociedad por la felicidad, sin darse cuenta, ha resultado en mayores niveles de infelicidad».

Irónico, ¿no te parece?

El deseo de sentirse feliz o pensar positivamente todo el tiempo dificulta la existencia auténtica de muchas personas. Reduce la resiliencia.

Mejor apunta al optimismo positivo

Entonces, en lugar de apuntar a la felicidad, apunta al optimismo positivo. Durante los estados emocionales negativos, una persona positivamente optimista seguirá comprometida con el resultado; verá un futuro brillante por delante, incluso cuando experimente un revés, rechazo o pérdida. Acepta emociones negativas en el momento, como la tristeza, y la ve como lo que es: un estado temporal.

Mira, todos nos ponemos tristes, y la tristeza tiene sus propios dones de aprendizaje y autodescubrimiento. No evitemos la tristeza. El optimismo positivo acepta la tristeza al saber que es temporal y que vendrán estados más felices.

Mi amigo, el gran maestro espiritual y reverendo Michael Beckwith, se refiere a la tristeza como una compañera. Estaba filmando con Michael solo dos semanas después de que perdió a su padre. Le pregunté cómo estaba. Respondió:

Soy dicha. Soy alegría. Sé que esta es
mi verdadera naturaleza. Pero ahora mismo siento tristeza.
No la estoy rechazando o negando. Veo esta tristeza
como compañera. Una energía dentro de mi campo. No sé cuánto
tiempo pasará conmigo. Tal vez un mes. Quizás años.
Pero honro que esté ahí. Y entiendo por qué está ahí.

---

ayudar a la gente a pensar en grande. [N. de la t. Información consultada en el sitio web y Wikipedia el 26 de abril de 2020].

Michael no trataba de luchar contra su tristeza ni dejó que lo abrumara. La acogió y entendió su naturaleza, pero sabía que la vida a la larga estaría bien. Esta es la naturaleza del optimismo positivo.

La felicidad es un cambio de *estado*. El optimismo positivo, por otro lado, es una *etapa* de evolución.

Puedes ser feliz en un instante con el medicamento correcto, pero derrumbarte y deprimirte al día siguiente a medida que cambia la química de tu cerebro. Este es un cambio de estado.

Los cambios de *etapa*, por otro lado, son permanentes e irreversibles. Son la esencia de la sabiduría y de asumir visiones del mundo superiores.

El optimismo positivo es un cambio de *etapa*; esto significa que es una visión del mundo más sabia y desarrollada que gobierna tu relación con el mundo que te rodea. Una vez que despiertes a la idea de que el universo es benevolente y de que la vida es buena en última instancia, nunca más volverás a tu visión anterior del mundo. Quedas permanentemente transformado. Eso no significa dicha sin fin. Más bien, como sugiere Michael Beckwith, implica una forma más sana y sabia de lidiar con los compañeros ocasionales: tristeza, dolor y pérdida.

Los beneficios del optimismo positivo

Una persona positivamente optimista es menos reactiva a sus emociones. Se ha entrenado para ser más consciente, es testigo de lo que siente y elige de manera proactiva cómo reaccionar.

> *El optimismo positivo no es el rechazo de la tristeza, sino el pensamiento, incluso durante la tristeza, de que el futuro estará bien.*

Se puede entrenar para pensar de esta forma, es como desarrollar cualquier habilidad. Simplemente requiere aprender a pensar de manera más objetiva y ver las situaciones desde otras perspectivas.

Los mejores atletas del mundo ven. desafíos, peligros y momentos incómodos por delante, pero aun así se ven a sí mismos ganando. Cuando fracasan, se levantan y lo vuelven a intentar. Esto se debe a que han sido entrenados para lidiar con las emociones y, lo que es más importante, tienen un sólido sistema de apoyo de personas que los cuidan. En el contexto de los negocios, el optimismo positivo es lo que deseas que tu equipo posea.

¿Cómo se mide la felicidad y el optimismo positivo? Hay un nuevo campo emergente llamado PQ que hace exactamente eso. Los datos que están surgiendo son algo a lo que todos los que tienen un trabajo o carrera deben prestar atención.

El poder del PQ

El optimismo positivo puede equivaler a lo que Shirzad Chamine, autor del libro *Positive Intelligence: Why Only 20% of Teams and Individuals Achieve Their True Potential and how You Can Achieve Yours*, llamaría un *cociente de inteligencia positiva* (PQ)[9] alto. Que una persona tenga un PQ alto significa que tiene una proporción más alta de sentimientos positivos con respecto a sentimientos generales. Por ejemplo, una persona que se siente un poco estresada o insegura o decaída el 10% del tiempo tendría un PQ de 90. El libro es un metaanálisis de cientos de estudios sobre felicidad y trabajo, y concluye que «un PQ más alto conduce a un mayor salario y a un mayor éxito en los ámbitos de trabajo, matrimonio, salud, sociabilidad, amistad y creatividad».

Chamine escribe: «Tu mente es tu mejor amigo, pero también es tu peor enemigo. La inteligencia positiva es la fuerza

[9] PQ es una marca registrada de la empresa Positive Intelligence. Información en http://positiveintelligence.com, consultada el 26 de abril de 2020. [N. de la t.].

relativa de estos dos modos de tu mente. Por lo tanto, la inteligencia positiva es una indicación del control que tienes sobre tu propia mente y de qué tan bien actúa tu mente para tu mayor beneficio».

Entonces, para desarrollar una cultura de alto rendimiento, los líderes deben centrarse en fomentar el desarrollo por etapas. Esto no significa únicamente brindar oportunidades para el estado de felicidad (llamemos a esto el enfoque de confeti y pastelitos); también deben brindar oportunidades para el crecimiento del optimismo positivo (crecimiento personal y apoyo social en el lugar de trabajo).

Y no necesitas ser el líder de un equipo; es obvio que desarrollar un optimismo positivo te beneficiará sin importar tu situación laboral o tus objetivos actuales. Herramientas simples como la técnica de apreciación de dos minutos (capítulo 4) pueden producir resultados sorprendentes para cualquiera. (La compañía en el ejemplo que compartiré tuvo un aumento de ingresos de más de 300 millones de dólares).

Y si lideras un equipo o comienzas desde cero y contratas uno, debes apoyar a tu gente a desarrollar el dominio de sus propias mentes, para que puedan elevar su PQ.

De hecho, en un estudio sorprendente que comparó a 60 equipos, Chamine sugiere que el PQ de un equipo es el MEJOR indicador del éxito del equipo. Considera esto:

- Los CEO con PQ más altos tienen más probabilidades de liderar equipos felices que reportan que su clima de trabajo es propicio para un alto rendimiento.
- Los equipos de proyecto con gerentes de mayor PQ se desempeñan un 31% mejor.
- Los trabajadores con mayor PQ faltan menos días por enfermedad y tienen menos probabilidades de agotarse o de renunciar.
- Los gerentes con mayor PQ son más precisos y cuidadosos al tomar decisiones, y reducen el esfuerzo necesario para realizar su trabajo.

Entonces, ¿cómo aumentar el PQ? Se trata de las personas. Estas son cinco tácticas que incorporé en nuestra cultura.

Cinco tácticas para una cultura conectada

Cualquiera que sea tu papel y objetivos futuros, domina las cinco tácticas siguientes y obtendrás una superpotencia que te dará la capacidad de convertir a cualquier grupo en un equipo de alto rendimiento socialmente unido. El resultado te sorprenderá: el trabajo se convierte más en un juego, ya que estás con algunos de tus amigos más cercanos.

Si estás en un puesto de liderazgo, permíteme detenerte antes de que vayas a dar una divertida fiesta en la empresa o a repartir bonos de Navidad más sustanciosos. Si bien estas son ideas útiles que aumentarán la positividad, las estrategias a nivel superficial solo producen resultados fugaces.

Si estás esperando que una figura de autoridad intensifique y arregle la dinámica del equipo en tu lugar de trabajo, esperar más no ayudará. Desígnate a ti mismo. Cualquiera puede cambiar la dinámica de todo un grupo a través de sus propias acciones deliberadas. También puedes usar estas tácticas para establecer un equipo o para profundizar los lazos con las personas de cualquier otro grupo del que formes parte.

Estas son las cinco tácticas que he encontrado más efectivas para crear un lugar de trabajo conectado:

1. Amistades en el trabajo.
2. Crear un ambiente de seguridad y apoyo.
3. Practicar la vulnerabilidad.
4. Contagios positivos.
5. Competir con amabilidad.

Táctica #1: Amistades en el trabajo

Es hora de desafiar una mentalidad. ¿Qué pasaría si la amistad en el trabajo fuera tan importante para una empresa como la productividad? ¿Qué pasaría si las empresas no se obsesionaran solo con la última plataforma de optimización del tiempo, sino también con alentar a las personas a conectarse profundamente entre sí? ¿Qué pasaría si trabajaras con tus mejores amigos?

Si crees que estas ideas son huecas, estos datos cambiarán tu opinión. La Encuesta de Participación de los Empleados de Q12 de Gallup destruye por completo la idea de que las amistades en el trabajo no son productivas. El estudio concluye que uno de los determinantes clave para compenetrarse en el trabajo es tener un mejor compañero de trabajo. Los compañeros de trabajo que reportan tener un mejor amigo en la oficina están *siete veces* más comprometidos que sus contrapartes desconectadas. Obtienen una puntuación más alta en todas las métricas de rendimiento, son mejores con los clientes, aportan más innovación a los proyectos y tienen una agudeza mental superior y tasas menores de error y lesiones.

Esto se debe a que tener vínculos sociales en el trabajo hace que las personas se sientan bien, los hace felices. En 2014, entrevisté a Shawn Achor, investigador de Harvard y autor de los *bestsellers The Happiness Advantage, Beyond Happiness* y *Big Potential*. Observa bien estos datos:

- Cuando el cerebro está en un estado positivo, la productividad aumenta un 31 por ciento.
- El éxito de ventas aumenta un 37 por ciento.
- La inteligencia, la creatividad y la memoria mejoran drásticamente.
- Los médicos preparados para ser felices son 19% mejores para hacer el diagnóstico correcto.

Los lazos sociales aumentan la positividad, y eso es importante. Sin embargo, cuando se trata de felicidad y trabajo, la mayoría de las personas operan con la actitud de «Trabaja duro ahora, sé feliz más tarde». O: «Si trabajo duro, seré feliz más tarde». Achor nos anima a cambiar la fórmula. Su ecuación podría verse así:

Sentirse bien = Trabajar mejor = Resultados
exponencialmente mejores

La mejor manera de hacer esto es con las conexiones sociales. Así es como se crea una dinámica de equipo en la que las personas tienen un sentimiento de amor y pertenencia.

Estos hallazgos reflejan uno de los argumentos clave de Jim Collins en su libro *Good to Great* (*Empresas que sobresalen*), quien escribe: «Las personas que entrevistamos en compañías de buenas a grandiosas reportaron que amaban lo que hacían, en gran medida porque amaban con quién lo hacían».

Cómo encender amistades

En el libro de Amy Cuddy, *Presence* (*El poder de la presencia*) la investigadora de Harvard explica que cuando dos personas se conocen por primera vez, ambas hacen un cálculo rápido para decidir si se caen bien. Las personas buscan inconscientemente responder estas dos preguntas:

1. ¿Confío en esta persona?
2. ¿Respeto a esta persona?

Estos son los ladrillos que cimientan todas las relaciones. Si una persona responde «sí» a ambas preguntas en el primer encuentro, este podría ser el comienzo de una nueva amistad. Adversamente, en cualquier relación que no funciona falta uno o ambos de estos elementos. Una pista para cualquiera que tenga una relación personal o comercial que se sienta hostil: restaura estos dos elementos.

En una entrevista con *The New York Times*, el CEO de Shopify habló sobre el establecimiento de una métrica para esto, que llamó la «batería de confianza». Él dijo: «Se carga al 50% cuando contratas a una persona y luego, cada vez que trabaja con alguien de la compañía, la batería de confianza entre los dos se carga o se descarga según las situaciones; por ejemplo, si entregan un proyecto en tiempo o no».

¿Podría crearse el mismo tipo de métrica para medir el respeto? Pensar que las relaciones tienen una batería de confianza o una batería de respeto es una forma de simplificar su complejidad, porque el desafío con las relaciones es que son subjetivas. Las variables que convierten a dos extraños en grandes amigos son demasiado complejas para intentar explicarlas en este libro. No se puede forzar. Dicho esto, hay creencias y prácticas que cualquier persona puede iniciar para diseñar mejores probabilidades.

Primero, las personas que tienen valores comunes son más propensas a buscar amistades entre ellas. Entonces, si estás en condiciones de contratar, primero apréndete bien este proceso. Luego evalúa periódicamente la dinámica del equipo. Hazte una pregunta honesta: ¿hay personas en la empresa que impiden que se formen amistades?

Una vez despedí a un hombre altamente religioso que se negaba a estrecharle la mano a las mujeres porque estaba en contra de su cultura. Era un ingeniero brillante, pero su presencia en el equipo disminuyó severamente el nivel de cohesión general del grupo e hizo que las mujeres se sintieran incómodas. Esto no era saludable, dado que el 60% de nuestra administración en ese momento estaba conformada por mujeres. Se tenía que ir o cambiar sus creencias. Si bien podemos respetar las creencias religiosas, no podemos dejar entrar a alguien que haga que otros se sientan incómodos.

Después crea una cadencia de actividades sociales. Las amistades se construyen con el tiempo, las personas necesitan múltiples oportunidades para conectarse en diferentes entornos. He descubierto que dos de los mejores métodos para crear conexiones sociales sólidas y traer amor y pertenencia al lugar de trabajo son:

1. Eventos sociales
2. Rituales

Una manera simple para que cualquiera pueda apoyar el crecimiento de las amistades en el trabajo es iniciar más eventos sociales. Esto puede parecer básico y bastante obvio, pero la mayoría de las empresas simplemente no organizan suficientes de estos. Cualquiera puede fácilmente iniciar eventos muy simples que unan a las personas.

Más adelante presento una cadencia simple para ejecutar eventos sociales. Hay cinco tipos: diario, semanal, mensual, trimestral, anual.

En Mindvalley tenemos una hora social semanal, que a menudo se extiende hasta altas horas de la noche. También hacemos una noche social mensual fuera de la oficina, en la que el equipo se reúne en un restaurante elegante para comer y beber.

Si estás en una posición de liderazgo, asiste. Yo siempre lo hago; descubrí que las personas se abren a sus gerentes de manera diferente fuera de la oficina. Somos máquinas sociales, pero estamos condicionados a operar en los contextos culturales en los que nos encontramos. No importa lo abierto que sea un lugar de trabajo, la mayoría de las personas cumplen con un código de reglas que determinan cómo hablamos, nos vestimos y nos escuchamos.

Después de una o dos cervezas, un programador puede quejarse abiertamente de un pleito en el lugar de trabajo. O aprenderé sobre los talentos ocultos de mis compañeros, sus experiencias de viaje recientes o sus triunfos y batallas personales. Y también puedo ser yo mismo en estos momentos.

Cuando trabajé para Microsoft en 1998, admiré cómo Bill Gates invitó a todos los nuevos empleados a su casa. Recuerdo haber sentido mucho respeto por Bill al verlo en su patio trasero, volteando hamburguesas para nosotros los empleados. Admiré cómo nos trajo a su círculo de inmediato y nos dio un espacio para compartir entre nosotros. Si Bill Gates puede hacer tiempo para encender la parrilla para sus empleados, seguramente cualquiera puede hacerlo.

Estos son algunos consejos para los cinco tipos de eventos que puedes ejecutar.

Rituales diarios

Los rituales diarios de conexión del equipo son vitales. Muchos de mis líderes de equipo más efectivos insisten en comenzar el día con un ritual de gratitud. Para un equipo de 10 personas, esto puede tomar cinco minutos por persona, pero ayuda a que todos se conecten profundamente y se conozcan.

La regla es que cada persona comparta algo por lo que está agradecido. Podría ser una taza de café que su cónyuge le hizo esa mañana, la sonrisa de un niño que los despierta con un abrazo o una victoria laboral. Para los equipos remotos, he visto hacer esto de forma muy efectiva por Skype o incluso Slack,[10] en donde todo mundo publica mensajes llenos de emoticones.

Rituales semanales

Cuando mi equipo ejecutivo se reúne todos los miércoles, abrimos con Ezekiel, nuestro Director de Recursos Humanos, quien pregunta: «Bien, ¿qué está pasando en la vida de todos y cómo se sienten hoy?».

La regla es que luego compartamos nuestra semana, pero no se nos permite hablar sobre el trabajo. Compartimos abiertamente lo que enfrentamos, nuestros altibajos y los últimos acontecimientos de nuestra vida. A menudo calificamos cómo nos sentimos en una escala del uno al 10. Por ejemplo, durante nuestra última reunión, compartí que tenía un 7 porque me había enganchado con la temporada 3 de *Stranger Things*, y justo después de terminar el episodio 5 mi internet se cayó y tardaron cuatro días en arreglarlo. Oooh, la agonía de esperar a ver qué pasaba en el episodio 6.

---

[10] Slack es una herramienta de comunicación interna para equipos, muy similar a WhatsApp. [N. de la t.].

El intercambio no tiene que ser serio o intenso, sino como el de verdaderos amigos que hablan entre sí.

Rituales mensuales

Todos los meses, Mindvalley organiza una noche social. Por lo general ocurre en un bar. Siempre hay buena comida y bebidas sin alcohol para los no bebedores. Nunca hacemos esto obligatorio, es estrictamente opcional. (Si no tienes presupuesto para esto, hazlo más informal. Por ejemplo, que cada quien traiga un platillo y que sea en la casa de alguien).

Personalmente, a menudo encuentro que durante estas tardes escucho cosas que la gente no menciona en la oficina. En particular disfruto escuchar cómo los programadores, que por lo general trabajan en silencio detrás de las pantallas de sus computadoras, se abren después de un vaso de whisky. Las frustraciones y problemas de ingeniería que algunos introvertidos no mencionarían en la oficina de repente aparecen en mi radar a las 11 de la noche, mientras comemos pizza y tomamos vino.

Rituales trimestrales

Una vez cada trimestre, la empresa organiza una gran fiesta. Podemos alquilar un bar o un restaurante completo. En los primeros años de la empresa, cuando no teníamos presupuesto, lo hacíamos en mi departamento. Las fiestas a veces tienen un tema (y hay que disfrazarse) o pueden ser más elegantes y formales.

En la invitación, a menudo le pido a mi gente que traiga con ellos a la persona más genial que conozcan. Muchas veces, cuando estos invitados conocen al equipo terminan renunciando a sus trabajos y se unen a Mindvalley. Esta manera de reclutar es una estrategia poderosa.

Rituales anuales

En Mindvalley, una forma de profundizar los lazos sociales y fomentar la vulnerabilidad es organizando un retiro anual en equipo, como mencioné antes. Mindvalley lleva a toda la compañía a un lugar exótico durante cuatro días para conocerse bien. Ahí pasamos tres noches y dos días conectándonos y uniéndonos. Cada noche organizamos una elaborada fiesta de disfraces. He descubierto que las fiestas de disfraces son un gran ecualizador. Cuando las personas pueden ser quien quieren, de alguna manera fluyen mejor socialmente.

Táctica #2: crear un entorno de seguridad y apoyo

He experimentado en carne propia lo opuesto a esto en Mindvalley: un día, en 2017, terminé en el hospital después de trabajar hasta un estado de agotamiento. Estaba acostado en una cama pensando: «¿Cómo diablos llegué aquí?». Fue un pensamiento estúpido, porque sabía muy bien cómo había llegado ahí.

Si alguna vez has trabajado demasiado, sabes que puede ser difícil parar cuando estás en medio de un proyecto. Incluso si estás cansado, sigues adelante. No pides ayuda y lo haces todo tú mismo. Eso es lo que hice: asumí demasiado e, inevitablemente, colapsé.

Acabábamos de lanzar la universidad Mindvalley, una universidad estilo *pop-up*[11] que dura un mes completo. La primera vez que la lanzamos, fue un experimento; queríamos saber si

[11] Los cursos *pop-up* (literalmente, que surgen de repente) son cursos cortos, no incluidos en el currículo central de ningún plan de estudios, pero que presentan los resultados más relevantes que se hayan descubierto o inventado en un campo de estudios en particular, tan recientemente que aún no han llegado al corpus de estudio. Generalmente los mismos inventores o descubridores de lo que presentan son quienes ofrecen estos cursos. Los primeros cursos *pop-up* se impartieron en las universidades de mayor prestigio, donde estaban los académicos que creaban los cursos. Conforme el sistema educacional tradicional es cada vez más cuestionado, entre muchas razones, por enseñar cosas obsoletas, los cursos *pop-up* dan a las universidades la capacidad de ofrecer lo más actual de la academia. Ahora están surgiendo universidades que ofrecen capacitación totalmente basada en cursos *pop-up*. Otra de las acepciones de *pop-up* es que, para entrar a un curso, el interesado simplemente se presenta (*pops-up*) sin tener que pasar por exámenes de calificación o pertenecer a una facultad en especial. En cuanto al uso del término, tanto la Universidad de Sevilla como la de Navarra, en España, por mencionar solo dos, están llamando a sus cursos sin traducir: «Pop-Up». [N. de la t. información obtenida de varias fuentes en internet, consultadas el 20 de abril de 2020].

sería posible reinventar la universidad tradicional. ¿Podríamos lograr que personas, incluso familias, viajaran a un nuevo país, vivieran ahí durante dos o cuatro semanas y se conectaran con una comunidad *pop-up* de mentes brillantes y maestros de renombre mundial?

Como puedes imaginar, un evento que se extiende durante un mes completo y que ocurre en un país extranjero diferente cada año es una tarea enorme. Al final, la experiencia fue un éxito increíble, pero casi me mata.

La primera vez que lo hicimos les pedimos a estudiantes y profesores que viajaran a Barcelona, España. Tuvimos 300 asistentes. Al año siguiente, en Tallin, Estonia, tuvimos 1100. Y el número crece año tras año.

Pero aquella primera vez en Barcelona me quebré físicamente durante el evento. Fui hospitalizado con bronquitis severa: no tenía voz y estaba agotado. Había logrado avanzar lo suficiente en el proyecto para que pudiera llegar hasta el final, pero cuando terminó, una nube negra de depresión me tragó. Esto sucedió porque mi carga de trabajo fue excesiva y tantas incógnitas generaron demasiado estrés. Fue uno de los periodos más estresantes de mi vida.

Cuando discutimos la Versión 2.0 de Mindvalley U, en 2018, nombré a mi amiga y compañera de equipo Kadi Oja para que lo llevara a cabo. Aun así, tenía grandes preocupaciones.

Dada la experiencia de mi año anterior, temía por su salud mental y física. Luché internamente con dejar que ella o alguien más se hiciera cargo. Pero ella es una de las mejores personas en mi equipo: a menudo me envía mensajes de texto tarde en la noche con ideas y sugerencias para departamentos que ni siquiera son suyos. Y usualmente termina sus mensajes de texto con: «Lo siento, pero ya sabes cuánto amo esta compañía». Ella trata a la empresa como si fuera suya. Por eso fue imposible para mí decir que no cuando surgió la idea de que ella se hiciera cargo de la universidad Mindvalley; la nombré directora, pero habría ciertas condiciones.

Me prometí que ella no pasaría por la agonía que yo pasé. Entonces, junto con un pequeño equipo en el proyecto, creamos un grupo de WhatsApp llamado Angels. Era una estructura para apoyar a todos los involucrados de modo que nadie sufriera un estrés excesivo solo. Angels era un medio para que nos comunicáramos todos los días. Lo usamos para compartir momentos de agradecimiento, superar desafíos y reírnos con videos tontos y gifs que nos hacían sonreír durante el arduo proceso de planificación de nuestra segunda vuelta.

Más allá de nuestro grupo Angels en WhatsApp, también nos conectábamos en persona durante el almuerzo cada semana. En una de estas reuniones yo estaba luchando con un dilema personal. Debido al estrés del proyecto, me quebré y lloré frente a mi equipo.

Como hombre y como CEO de la compañía, llorar frente a tu equipo se puede sentir horrible, incluso para algunos puede parecer una señal de debilidad.

No recuerdo lo que dijeron mis compañeros ese día, pero sí recuerdo que me hicieron sentir seguro y amado. Salí del almuerzo en paz. Sabía que todo iba a estar bien. Ese día fueron más que los Angels de WhatsApp para mí. Fue un apoyo vivido. Este momento de unión con mis colegas fue una de las experiencias más hermosas que he tenido en el trabajo.

La experiencia me recuerda una cita de la película *Casi famosos*. El personaje de Philip Seymour Hoffman, Lester Bangs, dice: «La única moneda verdadera en este mundo en bancarrota es lo que compartes con alguien más cuando no estás en tu mejor momento».

Por supuesto, esto requiere estar dispuesto a mostrarte cuando no estás en tu mejor momento. Pero cuando lo haces, descubres que la gente te aprecia aún más. (Más sobre esto en breve).

Esta es la dinámica que deseas crear en un equipo. Un espacio seguro donde las personas puedan celebrar los buenos momentos y apoyarse mutuamente durante los momentos difíciles, es decir, donde las personas puedan sentirse lo suficientemente seguras como para pedir apoyo y ayuda y saber que la recibirán.

Nada te ayudará a superar los tiempos difíciles en el trabajo y la vida como lo hace un sistema de apoyo sólido. Es una experiencia muy especial.

En los equipos se requiere esfuerzo para que las personas se sientan bien siendo ellas mismas. Pero, una vez más, cualquiera puede crear estructuras para esto. Primero, destruye el gran mito sobre el trabajo, que es que necesita separarse de la vida personal. Cuando las personas se sienten seguras con sus compañeros de equipo surge verdadera magia.

¿Cómo se construye un grupo donde las personas se sientan apoyadas? Hay dos prácticas sencillas que pueden comenzar a ayudar a avanzar en esto:

1. Espacios para compartir en grupo: abran un grupo de WhatsApp donde puedan compartir asuntos personales con cualquiera que forme parte del equipo. En Asia, es común que las familias se conecten a través de un grupo de WhatsApp. Toda mi familia está conectada. Es lo que usamos para mantenernos informados. ¿Por qué no hacer lo mismo por tu equipo?

Regla: haz que el grupo comparta aspectos personales de la vida de los participantes. Y deja en claro que este grupo es para que las personas soliciten apoyo. Cuando se enfrentan a un proyecto intenso con el potencial de altos niveles de estrés, estos grupos son particularmente útiles. Al igual que yo, puedes nombrar a este grupo Ángeles para insinuar que el propósito del grupo es proporcionar una red de apoyo amorosa.

Además, toma en cuenta que sugiero WhatsApp porque es la aplicación más utilizada, pero no dudes en utilizar cualquier otra herramienta que sea común en tu país.

2. Cenas íntimas: nuestras noches mensuales de bar se volvieron tan agradables que ahora a menudo invito a equipos a cenas y reuniones nocturnas.

Mientras escribo este libro, estoy diseñando un nuevo espacio en mi departamento. Le dije al diseñador que se asegurara de que cupieran 20 o 30 personas en mi casa.

Planeo programar cenas con todos mis equipos cada semana. Cuando nos reunamos, será en un espacio donde las personas se sientan capaces de abrirse y ser más auténticas.

Cualquiera puede hacer esto (y es especialmente importante si lideras un equipo), aunque puede requerir operar fuera de las reglas convencionales de negocios.

Cuando creas estos momentos, descubres que surgen ideas notables. Cuando las personas están en el trabajo, se comunican con una sintaxis de profesionalismo, que puede disminuir su autoexpresión. ¿Dónde se reúnen amigos y familiares? Durante la sobremesa. Para crear una sensación de confianza más profunda, puede valer la pena no ir a cenar a un restaurante, sino abrir las puertas de tu casa.

Táctica #3: Practica la vulnerabilidad

Virginia Woolf escribió: «Lo que valoro es el contacto desnudo de una mente». Cuando sabemos que estamos a salvo podemos ser nosotros mismos. Cuando sabemos que tenemos amigos que se preocupan por nosotros, sabemos que podemos compartir nuestros demonios e inseguridades internas.

Para que se desarrolle un sentido de amor y pertenencia en el lugar de trabajo, para que se produzca un vínculo real, se requiere un ingrediente emocional: la vulnerabilidad.

La verdad es que las personas quieren ser vulnerables (incluso si piensan que no). Es el ingrediente para el amor biológicamente conectado y la pertenencia que anhelan, y este es quizás el mayor desafío para todos nosotros. Pero déjenme decirles un secreto que aprendí sobre el liderazgo: la vulnerabilidad es la marca de los verdaderamente grandes.

La vulnerabilidad es incómoda. Por eso es difícil. Si crees que estás haciendo las cosas bien, pero no te sientes asustado, no lo estás haciendo bien en absoluto. El miedo es un requisito previo.

Por qué ocultar lo malo no es bueno

Un día de 2012 aprendí una lección importante sobre vulnerabilidad.

Mi entonces esposa Kristina y yo estábamos tratando de tener un segundo hijo. Llevábamos cinco años intentando concebir. En enero de 2012, descubrimos que Kristina estaba embarazada. Estábamos extasiados.

Luego, durante la sexta semana del embarazo, mientras se realizaba un chequeo de rutina en el hospital, recibimos la noticia devastadora: habíamos perdido al bebé.

Ayudé a Kristina a caminar hasta el auto. Ella apenas podía estar de pie. Rodaron lágrimas por mis mejillas. No tenía idea de cómo lidiar con este dolor en mi corazón. Fue un momento paralizante y horrible. Sentí que de repente me habían arrebatado toda la alegría o el amor que había experimentado en la vida.

Dejé a Kristina en casa y fui a la oficina. Ese día en particular, algunos cineastas de Singapur habían viajado para entrevistarme para un documental sobre la cultura Mindvalley.

Cuando llegué al estudio de grabación, me hice un ovillo en el suelo. Le dije a la gerente de producción que no podría completar el rodaje. Ella entendió y lo canceló.

Le conté lo que acababa de suceder, pero no se lo conté a nadie más. No quería que mi dolor infectara la oficina, así que lo escondí durante varias semanas. Doce días después, mi colega Grace entró en mi oficina. Ella es gerente de Mindvalley. Es una mujer muy dulce y gentil.

—Vishen, ¿estás molesto conmigo? —preguntó.

—No —le respondí—. ¿Por qué piensas eso?

—Bueno, durante toda la semana pasada estuviste diferente. Pareces enojado y distante. No siento que hayas sido tú mismo a mi alrededor. Así que sentí que hice algo mal.

En ese momento, me di cuenta de que al tratar de ocultar mi dolor a los demás, sin querer, había creado más dolor. Grace pensó que me había fallado.

Cambié mi enfoque ese día. Ahora, cada vez que estoy pasando por un periodo particularmente malo en mi vida, me encargo de decírselo a mi equipo. Puede ser un hijo enfermo. O una muerte en la familia. Pero cuando tengo un dilema repentino que sacude mis sentimientos y me genera una sensación de tristeza, lo comparto.

Animo a todos en mi equipo a hacer lo mismo. Si es algo que no se puede compartir, entonces la regla es simplemente decir: «Estoy pasando por algo en este momento, así que estoy de mal humor. Si parezco molesto, por favor, sepan que no es con ustedes».

Esta declaración elimina las suposiciones de las personas y puede facilitar un nivel más profundo de unión. Ser vulnerable de esta manera permite que tus compañeros de trabajo te apoyen a su manera.

Cuando he compartido esos momentos, alguien siempre me da un abrazo. O cuando regreso de una reunión, encuentro una nota de agradecimiento en mi escritorio. Esto hacen los buenos amigos y los buenos compañeros de trabajo. Es posible que no puedan sentir tu dolor, pero te permiten atravesarlo y te hacen saber que están ahí para ayudarte.

Táctica #4: Contagios positivos

Los estados de ánimo se vuelven virales, de manera similar a la gripe. El fenómeno se llama *contagio emocional*. Es lo que sucede cuando lo que una persona siente y hace desencadena las mismas emociones y acciones en las personas en su entorno inmediato.

Esta es quizá la razón por la cual Shawn Achor escribió en su libro *The Happiness Advantage*: «Los estudios han encontrado que cuando los líderes tienen un estado de ánimo positivo, es más probable que sus empleados tengan un estado de ánimo positivo, exhiban comportamientos de ayuda prosociales entre ellos y coordinen tareas de manera más eficiente y con menos esfuerzo».

Una de las mejores formas de iniciar un contagio emocional positivo en grupo es ser optimistamente positivo. Pon el ejemplo. Para llevar esto un paso más allá, inicia rituales estratégicamente planeados que infundan al equipo buena energía y haz que ocurran con periodicidad. Los rituales son una forma increíble de crear la experiencia de pertenencia.

Ritual #1: Jornadas culturales y celebraciones. En Mindvalley hacemos esto con un Día de la cultura mensual. Como tenemos 60 países representados en nuestro equipo, hacemos que las personas sientan que pertenecen cuando les pedimos que difundan las costumbres, la comida y los rituales de su tierra natal.

En un Día de la cultura en nuestra oficina, es posible que veas a un equipo de escandalosos y orgullosos nativos del Medio Oriente bailando con platos de hummus, o un dragón gigante y colorido desfilando por los pasillos para celebrar el Año Nuevo chino. Ha habido alemanes vestidos con pantalones de cuero, sirviendo cerveza y ofreciendo salchichas. También, alegres canadienses que entregan notas de agradecimiento escritas a mano, porque, bueno, tratándose de Canucks, hay que dejarlos ir al extremo de la amabilidad.

Roba nuestra tradición del Día de la cultura si te inspira, pero para cada equipo estos rituales deben ser únicos. Es importante tener en cuenta tus valores y los contagios emocionales que deseas crear.

Ritual #2: La reunión semanal de todas las manos: el Reporte de lo asombroso. Otro ritual sencillo que cualquier empresa puede iniciar es una reunión con todos para celebrar las victorias. El Reporte de lo asombroso es una reunión comunitaria en Mindvalley que tiene lugar una vez a la semana. Utilizamos este tiempo grupal para ponernos al día, celebrar nuevos récords superados, ideas, logros del equipo y objetivos cumplidos. Reconocemos los talentos, logros y el éxito del equipo y esto inspira logros aún mayores en toda la empresa.

La agenda del Reporte de lo asombroso está estructurada de la siguiente manera:

1. Compartir historias de clientes y artículos de prensa sobre Mindvalley.
2. Revisar cada objetivo trimestral (según los OKR) e informar sobre posibles victorias.
3. Compartir nuevos récords superados.
4. Reconocer a las personas que contribuyeron a los éxitos de la semana pasada.
5. Reconocer a los nuevos empleados que se unieron a la empresa.
6. Compartir actualizaciones sobre recursos humanos y nuevas iniciativas para los empleados.
7. Cerrar con un mensaje o una idea. Cualquier líder clave puede optar por ofrecer una reflexión de cinco minutos.

Este sencillo ritual dura entre 60 y 90 minutos cada semana. Reúne a toda la empresa en un grupo de contagio positivo. Después del Reporte de lo asombroso, servimos bebidas y bocadillos y la gente crea lazos gracias a la comida y la música.

Los contagios positivos como los Reportes de lo asombroso y los Días de la cultura son importantes. Crean ondas de positividad que conducen a un mayor rendimiento del grupo en toda la empresa y permiten a las personas conectarse profundamente y conocer y reconocer a sus compañeros de equipo.

Táctica #5: Competir en amabilidad

Si hubiera solo una cosa que pudieras hacer en menos de cinco minutos todos los días para aumentar significativamente tus probabilidades de obtener un aumento en los próximos dos años, ¿la harías?

Pues aquí está.

En una entrevista conmigo, Shawn Achor compartió su concepto de puntuación de conexión social:

La conexión social es la amplitud, la profundidad y el significado de tus relaciones sociales. En realidad, es el mejor predictor de tu felicidad a largo plazo. Pero la forma en que los científicos suelen medirla es preguntando: «¿Le brindan mucho apoyo social? Si está atorado con algo en el trabajo, ¿tiene alguien que le ayude?».

Reformulé las preguntas: ¿QUIÉN la está proporcionando? ¿QUIÉN es el dador?

Lo que descubrimos es que SI...

- tú eres el tipo de persona con la que los demás quieren hablar cuando atraviesan momentos difíciles,
- tienes altos niveles de compasión,
- estás iniciando compromisos sociales,
- eres una persona positiva y optimista (lo que descubrimos en investigaciones anteriores de lo que te hace magnético),

entonces tienes un alto puntaje de conexión social. Y resulta que si te encuentras en el cuartil superior de conexión social (es decir, el 25% superior en tu empresa), tienes un 40% más de probabilidades de obtener una promoción en los siguientes dos años.

Piensa en eso por un momento. A veces creemos que los aumentos de sueldo van a las personas más brillantes o competitivas. Pero la investigación de Shawn Achor muestra que la conectividad social es lo que parece importante en gran medida.

Continuó: «La felicidad puede ser una opción, pero requiere esfuerzo. Tanto a nivel individual como para aquellos de nosotros que poseemos empresas. Tenemos la obligación moral y comercial de asegurarnos que las personas de nuestro equipo estén en un estado positivo», enfatizó Achor para mí.

Sentirse unido, apreciado o amado en el trabajo hace que las personas se sientan bien. Y cuando las personas se sienten bien, trabajan mejor y su vida mejora. Por eso es fundamental alentar los actos de amabilidad.

Pero ¿cómo hacemos crecer la conexión social para una empresa completa? En Mindvalley creamos un golpe de cultura gigante llamado «Love Week», la Semana del amor. Se ha vuelto tan popular que Love Week ahora se practica en más de 5 000 empresas en todo el mundo.

La Semana del amor ocurre todos los años durante la semana del día de San Valentín y no se trata del amor romántico en absoluto. Durante cinco días seguidos, los compañeros de trabajo se extienden el amor y el aprecio mutuo.

Así es como funciona

Cada persona se convierte en un *ángel secreto* para un *humano*. Durante la semana, el deber del ángel secreto es mostrar afecto a su humano de manera creativa, misteriosa y secreta. Estas demostraciones no necesitan ser lujosas. Es tan sencillo como dejar en la mañana el café favorito de la persona en su escritorio o darle un ramo de flores o una nota escrita a mano. Sin embargo, en Mindvalley, ha habido cenas francesas, vales para masaje y telegramas cantados.

Al final de la Semana del amor, los ángeles secretos revelan sus identidades. Siempre es hermoso ver la sorpresa, el amor y la gratitud genuina que se generan. Para comenzar una competencia de amabilidad en cualquier equipo, sigue las pautas del ejercicio de la Semana del amor que presento al final de este capítulo.

Más de 5 000 empresas participan ahora en la Semana del amor, y es increíble ver el intercambio y las historias en Instagram. Generé una guía oficial de implementación de la Semana del amor que puedes encontrar en el sitio web de recursos para este libro en: www.mindvalley.com/badass.

Ahora, si aún no estás convencido o crees que algunos ejercicios de conexión no tienen resultados duraderos, te dejaré con una última historia. Este fue mi punto culminante personal en nuestro último retiro de equipo en 2019. Y fue completamente inesperado.

Amor en un baño público

Sabía que nuestro último retiro en equipo fue exitoso cuando interrumpí a algunos colegas en el baño de hombres a las dos de la madrugada en la noche de fiesta de Rock Legend.

Me encontré con un grupo de mis colegas varones alrededor de uno de sus compañeros de trabajo, consolándolo. Cuando oyeron el crujido de la puerta, todos se giraron al unísono para ver quién era.

«Hola, chicos», dije con indiferencia, pero sintiéndome un poco incómodo y sabiendo muy bien que había entrado a la mitad de algo.

El muchacho en el centro del círculo, llamémosle Dan, levantó la vista y, viendo que era yo, ofreció una explicación de lo que estaba sucediendo. «Estoy harto de que las mujeres me rechacen. ¿Acaso algo está mal en mí? ¿Qué necesito hacer para que les guste?».

Todos los muchachos se formaron en círculo alrededor de Dan. Se unieron para ayudarlo. Todos ofrecían ideas y apoyo.

«La semana que viene, vamos a tomar un café. Quiero ayudarte con esto», dijo uno del grupo. Otro compañero de equipo ofreció: «Necesitas leer un libro que trata sobre citas».

Un tercero intervino: «Estaré encantado de ayudarte a ir al gimnasio si quieres algo de apoyo en eso».

Fue increíble ver a todos los muchachos conectarse de esa manera. Dan sintió consuelo, pues él solo trataba de descifrar las barreras que estaban en su camino y pedir apoyo a sus compañeros de trabajo, a quienes en realidad ve como sus amigos.

Dan se sintió cómodo compartiendo valientemente su lucha en un baño público frente a sus compañeros y el fundador de la compañía. Sabía que no lo juzgarían. En ese momento pensé: «Vaya, esto es notable. Este es un buen ejemplo de conexión».

Cuando conectas con tu lugar de trabajo, les das a las personas y a ti mismo uno de los mejores regalos del mundo, aquel que tiene la mayor correlación con la felicidad humana: el don de la pertenencia.

En el próximo capítulo iremos un paso más arriba en la pirámide de Maslow. Pasaremos de la Conexión a la Autoestima. Y, como verás, es posible diseñar tu negocio de tal manera que las personas que se unan se sientan extremadamente importantes.

También compartiré un sencillo ejercicio que Shawn Achor me reveló, con el cual hizo que una compañía pasara de tener 650 millones de dólares a 950 millones en 18 meses, tan solo con utilizar un ejercicio diario de dos minutos.

Resumen del capítulo

Modelos de realidad

El amor y la pertenencia son necesidades humanas básicas, están biológicamente construidos en todas las personas. Todos quieren sentirse conectados y esto incluye a sus colegas. La mayoría de las personas pasan un tercio de su vida en el trabajo, lo que significa que los compañeros de trabajo son la nueva tribu.

Las conexiones sociales influyen enormemente en la calidad de vida de una persona dentro y fuera del lugar de trabajo. Cuando las personas satisfacen su necesidad de pertenencia, su productividad, inteligencia, creatividad y salud mejoran drásticamente porque los lazos sociales son el factor más importante para la felicidad individual (una correlación del 0.7).

Entonces, para desarrollar vínculos sociales en cualquier grupo, las cinco tácticas son:

1. Amistades en el trabajo. Los trabajadores con muy buenos amigos en la oficina están *siete veces* más comprometidos en el trabajo que sus contrapartes desconectadas. Para que profundicen los lazos sociales en cualquier grupo, inicia eventos sociales y rituales. Cualquiera puede hacer esto.
2. Crea un entorno de seguridad y soporte. Para pertenecer, las personas deben sentirse seguras con sus compañeros.

Para poner esto en acción, cualquiera puede crear espacios personales para compartir, tanto en línea como fuera de línea.

3. La vulnerabilidad es una de las principales cualidades vinculadas a ser imparable. Sé un ejemplo y recuerda que cualquiera puede crear un entorno donde otros también puedan ser auténticos.

4. Contagios positivos. Un contagio emocional es cuando un estado de ánimo se propaga de una persona a otra en el mismo entorno. Cualquier persona puede instigar contagios emocionales positivos. Usa rituales para infundir en los equipos emociones positivas y crear comunidad.

5. Compitan en amabilidad. Celebren la Semana del amor. Para unirse al movimiento, sigue los pasos a continuación. Para obtener más información, visita el sitio web de recursos de este libro en: www.mindvalley.com/badass.

En el próximo capítulo, aprenderás cómo ser alguien inalterable[12] y cómo transmitir esa cualidad a todos los que tocas. Perfeccionar esta cualidad te hará invencible. Y cuando aprendas a desbloquear la inalterabilidad en los demás, ellos también lo serán.

Sistemas de vida

Semana del amor: una guía para inyectar amor en tu lugar de trabajo

Únete a Mindvalley en nuestra tradición anual de la Semana del amor. Todos los años compartimos sobre la campaña de una

---

[12] La palabra en inglés que el autor usa para «inalterable» es *unfuckwithable*, que se compone de *fuck with* (alguien a quien puedes joder), el prefijo negativo: *un-* (es decir, *unfuckwith*: alguien a quien no puedes joder) y el sufijo *-able*: capacidad (alguien que carece de la capacidad para que lo alteren): inalterable. Luego usará *unfuckwithability*: inalterabilidad. Este término lo explica en su libro *El código de las mentes extraordinarias*, página 221 de la edición de EDAF, 2017. [N. de la t.].

semana. Conéctate con nosotros siguiendo y compartiendo en la página de Facebook de Mindvalley y en el *feed* de Instagram y X (@mindvalley usando el hastag oficial #SpreadLoveWeek

Paso 1: Preparación para la Semana del amor. Antes de que comience la Semana del amor, todos ponen su nombre en un sombrero y luego cada persona extrae un nombre (al azar), independientemente de su sexo o rango. El nombre que saca cada persona se convierte en su humano y la persona se convierte en su ángel secreto.

Tu deber como ángel secreto es mostrar amor y aprecio por tu humano durante toda la semana de manera creativa, misteriosa y secreta.

Paso 2: Infórmate sobre tu humano. Nadie necesita gastar grandes cantidades de dinero para mostrar su amor y aprecio humano. Siempre es el pensamiento y el esfuerzo lo que cuenta. Si ya conoces a tu humano, tendrás una buena idea sobre lo que le gusta, disfruta y prefiere. Si no lo sabes, es una gran oportunidad para conocer mejor a alguien.

Paso 3: ¡Sé creativo! Se alienta a los miembros del equipo a colaborar con otros ángeles secretos para hacer una lluvia de ideas y crear regalos. Aquí hay algunas ideas: compilar notas de amor de los amigos de sus humanos, crear una lista de reproducción en Spotify, enviarles citas motivadoras, configurar una cuenta temporal de Tumblr dedicada a ellos o hacer un tablero de Pinterest personalizado (anónimo) de sus objetivos e intereses. Las ideas son infinitas.

Obtén la guía de implementación completa de la Semana del amor y ve un video detrás de cámaras en: www.mindvalley.com/badass.

Capítulo 4

DOMINA LA INALTERABILIDAD

El mayor logro es ser uno mismo en un mundo
que constantemente está tratando de convertirte
en alguien más.

RALPH WALDO EMERSON

En un mundo de muchas opciones buscamos seguir a los demás en lugar de seguir nuestra propia guía interior. La clave es aprender a amarte profundamente y a confiar en tus anhelos internos. Mientras lo haces, puedes canalizar estos sueños, visiones y deseos hasta hacer una obra maestra de tu vida. Como líder, también puedes hacer que surja esto en los demás. Cuando haces esto, las visiones compartidas que creas se hacen realidad con elegancia y facilidad.

Tengo un recuerdo de mi abuelo un día que me llevó a la escuela cuando era adolescente y me dio un consejo profundo: «Sé como Bill Gates. Es el hombre más rico del mundo. Sé como él. Debes estudiar computación».

Mi abuelo había nacido en la India. Y ese año Gates había hecho un viaje muy publicitado allá. Mi abuelo había estado viendo las noticias y estaba fascinado con él.

Su consejo se quedó en mi cabeza.

«Sé como Bill».

«Estudia computación».

Y debido a la reverencia que sentía por mi abuelo, comencé a moverme en la dirección que él implantó en mi mente.

Trabajé duro en la escuela y saqué buenas calificaciones. Hice solicitudes en todas las universidades importantes que tenían un programa de informática. En 1995 me aceptaron en la Facultad de Ingeniería Eléctrica e Informática de la Universidad de Michigan y así comencé mi vida como estudiante de ingeniería. Para mí, la universidad fue un reto, pues apenas disfruté mis clases de ingeniería, pero seguí adelante.

Entonces, un día de 1998, Microsoft visitó el campus. Sus reclutadores estaban ahí para alentar a los estudiantes de nuestra prestigiosa escuela a postularse para entrar a la empresa. Me encantó que me seleccionaran para la entrevista.

Unos meses después fui aceptado. Me había convertido en uno de los pocos ingenieros elegidos para pasar el verano de 1998 en Redmond, Washington, como pasante en Microsoft. Y a menos que cometieras un error terrible, este era un camino hacia un trabajo de tiempo completo en una de las compañías más increíbles del mundo en aquel entonces.

Así que me encontré un día en mi propia oficina en Microsoft. Fue una sensación increíble. Tenía mi propia habitación, me proporcionaron un elegante departamento, tenía monitores triples en mi escritorio de trabajo. Y me invitaron a visitar la casa de Bill Gates, donde se haría una parrillada.

Mi abuelo habría estado orgulloso.

Pero algo me estaba comiendo por dentro.

Francamente, detestaba mi trabajo. Yo era ingeniero de pruebas de software. Y me despertaba todos los días temiendo ir a trabajar.

Un fin de semana fui a orillas del lago Washington. Habían invitado a nuestra generación de nuevos empleados a visitar al mismísimo Bill Gates, en su hermosa casa con vista al lago. Me sentí impresionado y honrado de estar ahí.

En el centro del jardín estaba Bill. Era maravillosamente amable y encantador. Este hombre me inspiraba el máximo respeto.

Ahí estaba, sirviendo hamburguesas a mis compañeros ingenieros, quienes lo rodearon para escuchar sus historias y estrechar su mano.

Caminé hacia Bill para saludarlo. En el fondo de mi mente, me preguntaba si mi abuelo estaba mirándome desde el cielo. Pero luego me detuve.

Algo no se sentía bien.

Detestaba mi trabajo.

No debería estar ahí.

¿Por qué estaba fingiendo?

Admiraba a Bill, pero sabía que le estaba mintiendo. Y también me mentía a mí mismo.

Renuncié a Microsoft poco después. (Está bien, hice que me despidieran). Duré 11 semanas en la compañía.

Cuando abordé un taxi para volar desde el aeropuerto Sea-Tac, una parte de mí se sentía fracasada; pero había otra parte que se sentía extasiada. Me prometí que nunca más trataría de moldear mi visión de vida en torno a lo que alguien más quisiera de mí.

Ni por Bill.

Ni por mi abuelo.

Pasé casi cinco años de mi vida persiguiendo un título y una visión de futuro que nunca me interesó. Una vez que logré el sueño de trabajar para Microsoft, en cuestión de semanas me di cuenta de que me quería ir.

Y esto me enseñó algo curioso sobre los sueños. Muy a menudo, lo que creemos que queremos no es lo que realmente queremos.

Confundimos nuestros sueños. Perseguimos visiones que otros implantan dentro de nosotros mientras sofocamos las visiones que realmente emergen de nuestra alma.

Y hacemos esto para… sentirnos importantes.

Todas las personas nacen con una necesidad de importar. De sentirse íntegro y autoempoderado, valorado y amado. Cuando somos niños, nos relacionamos con nosotros mismos como si nuestra opinión fuera la *única* que importara. Luego aprendemos que no estamos solos en el planeta. Inevitablemente, vivimos algún evento crucial que sacude nuestra autoestima.

Los padres o los maestros pueden decirnos: «¿Por qué no puedes ser como tu hermana o tu hermano o compañero de clase?». O puede que nos ridiculicen en clase por levantar la mano y dar la respuesta incorrecta, o que nuestros compañeros se burlen de nosotros porque nos vemos diferentes de alguna manera.

En estos casos, la persona se cuestiona si es lo suficientemente buena y el recuerdo del daño queda grabado en su ser. Se abre una grieta en la creencia central «Soy suficiente».

A partir de ese momento, la vida se convierte en una búsqueda para demostrar que son importantes para el mundo. No conozco a nadie que no se ocupe de esto de alguna manera. Y no soy la excepción.

La búsqueda de significado se alinea con el cuarto nivel de la pirámide de Abraham Maslow, que él clasifica como Estima. La teoría de Maslow sugiere que cuando se satisfacen las necesidades de seguridad física y amor/pertenencia de una persona, ser apreciado y respetado motivan el comportamiento de forma predominante.

Estudié algo que no disfruté y tomé un trabajo que no me gustó porque quería sentirme importante y elevar mi autoestima. Quería sentir que enorgullecía a mi familia. Pero en el proceso aplasté mis propios sueños.

Todos tomamos medidas extremas para remediar la sensación de que no somos suficientes. Algunos intentan validarse con su carrera o su cuenta bancaria. Algunos aplacan el miedo con un automóvil deportivo o una gran casa. Algunos trabajan en la miseria para perseguir ese título evasivo y ascender. Otros buscan la fama. Algunos no se validan a sí mismos, por lo que su incapacidad para sentirse plenos los lleva a la adicción o la desesperación.

Pero cuando las personas se liberan de su necesidad de sentirse importantes, cuando creen que son lo suficientemente buenas, comienzan a operar en un nivel de poder increíble. Es la cualidad de ser inalterable.

Convertirse en «inalterable»

No sé quién acuñó la palabra inalterable (*unfuckwithable*), pero se popularizó a través de un meme de internet. Era una imagen con el siguiente texto:

> Inalterable: cuando estás realmente en paz y en contacto contigo mismo. Nada de lo que alguien diga o haga te molesta y ninguna negatividad puede tocarte.

En realidad, ser inalterable es sinónimo de ser chingón, pero la mayoría de nosotros estamos lejos de eso.

Tienes una cita con alguien que no te responde el mensaje de texto al día siguiente y no puedes dejar de preguntarte qué hiciste mal. Obtienes una evaluación negativa de desempeño en el trabajo que no te apasiona y no puedes dejar de sentirte incompetente. Ves que tus compañeros, tus hermanos, tus colegas progresan a un ritmo más rápido de lo que parece que estás progresando tú, y comienzas a sentir miedo de quedarte rezagado. Todos estos son pequeños golpes individuales, pero con el tiempo se comen tu confianza. Y la razón por la que tienen un efecto tan grande es que eres chingadamente alterable.

Si tu objetivo es lograr que una persona en particular te ame, eres alterable; tu fracaso o éxito está en manos de otra persona. Sin embargo, si tu objetivo es brindar tanta energía, amor y entusiasmo como sea posible a las vidas de las personas que te rodean, eres inalterable; tienes el control de esa situación. Cualquier amor o aceptación que obtengas de esto es algo extra.

Déjame desglosar este término para ti. Las personas alterables no se sienten completas, ponen su autoestima en manos de los demás y solo se sienten lo suficientemente bien cuando las aceptan, admiran o alaban. Todos nacemos como personas alterables: existimos en un ecosistema social y es difícil separarnos de nuestro deseo natural de aprobación, pero si somos capaces de volver a entrenar ese anhelo y transformarnos en chingones que son inalterables, nos movemos realmente hacia nuestro poder.

Entender lo que vales y volverte inalterable no es un proceso que ocurra de la noche a la mañana. Es un proceso que sucede a través de una serie de pasos deliberados y conscientes que tomas y te alejan de la duda y te acercan a la confianza en ti mismo.

Porque el objetivo final de ser inalterable es pasar de tener agujeros a estar completo.[13] Cuando sabes que eres suficiente tal como eres, absolutamente nada puede interponerse en tu camino.

Y puedes dar este regalo a las personas (más sobre esto más adelante en el capítulo).

Cualquiera puede desarrollar su capacidad de ser inalterable. Las estrategias en este capítulo te capacitarán sobre cómo anular las inseguridades y apoyar a todos los que toques para

---

[13] Juego de palabras: *agujero* es *hole* y *completo* es *whole*. [N. de la t.].

que hagan lo mismo. La inalterabilidad tiene un efecto expansivo. Cuando haces que otros desaten su grandeza, aumentas la inalterabilidad en ti mismo. Por lo tanto, hay dos componentes clave para ser inalterable:

1. Sentir que eres suficiente.
2. Hacer tu vida como una obra maestra única.

Regla #1: Comienza a sentir que eres suficiente

El primer componente de ser inalterable es darte cuenta de que eres suficiente. No que llegarás a ser suficiente en el futuro una vez que completes un determinado proyecto o te enamores de un determinado tipo de persona, sino que ser inalterable significa que ya eres suficiente, exactamente como eres, en este momento. Sin cambios, actualizaciones o ajustes.

Cuando las personas se dan cuenta de que son suficientes, los pequeños problemas que solían preocuparlos durante todo el día desaparecen repentinamente.

Su autoestima ya no está ligada a la persona que no les envió un mensaje de texto ni al trabajo que no les apasiona. Tienen la energía para dedicarse a causas mayores y la fuerza para perseverar a través de los fracasos. Tienen la confianza de soñar sin restricciones, porque su ego no está en donde puedan descuartizarlo si algo sale mal.

Dos de las formas más poderosas de avanzar hacia una inalterabilidad son el amor propio y la gratitud propia.

Dite a ti mismo, te amo. Suena ridículo, pero si haces esto a diario experimentarás una gran diferencia. Nunca deberías perder la oportunidad de decirle a las personas que te importan cuánto las amas, y la persona número uno por la que debes preocuparte, si quieres ser inalterable, eres tú. Párate frente al espejo todas las mañanas, mientras te cepillas los dientes o te peinas o lo que sea, y di: «Te amo». Se sentirá tonto al principio. Sigue haciéndolo hasta que deje de sentirse así.

Practica la gratitud a ti mismo. Todas las mañanas, cuando te levantes, da las gracias por todas las cosas buenas de tu vida y comienza la lista contigo. Date las gracias por el arduo trabajo que haces, la pasión que pones en tus proyectos, el amor y la paciencia que muestras hacia tu familia. Comienza a apreciar las mejores partes de tu personalidad, porque lo que te enfocas crece. Y las personas que son inalterables siempre hacen crecer las mejores partes de sí mismas.

Si bien los dos ejercicios anteriores son poderosos (en mi libro *El código de las mentes extraordinarias* entro en los matices y protocolos exactos para ellos), quiero presentarte otra técnica.

Creo que la mejor manera de elevar tu inalterabilidad es elevar a los demás. Al apreciar a los demás, te sientes bien contigo mismo. Y te das cuenta de tus propias fortalezas. Proviene del concepto de proyección, que significa que podemos ver mejor en otros lo que ya poseemos. Cuando aprecias a alguien por ser creativo, es porque también tienes esa chispa de creatividad dentro de ti.

Shawn Achor me presentó este ejercicio. Y es un verdadero punto de inflexión: la «Técnica de apreciación de dos minutos».

Curiosamente, parece que la forma más importante de comenzar a sentirte suficiente es pasar unos minutos todos los días haciendo que otra persona se sienta suficiente.

Shawn Achor escribió el libro *The Happiness Advantage* y su TEDx Talk sobre la felicidad figura como una de las 25 charlas más populares de TED, con más de 20 millones de vistas en línea. En el capítulo anterior te conté sobre la investigación de Achor sobre las conexiones sociales. Ahora verás una de las herramientas más sencillas, pero increíblemente poderosas que me enseñó cuando lo entrevisté en 2014.

El equipo de Achor había llevado a cabo un experimento acerca del ambiente en el lugar de trabajo que aumentó los ingresos de una compañía de seguros reconocida a nivel nacional a 300 millones de dólares en un año. El resultado se debió a una práctica diaria de dos minutos que es tan simple como cepillarse los dientes.

«Hicimos que la gente hiciera esto en Facebook y en Nationwide Insurance en Estados Unidos. Cada mañana, cuando llegaban al trabajo, la primera tarea que tenían que hacer durante 21 días seguidos era escribir un solo correo electrónico de dos minutos para alabar o agradecer a una persona que conocían», explicó Achor.

«El correo electrónico podría ser tan sencillo como "Gracias por ayudarme con mi trabajo ayer" o algo más significativo como "Tú eres la razón todos los días. Eres mi mejor amigo aquí" o "Muchas gracias por cubrirme ayer, cuando tenía tanto trabajo"».

«Lo que esa persona está haciendo es alabar a otra persona, y después de tres días se vuelven adictos a hacerlo. La gente comenzó a escribir correos electrónicos sobre lo agradecidos que estaban».

Esto muestra que expresar aprecio con un pequeño acto como un correo electrónico tiene repercusiones. Achor continuó:

«Si alguien lo hace durante 21 días seguidos, su puntaje de conexión social se coloca en el cuartil SUPERIOR. Un simple hábito de dos minutos cada día los llevó exactamente a donde deberían estar, no solo a niveles más altos de felicidad, sino también a subir de puesto, a aumentar la energía productiva y las ventas, o sea, cada indicador comercial al que podamos aplicar una prueba». (Recuerda que si estás en el 25% más alto de tu empresa en términos de puntaje de conexión social, ¡tienes un 40% más de probabilidades de obtener un aumento o una promoción en los próximos dos años!).

Shawn continuó: «Cuando hicimos esto en Nationwide Insurance, estábamos trabajando con el presidente, Gary Baker, quien dijo que era un hombre de números. Él dijo: "Pensé que la investigación de la felicidad era una tontería". Hasta que le mostramos los números. Entonces nos permitió hacer esta intervención con su equipo. Durante los siguientes 18 meses, tuvieron un aumento del 50% en sus ingresos y del 237% en sus tasas de solicitud. Pasaron de 650 millones de dólares a 950 millones en un solo año sin nuevas contrataciones, lo cual fue fenomenal».

En otras organizaciones se realizaron experimentos similares. Una escuela tuvo una linda historia con resultados que eran más que pintorescos. Los conductores de los autobuses escribieron a mano notas de agradecimiento a los niños que viajaban en su autobús. Los puntajes de las pruebas estandarizadas de los niños aumentaron en un 22%. La escuela pasó de una escuela del 10% inferior en Estados Unidos, a una de las 150 mejores escuelas en donde trabajar en Estados Unidos.

Cualquiera puede introducir este tipo de sencillos rituales diarios. Crea tu propia práctica para que las personas en tu vida sepan que son importantes o reproduzcan la técnica de apreciación de dos minutos en su propio equipo o negocio. Los resultados que creas cuando te enfocas en hacer que otras personas se sientan especiales te pueden sorprender.

Si la primera parte de volverte inalterable se trata de elevar a otros, la siguiente sección te lleva más allá. Se trata de convertir tu vida en una obra maestra e infectar a todos a tu alrededor para que hagan lo mismo. Desde que creé el ejercicio llamado «Las tres preguntas más importantes», en 2012, se estima que un millón de personas en todo el mundo lo han hecho. Cubriremos esto en detalle en la regla #2.

Regla #2: Crea tu vida como una obra maestra única

El segundo componente de ser inalterable es tener tus propios sueños y metas en lugar de imitar el mundo que te rodea. Cada uno tiene su propia visión única para su vida y para construirla es necesario pasar por un proceso de comprensión de por qué estás aquí en este planeta y tener tu propia lista original de objetivos y visiones para ti mismo, fuera de lo que el mundo te diga que hagas, seas o tengas. Pronto aprenderás la técnica específica para identificar tu visión única.

Pero primero, comprende que la mayoría de las personas son conformistas. Incluso si no están de acuerdo con las convenciones, a menudo elegirán hacer lo mismo que los demás.

Esto se debe a que la mayoría de las personas tiene un deseo innato de encajar y ser querido. Entonces, cuando las reglas del grupo chocan contra lo que una persona *quiere auténticamente*, se presenta una crisis existencial. Se sienten jaloneados por lo que su intuición les dice que hagan —lo que personalmente creen que es correcto— y lo que la mayoría está haciendo.

Esta es una razón por la cual la mayoría de las personas diseñan vidas que no los satisfacen. No llevan sus propias vidas, sino que imitan lo que maestros, predicadores, padres, madres y medios de comunicación les han enseñado.

Don Miguel Ruiz, el autor de *The Mastery of Love* (*La maestría del amor*), una vez me hizo profundizar en esto. Le pregunté al gran escritor espiritual cuál era la esencia de la «Sabiduría tolteca» que él promueve. Ruiz dijo: «*Tolteca* significa "artista". Significa tener la sabiduría de ser el artista de tu propia vida».

Demasiadas personas no crean vidas que parezcan arte original. Más bien son vidas que parecen fotocopias del mundo que los rodea. Ellos imitan. Sus objetivos para sí mismos provienen del mundo exterior en lugar de la profundidad de su propia alma única. Se han olvidado de una distinción importante: que hay una diferencia entre los medios para un fin y el fin mismo.

Objetivos como medio *versus* objetivos finales

Si leíste mi primer libro, *El código de las mentes extraordinarias*, recordarás que definí la diferencia entre objetivos como medio y objetivos finales. Y si conoces la expresión «Era un medio para un fin», ya sabes lo esencial. Las personas a menudo invierten años —incluso toda una vida— de trabajo y dinero en una meta que consideran el objetivo final, pero que en realidad es solo un medio para un fin. Este es un gran error. Como escribí en *El código de las mentes extraordinarias*:

Los objetivos finales son las hermosas y emocionantes recompensas de ser un humano en el planeta Tierra. Los objetivos finales son experimentar el amor, viajar por el mundo siendo verdaderamente feliz, contribuir al planeta porque hacerlo te da sentido y aprender una nueva habilidad por la pura alegría de hacerlo.

Los objetivos finales le hablan a tu alma. Te brindan alegría por sí mismos y no porque confieran ninguna etiqueta externa, estándar o valor agregado asignado por la sociedad. Los objetivos finales tampoco se alcanzan como un pago o como una recompensa material. Son las experiencias que crean los mejores recuerdos en nuestra vida.

Los objetivos como medio son las cosas que la sociedad nos dice que debemos tener para llegar a la felicidad. Casi todo lo que escribí como objetivo era en realidad un medio para un fin, no un fin en sí mismo, incluyendo:

- Graduarme de la escuela preparatoria con un buen promedio de calificaciones.
- Calificar para la universidad correcta.
- Asegurar una pasantía de verano.

Mi objetivo de obtener un título en Ingeniería Informática y trabajar en Microsoft consistía en ir tras objetivos que en realidad eran un medio. Son un medio para un fin, pero no son el fin en sí mismo.

Entonces, ¿cómo identificas tus verdaderas metas? ¿Los objetivos finales que vienen del alma? Hice un ejercicio útil en 2012 que se popularizó entre millones de personas en todo el mundo llamado «Las tres preguntas más importantes» (3PMI). Cuando respondes estas tres preguntas, comienzas a sumergirte en ti mismo y a sacar lo que realmente te hace ser tú.

Las tres preguntas
más importantes (3PMI)

Aunque los objetivos que son medios son útiles, alcanzarlos no es una finalidad de la vida. La vida, en última instancia, no se trata de salir bien en una prueba, lograr un título de trabajo o conducir un automóvil deportivo. Más bien, se trata de alcanzar nuestros objetivos finales, pero la mayoría de nosotros estamos obsesionados con los medios.

Aquí es donde entran en juego las 3PMI (en inglés: *3 Most Important Questions, 3MIQ*). Cuando se hacen estas tres preguntas específicas en el orden correcto, este ejercicio puede ayudarte a ir directamente hacia los objetivos finales que realmente importan en tu vida.

He descubierto que todos los objetivos finales se dividen en tres categorías diferentes.

El primero son las experiencias. No importa lo que creas sobre los orígenes de la humanidad, una cosa está clara: estamos aquí para experimentar todo lo que el mundo tiene para ofrecer, no objetos ni dinero, sino experiencias. El dinero y los objetos solo generan experiencias. Las experiencias también nos brindan felicidad instantánea, no el tipo de felicidad artificial que ocurre cuando saltamos a través de un aro definido por la sociedad (por ejemplo, sacar buenas calificaciones). Necesitamos sentir que la vida cotidiana contiene asombro, amor y emoción para mantener nuestra felicidad. Y la felicidad, como ya sabes, es una superpotencia.

El segundo es el crecimiento. El crecimiento nos permite profundizar en nuestra sabiduría y conciencia. Puede ser el crecimiento que elegimos o el crecimiento que nos elige. El crecimiento hace de la vida un viaje interminable de descubrimiento.

El tercero es la contribución. Es lo que devolvemos de la riqueza de nuestras experiencias y crecimiento. Lo que damos es la huella especial que podemos dejar en el mundo. Dar nos mueve hacia la verdadera satisfacción al dar sentido a nuestras vidas y es un componente clave de la vida extraordinaria.

Piensa en estos tres elementos esenciales enmarcados como preguntas. Observa cómo cada pregunta se vincula con la anterior.

1. ¿Qué experiencias quiero tener en esta vida?
2. Para ser la persona que vive la vida con estas increíbles experiencias, ¿de qué forma necesito crecer?
3. Si tuviera una vida con estas increíbles experiencias y hubiera crecido a este nivel, ¿cómo le devuelvo al mundo que me ha recompensado tanto?

Responder estas preguntas da a las personas una visión original de su vida. Se convierte en su expresión de lo que les gustaría lograr al final de su vida.

Saca una hoja de papel y haz una tabla de tres columnas como esta.

EXPERIENCIAS	CRECIMIENTO	CONTRIBUCIÓN

En estas columnas, harás una lista de tus visiones para ti en estas tres áreas. El papel al final debe verse así.

Tómate cinco minutos para escribir las respuestas a cada pregunta. Te sorprenderá lo que descubras. El ejercicio completo solo toma 15 minutos. Puedes encontrar videos de mi guía de este ejercicio en línea, buscando en Google las «Tres preguntas más importantes Vishen» (*Three Most Important Questions Vishen*).

Ahora imagina que todos en un lugar de trabajo pueden ver las 3PMI de los demás. Ahí es cuando la verdadera magia comienza a suceder.

Cuando el trabajo cumple tus sueños

Se pide a todos los empleados de Mindvalley que diseñen sus 3PMI como parte de nuestro proceso de incorporación. Luego los pegan en un tablero de anuncios. También se fotografían y comparten copias de las respuestas con su gerente. Mantengo una imagen de las 3PMI de cada empleado en mi teléfono y Dropbox para mayor comodidad.

Es una manera increíble para que los compañeros de equipo se conozcan más allá de la superficie. Y también para apoyarse mutuamente a alcanzar sus objetivos. Brinda a los líderes información sobre cómo pueden apoyar mejor a sus colegas para convertirse en la mejor versión posible de sí mismos.

Surgen milagros de las 3PMI. Luminita Saviuc fue un ejemplo clásico. Se unió a Mindvalley de Rumania como agente de atención al cliente. Había escrito en sus 3PMI que quería escribir y publicar libros y ser oradora internacional.

Durante su tiempo en Mindvalley, ella escribió en su blog personal un artículo llamado «15 cosas a las cuales renunciar para ser feliz». Seis meses después se volvió viral: 1.2 millones de personas compartieron el artículo en Facebook. Fue entonces cuando recibió una llamada ofreciéndole convertir su artículo en un libro. Ella dejó la compañía dos años después de su fecha de inicio, cuando Penguin Random House le dio un cheque como adelanto del contrato por su libro.

Yo estaba triste porque ella se iría, pero me enorgullecía. Y ella, que apreciaba Mindvalley y el trabajo que habíamos hecho juntos, me pidió que escribiera el prólogo de su libro, lo cual, por supuesto, hice.

La oportunidad del libro le dio a Luminita la plataforma para hablar en conferencias en todo el mundo. Esto la ayudó a alcanzar su meta de ser oradora internacional.

Entonces, aunque para algunos líderes puede ser aterrador permitir que su gente sueñe y crezca por miedo a perderlos, te insto a que pienses en grande. Luminita es una aliada. Y cuando se convirtió en oradora, trabajamos juntos de maneras nuevas y más emocionantes para los dos. No tengas miedo de dejar crecer a tu equipo. Se expandirán y tú también lo harás.

Otro ejemplo es Jason Campbell, anfitrión del podcast de Mindvalley *Superhumans at Work*. Cuando se unió a Mindvalley en 2012, escribió en sus 3PMI que quería convertirse en un orador cautivante. Luego, en un evento, sucedió.

Uno de nuestros oradores habituales nos canceló. Yo estaba agotado, detrás de la cortina con mi equipo, tratando de averiguar qué hacer. Jason dio un paso al frente. Me rogó que lo subiera al escenario. Yo no tenía idea de si era capaz o no. Él nunca antes había dado un discurso. Pero sí había escrito uno que quería compartir con el mundo. Esto me puso nervioso, pero me volví hacia Jason y le dije: «Está bien, ve. Hazlo. Haznos sentir orgullosos».

Jason recibió el premio al mejor orador en el A-Fest ese año. Hoy, es un anfitrión increíble para nuestro podcast dedicado a optimizar el trabajo (busca *Superhumans at Work* en Spotify o iTunes) y da conferencias en todo el mundo.

Las 3PMI también son una forma para que las personas se conecten o asuman objetivos compartidos juntos. Cuando las 3PMI de todos se presentan públicamente en una pared para que todos las vean, las personas pueden colaborar en los objetivos. Un año, cuatro compañeros de trabajo se enteraron de que compartían el deseo ir de excursión al Himalaya. Se unieron y lo hicieron juntos.

Hay belleza en ofrecer a las personas oportunidades para explorar y expandirse. El trabajo no debe limitar la vida personal de los individuos. Es notable cuando las personas que te rodean crecen, porque junto con ellas tú también te expandes. La comunidad tiene ese milagroso efecto.

Así que cuida a tu gente y demuéstrales que son importantes, incluso en pequeñas formas. Porque entonces el trabajo que están haciendo juntos les importará.

El futuro del trabajo

Bill Jensen, autor de *Hacking Work: Breaking Stupid Rules for Smart Results*, una vez visitó las oficinas centrales de Mindvalley.

—¿Cuál crees que será una de las tendencias más importantes en el futuro del trabajo? —le pregunté.

—El trabajo ya no consistirá solo en involucrar a los empleados en la visión de la compañía —me respondió—. Las empresas deberán comprometerse con la visión del empleado.

Bill es un oráculo. Realmente creo que los trabajadores a quienes se les da el derecho a explorar sus pasiones son definitivamente mejores trabajadores: no resienten que su compañía los esté tratando de detener. Y, en los lugares de trabajo donde las personas sienten que importan, su producción aumenta. Como resultado de lo maravilloso que es su empleador, se fortalecen los lazos de lealtad.

Bill también dijo que el proceso 3PMI fue uno de los mejores ejemplos que había visto de cómo las empresas pueden participar en la visión de sus empleados.

Hoy, cuando me siento a comer con empleados nuevos, traigo conmigo sus 3PMI. Al instante me da una idea de cada individuo. Ves más allá de la fachada. Y cuando todos podemos ver las 3PMI de los demás, nos convertimos en un mejor equipo y podemos apoyarnos mutuamente para ser nuestro propio ser chingón y único.

Si administras una gran empresa y tienes un gran presupuesto, puedes llevar esto un paso más allá. Puedes implementar un programa «Gerente de ensueño» (*Dream Manager*). Esta es una historia que me dejó alucinado.

El programa Gerente de ensueño

Conocí a mi amigo John Ratliff, fundador de Appletree Answers, en un evento para emprendedores. La postura de John sobre el liderazgo es refrescante: «Cualquiera que sea director de una empresa debe despertarse todos los días con tanta gratitud por todas las personas que han dicho: "Oye, creo en tu visión. Creo en tus mantras. Creo en tu estilo y tu estrategia y hacia dónde vas". Y luego aparecen y te respaldan. Tenemos que honrar eso».

El equipo de John estaba decidido a establecer un nuevo estándar en la industria para el negocio de central de llamadas, donde la tasa de rotación anual promedio es del 150%. Eso es devastador. Significa que cada año pierde esencialmente todo su personal. Y ese es el promedio de toda su industria. Entonces, un día se reunió con sus ejecutivos en una reunión trimestral para discutir el compromiso de los empleados. Lo que surgió fue que uno de los valores centrales de la compañía: «Nos cuidamos el uno al otro», no se estaba honrando.

Para solucionarlo, uno de los equipos de gestión propuso la idea de crear un programa que imitara el modelo filantrópico Make-A-Wish (Pide un deseo). Make-A-Wish es una organización sin fines de lucro fundada en Estados Unidos que otorga deseos que cambian la vida de niños con enfermedades graves. Pero la idea aquí no era hacerlo para los clientes, sino internamente para el personal. Lo llamarían Dream On (Sigue soñado).

Para comenzar, el equipo de gestión envió un sincero correo electrónico a todos en la empresa. Expresaron cómo la compañía quería apoyar a los empleados para lograr sus objetivos de vida. Pidieron a los trabajadores que compartieran sus sueños y la administración les concedería una serie de deseos. Sin compromiso.

Bueno, a nadie pareció importarle. Inicialmente, nadie respondió al correo electrónico. Así de malo era el nivel de confianza entre los trabajadores y la gerencia de la empresa. Nadie creía que la oferta fuera genuina. Sonaba como otro truco corporativo.

Pero el equipo de John siguió adelante: enviaron un segundo correo electrónico y recibieron una respuesta que salió de la desesperación. Fue de una mujer del equipo increíblemente valiente que estaba pasando por momentos muy difíciles. Su esposo la había dejado y ella dormía en su auto con sus dos hijos pequeños.

De inmediato el equipo de gestión reservó una habitación de hotel en la tarjeta de crédito corporativa. La ayudaron a negociar un contrato de arrendamiento para un nuevo departamento, le dieron un permiso de ausencia remunerado para que pudiera concentrarse en sus asuntos personales e hijos hasta que se sintiera más estable. Ella estaba asombrada. Y le contó a los demás. Se corrió la voz rápidamente.

Hubo más sueños como ese. Un empleado escribió sobre tener poco dinero en efectivo para pañales. Este tipo de solicitudes se satisfacían de inmediato, aunque el equipo de gestión siempre respondía con un correo electrónico pidiendo un sueño real. Las necesidades básicas no se consideraban sueños. Los sueños son diferentes. Son peticiones personales impulsadas por la pasión que surgen del reino de lo que parece imposible.

Este es un sueño con una historia notable.

Un octubre, llegó una solicitud de dos hermanas que trabajaban para la empresa. Una hermana presentó una solicitud para su cuñado Dan. Tenía 28 años y tenía la enfermedad de Hodgkin en estadio IV con un 10% de posibilidades de supervivencia. El sueño de Dan era ir a un juego más de la NFL. Era de Filadelfia y un gran admirador de los Eagles.

Cuando los Eagles de Philadelphia se enteraron del sueño, le enviaron boletos a Dan. Eso no fue todo. Arreglaron que Dan se sentara al lado de las animadoras antes del partido. Lo pusieron en un palco VIP con las novias y esposas de los jugadores. Después del juego, llevaron a Dan para reunirse con los jugadores uno por uno, mientras salían por la puerta del vestuario. El equipo firmó un balón de futbol americano para él. Pasó tiempo de calidad cara a cara con su jugador favorito.

Todo esto era maravilloso, pero no es el final de la historia.

Un día, John estaba en su oficina y recibió una llamada telefónica de nuestro amigo común Verne Harnish, otro increíble líder y fundador de la Organización de Emprendedores y la Asociación de Empresarios Colegiados. Verne era fanático del programa Dream On y le preguntó a John cómo les estaba yendo. John compartió la increíble historia de Dan.

—Hmm, eso es curioso —dijo Verne—. ¿De casualidad la relación de Dan con su padre es distante? —Luego explicó—: Estoy en el consejo de una prestigiosa clínica médica y hacemos análisis y estudios de medicina alternativa. Acabo de leer un estudio sobre la enfermedad de Hodgkin. Dice que los hijos primogénitos que vivieron alejados de la figura paterna tienen una incidencia mucho mayor de Hodgkin.

—Eso es una locura. No hay forma de que eso sea cierto —dijo John.

Entonces Verne le envió el estudio y John sintió curiosidad. Llamó a la esposa de Dan.

—¿Dan está distanciado de su padre?

—¿Cómo sabes eso? —ella respondió.

—No lo sé.

John envió el estudio a la cuñada de Dan. Era cierto que Dan había tenido una ruptura con su padre. Los dos llevaban siete meses sin hablarse. Ambos hombres se torturaban por esto.

Cuando Dan se enteró del estudio, quedó sorprendido. También había estado pensando en buscar a su padre para reconciliarse. Dan no tenía mucho tiempo. Entonces llamó a su padre y fueron a terapia. A las pocas semanas habían reparado la relación.

Unas semanas más tarde, Dan volvió al médico que había realizado el diagnóstico original. Este médico le había dicho a

Dan: «No vas a llegar a Navidad. Tienes que empezar a preparar a tus hijos».

Pero los estudios de Dan salieron limpios. El médico no pudo encontrar ningún signo de Hodgkin. Asombrado y confundido, su conclusión final era que podría haber sido un caso de diagnóstico erróneo. Esto fue después de las pruebas de cáncer y meses de deterioro físico.

Cuando John me contó la historia, dijo: «Ahora bien, no nos adjudicamos crédito por nada de esto. Nadie sabe si hay algún tipo de conexión psicosomática en juego», luego agregó: «Fue un punto clave para mí como emprendedor. Los líderes no se dan cuenta de cuánta influencia, impacto, autoridad y capacidad tienen para alterar la vida de las personas que se presentan todos los días para hacer realidad su visión».

Dream On ahora está en cientos de otras compañías en América del Norte. Lo notable del programa es el desbordamiento de generosidad que crea. A menudo, los trabajadores utilizan sus deseos para los sueños de sus compañeros de trabajo. Surgen hermosos lazos. Dream On crea líderes en todos los niveles. Y cuando se les da la oportunidad, las personas se unen entre sí; está en nuestra naturaleza auténtica como seres humanos querer contribuir.

Ya sea que dirijas un negocio u organización, entrenes a un equipo deportivo, enseñes en una escuela o seas miembro de un equipo, practica ver a la gente completa. Interésate. Es responsabilidad de todos tratar a las personas como los individuos tridimensionales que son frente a los personajes unidimensionales que percibimos, y que es una mentalidad capitalista del siglo xx.

Cuando te relacionas con personas de ser humano a ser humano, también se preocupan por ti y por la compañía. Cuando dejan el equipo, nunca olvidan el impacto que tuvo en sus vidas. Lo mejor de todo: terminan por convertirse en gerentes de ensueño también. Podrían salir y construir sus propios imperios.

Formarás una banda de aliados para siempre con buenas personas que se preocupan por la humanidad. Invertir en los sueños de las personas que te rodean tiene un efecto dominó. Pero debes darles oportunidades para explorar. La mayoría de las personas no tienen idea de lo que realmente quieren. Es por eso que el 85% de las personas están en trabajos que detestan. No es su culpa, es la forma en que han sido condicionados para construir sus vidas. Y en la mayoría de las sociedades, todo el modelo de establecimiento de objetivos es defectuoso.

Inicia la visión conjunta

La visión conjunta es cuando una empresa (o persona) tiene un interés activo en la visión de un empleado (o de su compañero de equipo). Significa que no solo estás enfocado en la visión de la compañía como equipo. Los miembros del equipo se apoyan mutuamente para alcanzar las metas privadas de cada uno. Las 3PMI y programas como Gerente de ensueño ayudan a que esto sea una realidad.

> *Las empresas no deben simplemente pedirles a las personas que participen en la visión de la empresa. Las empresas deben participar en la visión de un empleado para su propia vida.*

Puedes tener un equipo pequeño, es posible que no tengas el presupuesto para un programa Dream On. Pero con el proceso 3PMI puedes interesarte fervientemente en los sueños de los empleados.

Y lo que voy a compartir aquí podría ser la herramienta más poderosa en todo este libro. Creará una transformación notable en tu cultura y en la relación que tienes con cualquiera en tu equipo. Y no importa si eres el fundador, el CEO, el líder de un equipo o un empleado de nivel básico.

Los regalos inesperados

Frecuentemente reviso las 3PMI de las personas y busco oportunidades para apoyarlos. Y luego les compro un libro.

Una persona soñaba con mudarse a Italia algún día. Le compré una copia de la guía Lonely Planet de Italia y le di el libro con una nota: «Cuando tu sueño se haga realidad, esto te será útil».

Otra persona llamada Yusop había escrito varios objetivos en sus 3PMI y uno de ellos realmente me conmovió. Era comenzar una organización sin fines de lucro. Inmediatamente pensé en un libro que me encantó sobre el tema: *Start Something That Matters* (*Un día sin zapatos*) de Blake Mycoskie.

Fui a la librería, compré el libro y escribí una nota en su interior: «Pensé que este libro podría ayudarte a lograr tu sueño de cambiar el mundo».

Yusop estaba estupefacto. Nunca había tenido un jefe que se relacionara con él así antes. Luego se convirtió en uno de nuestros mejores diseñadores. Incluso recordó mi cumpleaños: me compró una maravillosa camisa como regalo, lo que en realidad es bastante raro que alguien haga por su jefe. Y ahora, años después, es alguien que ha hecho una contribución increíble a nuestra cultura.

Puedes preocuparte genuinamente por las personas, y apuesto a que lo haces. Pero el hecho es que, a menos de que lo demuestres, las dudas internas de cada uno eclipsarán el hecho de que te importa.

> *No es suficiente que asumas que la gente sabe que le importas. Necesitas demostrarlo.*

Al hacer el esfuerzo de conocer a las personas a través de las 3PMI y luego tomar medidas para apoyar sus sueños, llevas magia y una lealtad increíble al lugar de trabajo. Los regalos inesperados demuestran a las personas que las aprecias.

La forma en que tú y los demás se desempeñan cuando tú crees que eres suficiente es el siguiente nivel. Cuando te sientes importante, tus motivaciones cambian. Ahora tu enfoque principal se convierte en el crecimiento.

Resumen del capítulo

Modelos de realidad

Todas las personas nacen con una necesidad de ser importantes, sentirse íntegras y autoempoderadas, valoradas y amadas. Cuando se logra, la gente se vuelve inalterable. Esto es cuando realmente estás en paz y en contacto contigo mismo. Nada de lo que alguien diga o haga te molesta y ninguna negatividad puede tocarte. El primer paso para volverte inalterable es darte cuenta de que eres suficiente. Naciste suficiente. Si todavía no crees esto de ti, créelo de otras personas. Comenzarás a recibir el mismo mensaje sobre ti.

Para desbloquear la inalterabilidad del chingón, haz esto:

1. Dite a ti mismo «Te amo».
2. Practica la gratitud.
3. Practica la apreciación de dos minutos o llévala a tu equipo.

Recuerda lo que dijo don Miguel Ruiz sobre ser el artista de tu propia vida. Para hacer esto, establece metas con una mentalidad que haga las preguntas:

1. ¿Qué experiencias quiero tener?
2. ¿Cómo quiero crecer?
3. ¿Cómo quiero contribuir?

Este mismo proceso puede llevarse a grupos. Es una práctica poderosa cuando las personas ayudan a los miembros de su comunidad a lograr sueños. Y esto se puede hacer de maneras sencillas, como regalar un libro o enviar un reconocimiento por correo electrónico que tardas dos minutos en escribir.

Sistemas de vida

Ejercicio 1: Técnica de apreciación de dos minutos

Paso 1: Acuerda con tu equipo que comenzarán todos los días con el ejercicio de agradecimiento. Comprométete a hacer esto durante 21 días y ve los resultados.

Paso 2: Antes de que alguien abra su correo electrónico por primera vez en la mañana, debe poner un temporizador en su teléfono durante dos minutos en cuenta regresiva. Y en esos dos minutos escribe un correo electrónico simple y breve de agradecimiento a otro miembro del equipo o a la empresa en su conjunto. Si utilizan herramientas como WhatsApp o Slack para comunicarse, también funciona. Las notas de audio pueden ser igual de apreciadas.

Paso 3: Cada quien debe hacerse responsable de realizar el ejercicio. Para lograrlo es recomendable asegurarse de que todos estén conectados en un grupo de Slack o WhatsApp, y que todos informen cuando envíen sus agradecimientos. La idea es hacer de esto un hábito.

Paso 4: Haz esto durante 21 días. Observa la diferencia en los estados morales y emocionales de tu equipo y la empresa en general. Lo más probable es que veas inmensos beneficios. Si es así, decide si deseas continuarlo. Después de 21 días comienza a convertirse en un hábito.

Ejercicio 2: Las tres preguntas más importantes

Descubre qué necesitas para saber que realmente *viviste* la vida.

Nota importante antes de hacer este ejercicio: no tomes más de 90 segundos para responder cada pregunta. El punto no es pensarlo demasiado, sino dejar que las respuestas fluyan a través de ti. Así es como escucharás las respuestas que te llegan instantáneamente, directamente desde tu corazón. Sigue escribiendo durante los 90 segundos completos y no te detengas. En algún momento, tu mente crítica se apaga y comienzas a escribir lo que importa.

Aquí no hay respuestas correctas o incorrectas. Se trata de descubrir qué hace brillar tu alma y qué hace de tu vida una experiencia maravillosa. Atrévete a soñar en grande.

1. ¿Qué experiencias quieres tener?

Piensa en cualquier experiencia que desees tener en esta vida. Considera tu vida amorosa, tus relaciones, tu sexualidad. Piensa en las experiencias que te gustaría tener con tus amigos y familiares. ¿Cómo te gustaría que fuera tu vida social?

Asume que tienes acceso ilimitado a recursos. ¿Qué tipo de auto te gustaría conducir? ¿En qué tipo de casa te gustaría vivir? ¿Hay otras cosas que sueñas tener en tu vida? ¿Y a qué lugares quieres viajar? ¿Qué tipo de actividades, pasatiempos o deportes te gustaría explorar?

Escribe todo lo que puedas soñar o hacer que te haga sentir feliz y alegre.

2. ¿Cómo quieres crecer?

¿Cómo te gustaría desarrollarte? Piensa en tu vida intelectual, por ejemplo. ¿Qué habilidades te gustaría obtener? ¿Qué idiomas te gustaría dominar? Pero también: ¿qué rasgos de carácter admiras en los demás y cuáles te gustaría dominar? Por ejemplo: ¿cómo quieres lidiar con eventos estresantes en tu vida?

¿Cuáles son tus objetivos de salud y estado físico? ¿Cuánto tiempo te gustaría vivir? ¿Cómo te gustaría sentirte y qué te gustaría poder hacer en tu vejez? ¿Hay algún aspecto particular de tu vida espiritual en el que te gustaría profundizar?

Anota todo lo que te gustaría desarrollar en tu vida.

3. ¿Cómo quieres contribuir?

Por último, piensa en todas las diversas formas en que deseas contribuir al mundo.

¿Cómo podrías contribuir con tu familia, amigos, sociedad, ciudad o incluso con todo el planeta?

No importa cuán grandes o pequeñas sean tus ideas, escribe todo lo que se te ocurra.

¿Cuál será tu legado? ¿Cómo harás del mundo un lugar un poco mejor? ¿Qué problema te gustaría resolver para el planeta y la humanidad?

Podrías ser voluntario o dedicar tu tiempo a personas específicas. Podría ser un trabajo que te gustaría crear. Cualquier cosa que se te ocurra que sería benéfica para los demás y para el mundo en que vivimos.

Las guías completas y los videos de todos estos ejercicios están disponibles en: www.mindvalley.com/badass.

Capítulo 5

HAZ DEL CRECIMIENTO TU OBJETIVO MÁXIMO

Crece tan rápido que los amigos que no te hayan visto en un mes tengan que volver a conocerte.

ANÓNIMO

Tu alma no está aquí para lograr algo. Tu alma está aquí para crecer. La mayoría de la gente se equivoca. Se dejan seducir por el éxito y se quiebran por el fracaso. Le dan una gran importancia a lo que esencialmente no tiene sentido. La verdadera realidad es que el éxito y el fracaso son ilusiones. Lo único que importa es qué tan rápido estás evolucionando. Tu viaje consiste en eliminar todas las barreras que te detienen de la autorrealización.

En 2013, mi empresa cumplió 10 años. En este punto de nuestro crecimiento, pensarías que el negocio funcionaba bastante bien. Y que después de más de una década como CEO, sabría lo que estaba haciendo. Sin embargo, ese no era el caso. Entre 2013 y 2015 sufrimos una serie de feas desgracias que casi aniquilaron a la empresa. Y me hizo cuestionar mis propias habilidades como emprendedor y líder.

Comenzó con una violenta llamada de atención. Descubrí que mi contador, en quien confiaba y que había estado con la compañía durante cinco años, había estado robando de los fondos de la compañía durante cuatro años y medio.

Poco a poco, mes a mes, esta persona se embolsó 250 000 dólares usando cuentas falsas. La traición me sacudió. Ella había sido de los miembros más confiables de mi equipo, pero nos había estado robando todo ese tiempo. Pasé muchas noches sin dormir. Cuestioné mi capacidad de contratar a las personas adecuadas, liderar, administrar mi negocio.

Pero se puso peor. Un mes después, justo luego Navidad, mi jefe de operaciones se puso en contacto conmigo y me dijo: «Vishen, no podremos pagar la nómina este mes».

Esto significaba que a nuestros empleados no se les pagaría en el momento más crucial del año. Aquel fue un golpe doble. Ese diciembre no tuvimos muchas ventas; lo que en parte se debió a la agitación emocional que experimenté al descubrir el robo. Estaba fuera de equilibrio. Para cubrir el déficit, consideré vender mi auto. Era mejor que mentir a las personas que confiaron en mí durante años. Al final, mi equipo ejecutivo intervino. Hicieron un consenso y decidieron aceptar que no se les pagara para que todos los demás pudieran recibir su salario. Fue un milagro y, sobre todo, un acto que restauró mi fe en la grandeza de las personas. Afortunadamente, enero fue un buen mes para nosotros. Lanzamos un producto importante que repuso la cuenta bancaria marchita.

Apenas habíamos logrado salir de la primera gran experiencia cercana a la muerte de la compañía cuando tuvimos que enfrentar nuevos problemas. Primero, nuestro mayor cliente nos abandonó cuando su compañía cambió de CEO; con lo que de inmediato perdimos el 15% de nuestros ingresos. Luego tuvimos una gran falla en la plataforma tecnológica cuando una empresa más grande adquirió un proveedor de servicios de correo electrónico en el que confiamos para estar en contacto con los clientes. En la adquisición, algo en la tecnología salió mal y nos hizo perder el acceso al 40% de nuestra base de clientes. Comenzamos a sangrar por millones. Se sentía como si el universo estuviera en contra de nosotros.

Quiero que te detengas mientras lees esto por un momento y pienses en tu vida y carrera. ¿Has estado en situaciones como esta en las que sentiste que estabas fallando debido a un problema fuera de tu control? Cuando hago esa pregunta en los cursos para CEO o para empleados de cualquier empresa, casi todos levantan la mano. Todos hemos experimentado dolor y fracaso. Debes saber que no estás solo. Para ser chingón tendrás que aprender a provocar un cambio en el mundo. Y comúnmente te toparás con alguna resistencia. Si fuera fácil, todos lo harían. El fracaso y el dolor son parte del juego. Pero, aunque el fracaso es común, el dolor que sientes puede ser opcional. Este capítulo trata sobre un cambio de modelo mental que te ayudará a ti y a todos los miembros de tu equipo a superar el fracaso con la gracia del buda mientras se vuelven más fuertes y más poderosos con cada «fracaso».

Claro que, en mi vida, este conjunto repetido de fallas hizo que mi comportamiento habitual de confianza se erosionara. De repente, estaba tomando dos copas de vino tinto todas las noches para lidiar con el estrés y era demasiado terco para pedir ayuda. Pensé que el trabajo duro me sacaría de este lío. Sip. Trabajo duro, esfuerzo extremo y agallas. Esas fueron mis soluciones.

Pero cada mes se volvía más aterrador cuando veía crecer nuestros gastos y que nuestro saldo bancario se reducía. Entonces, inesperadamente, ocurrió una bendición.

De qué se trata el trabajo en realidad

Me encontré con Srikumar Rao, el sabio de negocios que mencioné en el capítulo 1. Rao a menudo hablaba de la idea de que deberíamos adoptar un modelo mental de que vivimos en un universo benévolo. Confía en que el mundo te respalda. Y todo lo que te sucede es por tu propio bien.

Pero lo desafié y le pregunté: «Si esto es cierto, ¿por qué sentía que el mundo estaba en mi contra y por qué estaba pasando por tantos fracasos y dolor en el trabajo?».

Rao respondió: «El concepto erróneo común, Vishen, es que la gente piensa que su trabajo se trata de su trabajo. Esto está mal».

La siguiente sabiduría que salió de su boca me sacudió:

Lo más importante que nuestras escuelas
de negocios necesitan enseñarnos es que tu trabajo
no se trata de tu trabajo. Por el contrario, tu trabajo
no es más que el vehículo máximo para tu crecimiento personal.
Si tu negocio falla, no importa. La pregunta es:
¿cómo creciste tú? Si tu negocio se convierte en mil millones
de dólares, no importa. La pregunta es: ¿cómo creciste tú?

Esa interacción fue un momento crucial: comencé a ver nuevas acciones que podía llevar a cabo para liberarme del tormento que estaba sufriendo. No estaba viendo la situación desde la perspectiva de que estaba creciendo en una nueva manera de ser CEO y propietario de un negocio. Este simple cambio de contexto inmediatamente me dio alivio. Curiosamente, ahora vi las mismas situaciones que me habían mantenido despierto durante la noche durante meses a través de una lente de agradecimiento.

El modelo completo que la mayoría de las sociedades tiene para el éxito y la felicidad es defectuoso. La mayoría de las personas aprenden que para realizarse en la vida deben adquirir tres cosas:

1. Cierto rol o título (que te otorgue prestigio).
2. Un cierto saldo en tu cuenta bancaria (que te dé riqueza).
3. Adquisición de posesiones específicas materiales como un automóvil o una casa con alberca.

El resultado: éxito.

¿Cierto? Nop. Rao lo llamaría una vida «si/entonces». Él dice que tu felicidad debe dejar de depender de tu título, tu dinero y tus cosas. Deja de pensar: «Necesito x para tener éxito o ser feliz». (¿Cuántas veces has obtenido x y aun así no te has sentido feliz?) La fórmula Rao para reclamar tu felicidad es sencillamente... Crecimiento.

El único punto de la vida es crecer. El dolor puede conducir al crecimiento; el éxito puede conducir al crecimiento. Míralo de esta manera y el dolor deja de existir; el éxito deja de ser tan embriagador. El crecimiento es lo único que importa.

El verdadero éxito es en realidad mucho más simple de lo que la mayoría de nosotros hemos creído. No hay nada que tengas que *obtener* o *ser* para poder lograrlo finalmente. La fórmula secreta es esta:

$$Crecimiento = Éxito$$

Los millonarios más felices

Mi amigo Ken Honda es el escritor de crecimiento personal más prolífico en Japón con más de 50 libros publicados, y su enfoque se encuentra en la mentalidad de los millonarios. Honda una vez encuestó a unos 12 000 millonarios en Japón. Descubrió que no importaba lo rico que fuera alguien, siempre quería más. Ken me explicó: «Entrevisté a un tipo que tenía un millón de dólares en el banco y le pregunté: "¿Te sientes rico?". Dijo que no. Porque todavía no tenía 10 millones de dólares. Pero también entrevisté a un tipo que tenía 10 millones de dólares en el banco y no se sentía rico porque, dijo: "Todavía no tengo un jet privado". Y luego entrevisté a un hombre con un jet privado y le pregunté si se sentía rico. Él dijo: "No". ¡Porque su avión era solo de seis plazas!».

Estos millonarios estaban efectivamente tratando de atrapar el horizonte. No puedes atrapar el horizonte. A medida que te acercas, se aleja. Tal es la ilusión de vincular tu objetivo a un marcador de riqueza específico.

Entonces, ¿qué hace que la gente se sienta rica? Resulta que es un tipo diferente de meta. De hecho, no era un meta en absoluto. Era un estado de ser. Más sobre esto adelante en el capítulo. Pero esto es lo que es importante entender: mientras crezcas (según tu propia medida) te sentirás satisfecho.

Maslow coloca el crecimiento cerca de la cima de su pirámide. Lo llama autorrealización, que describe como: el cumplimiento de los talentos y el potencial de uno, especialmente considerado como un impulso o necesidad presente en todos.

La conclusión aquí es: el crecimiento es un objetivo en sí mismo. Cuando comprendas cómo quieres crecer, podrás asumir la responsabilidad y ser el motor de tu propio crecimiento. Puedes convertir cada oportunidad de trabajo en una experiencia para convertirte en una mejor versión de ti mismo.

El crecimiento por aprendizaje *versus* la transformación

Aprendizaje es lo que obtienes en la escuela. Cuando se trata de materias como Historia, Geografía y Álgebra, las escuelas te enseñan hechos e ideas, la mayoría de las cuales vas a olvidar. Esto es *aprendizaje*.

Pero el verdadero crecimiento proviene de otra cosa. Algo mucho más poderoso que aprender. Se llama *transformación*.

Cuando aprendes un hecho, puedes olvidarlo al día siguiente. Pero una transformación es cuando cambia toda tu visión del mundo. Cuando ocurre una transformación, hay una apertura hacia una nueva forma de ver el mundo. Es un cambio completo de perspectiva. Una transformación provoca un salto exponencial en quién eres como persona. Puede sacudirte y reajustar algunas de tus creencias y valores más antiguos.

Edmund O'Sullivan es un experto en aprendizaje transformador del Centro de Aprendizaje Transformativo en Toronto, Canadá. En términos académicos, él define un momento de transformación de esta manera: «La transformación implica experimentar un cambio profundo y estructural en las premisas básicas del pensamiento, los sentimientos y las acciones. Es un cambio de conciencia que altera drástica e irreversiblemente nuestra forma de estar en el mundo».

En el caso de los millonarios japoneses discutidos anteriormente, Ken Honda me dijo que la diferencia entre los millonarios que se sentían ricos y los que no era un cambio en su visión del mundo. Habían pasado por una transformación que cambió su visión del dinero. Habían llegado a creer que el dinero era como el aire. Está en todas partes. Y fluía hacia ellos cuando lo necesitaban. No existía una meta de dinero. No existía la meta de un jet. Simplemente creían que la cantidad correcta de dinero que necesitaban en su vida les llegaría cuando y para lo que fuera necesario. Y fue entonces cuando pudieron responder «sí» a la pregunta «¿Te sientes verdaderamente rico?». Eso es la transformación. Es un cambio radical en tu visión del mundo.

Ahora bien, hay condiciones estrictas para que esto suceda. Por lo general, se requiere que a alguien se le presente una idea o concepto revolucionario que desafíe rotundamente sus creencias arraigadas. Si la nueva idea presenta evidencia más sólida que no puede disputar, la información anterior se reemplaza por la nueva información. Aquí está la mayor distinción a tener en cuenta:

Cuando una persona vive una transformación, no puede volver a ser la misma de antes.

Es un cambio de perspectiva irreversible. En resumen, una persona cuya mente se expande y estira por la transformación no puede volver a sus viejas creencias.

Este es un ejemplo del mundo real para ilustrar cómo funciona una transformación, utilizando un evento con el que la mayoría de nosotros nos podemos relacionar.

¿Recuerdas cuando aprendiste a andar en bicicleta? Probablemente, primero aprendiste a montarla conceptualmente. Pasaste por un proceso de aprendizaje tradicional. Las instrucciones irían más o menos así:

a. Ponte el casco.
b. Siéntate en la bicicleta.

c. Pon un pie en un pedal.
d. Coloca el segundo pie en el otro pedal mientras empujas hacia adelante para aumentar la velocidad.

Pero hasta que te subes físicamente a la bicicleta y logras equilibrarte, no has pasado por la transformación necesaria para ir de no saber andar en bici a saber andar. Luego, milagrosamente, tan pronto como encuentras tu equilibrio, te transformas. No puedes regresar a no tener equilibrio, no es posible. Esa es una experiencia transformadora.

Las dos cosas que causan la transformación

Ahora bien, aquí está lo complicado con el crecimiento por transformación. Sucede en la vida de dos maneras específicas:

Causa #1: El dilema desorientador. Esto significa crecimiento a través de alguna lección dolorosa o circunstancia de la vida. Ejemplo: alguien a quien amas profundamente te rompe el corazón con toda crueldad. Es terriblemente doloroso. Pero creces al entender qué cualidades buscar en una futura pareja.

Causa #2: Evolución de un nuevo esquema de significado. Esto significa reunir gradualmente nuevas ideas y capas a lo largo de la vida que te lleven a ver el mundo de una manera totalmente diferente. Esto a menudo sucede en una progresión más lenta en el tiempo. Por ejemplo, este es el crecimiento que ocurre cuando te vuelves discípulo de un maestro o lees biografías de personas legendarias y lentamente entiendes algunas de sus cosmovisiones únicas. Este es el logro de la sabiduría.

El reverendo Michael Beckwith del Centro Espiritual Agape tiene etiquetas para estas dos experiencias de transformación. Las llama *kensho* y *satori*.

Kensho es crecimiento a través del dolor, mientras que el crecimiento por *satori* es gradual y lento. Tan lento, de hecho, que es posible que ni siquiera notes cómo sucede. *Satori* puede ser realmente agradable. Puesto en un gráfico simple, *kensho* y *satori* se ven así. ¿Notas las caídas? Esos son los dolorosos momentos *kensho*. Y las subidas repentinas son los momentos *satori*.

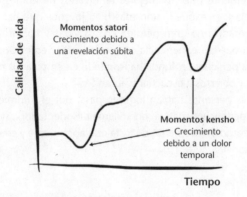

Examinemos de cerca las experiencias *kensho* y *satori*.

Kensho: el dilema desorientador

Jack Mezirow, a quien se le atribuye ser el padre de la teoría del aprendizaje transformador, acuñó el término *dilema desorientador* (oh, ¡suena tan académico!). Lo define como una crisis de la vida o una gran transición de la vida.

Un dilema desorientador en el mundo real puede tomar la forma del propietario de una empresa que quiebra y aprende qué no hacer en su próximo negocio.

O pasar por el divorcio y aprender qué corregir en tu próxima relación.

Como dijo el poeta Rumi: «¡Ay, si no soportas una fricción...! ¿Cómo te convertirás en una joya pulida?».

Lo que eso significa es que a menudo se necesita lucha o dolor para que la información nueva logre llegar a una persona. Pero esto a menudo lo convierte en alguien más resiliente, compasivo y abierto que antes.

En su libro *Organizaciones exponenciales*, el autor Salim Ismail comparte un descubrimiento fascinante que Google hizo sobre sus mejores trabajadores. Él escribe: «Google demostró recientemente que sus mejores empleados no eran estudiantes de la Ivy League,[14] sino más bien jóvenes que habían experimentado una gran pérdida en sus vidas y habían podido transformar esa experiencia en crecimiento. Según Google, la pérdida personal profunda ha resultado en empleados más humildes y abiertos a escuchar y aprender».

Estas personas habían logrado pasar por el sufrimiento de una experiencia negativa, un «dilema desorientador», y replantearlo como un momento de fortaleza, aprendizaje y crecimiento personal.

Satori: la evolución de un nuevo esquema de significado

La transformación que se presenta cuando un esquema de significado evoluciona con el tiempo suele ocurrir después de una acumulación de momentos esporádicos de despertar. Una persona experimenta pequeñas revelaciones y estas pueden suceder en cualquier entorno: provenir de un intercambio con otra persona, de una caminata al aire libre, de leer un libro o escuchar música. Habiendo acumulado suficientes de estos momentos, un día hay un cambio significativo en los valores de una persona.

Por ejemplo, una persona con una dieta poco saludable puede recibir numerosas señales para comer mejor. Digamos

[14] Ivy League, literalmente, la Liga de la Hiedra, es el nombre con el que se conoce a las grandes universidades estadounidenses en su conjunto; por ejemplo, Harvard, Princeton, Columbia, entre otras. [N. de la t.].

que está mirando televisión y un anuncio la asusta y la hace cuestionar sus hábitos. Entonces, tal vez algún día comience a tener síntomas de diabetes. Quizá la señal final para tomar medidas es que pisa una báscula y ve un número que la sorprende. Esto provoca un cambio que la empuja con dureza hacia un camino mejor.

La belleza de la transformación es que nadie puede evitarla, de manera similar a como crece un árbol en el bosque a pesar de que no se mueva. Los osos todavía se frotan en él. Las abejas todavía anidan en él. Las ardillas se alimentan ahí. Factores externos transforman al árbol con el tiempo. Y así, ya sea que las personas busquen activamente su propio crecimiento personal o no, de forma natural surgen desafíos y situaciones que se ven obligados a enfrentar.

Pero aquí está el problema, debido a que la transformación proviene de dilemas desorientadores o una acumulación gradual de esquemas de significado es impredecible. Y terriblemente lento. Y generalmente doloroso.

Transformación:
Impredecible. Lenta. Dolorosa.

Pero ¿y si pudiéramos crear una transformación deliberada en las personas? ¿Entonces crecerían antes de padecer una llamada de atención dolorosa? ¿Y si pudiéramos hacer esto de una manera predecible y rápida? ¿Entonces las personas crecerían tan rápido que tal vez evolucionarían hacia un ser humano diferente casi cada mes?

Creo que el alma anhela la transformación. Tu alma está aquí para crecer. Pero si de manera deliberada no buscas oportunidades para transformarte, tu alma tendrá que golpearte en la nuca para despertarte. Así son los momentos dolorosos de *kensho*. Los verdaderos maestros del arte de la vida crean procesos diarios deliberados para transformarse y evolucionar: se dedican a la continua expansión de su mente, cuerpo y alma. Estos maestros continuamente buscan *satori* o despertar.

Cuanto más se transforman a través de prácticas deliberadas, menos tienen que transformarse a través de momentos dolorosos de *kensho*. Y el lugar de trabajo es el mejor lugar para ello. Imagina que diseñas tu trabajo para que se convierta en un acelerador de la transformación, donde desbloqueas lo mejor de ti y de todos los que te rodean.

La organización transformadora

A una edad muy temprana, la mayoría de los objetivos de las personas son implantados por la empresa que tenga un mayor presupuesto de marketing. O la religión que domine su cultura. O lo que les digan sus padres. O lo que su gobierno les taladre. Lamentablemente, las escuelas tampoco hacen el mejor trabajo con esto. Pero aquí es donde entra el trabajo. Las escuelas se centran en el aprendizaje tradicional, mientras que el trabajo es para el crecimiento continuo.

El autor Neil Gaiman escribió en *The Sandman, vol. 9: Los amables*:

> *He estado haciendo una lista de las cosas*
> *que no te enseñan en la escuela. No te enseñan a amar*
> *a alguien. No te enseñan a ser famoso. No te enseñan cómo*
> *ser rico o cómo ser pobre. No te enseñan cómo alejarte de*
> *alguien a quien ya no amas. No te enseñan cómo saber qué*
> *está pasando en la mente de otra persona. No te enseñan*
> *qué decirle a alguien que está muriendo. No te*
> *enseñan nada que valga la pena saber.*

La escuela te enseña bastante bien a memorizar hechos, algo que tu teléfono inteligente ahora puede reemplazar fácilmente.

Sugata Mitra es profesora de tecnología educativa en la Facultad de Educación, Comunicación y Ciencias del Lenguaje de la Universidad de Newcastle, Inglaterra. Cuando ganó el Premio TED de educación, dijo:

> *Los seres humanos no son teléfonos inteligentes.*
> *Somos dueños de teléfonos inteligentes. No necesitamos*
> *cabezas llenas de hechos inútiles cuando todos tenemos*
> *acceso a Google. Lo que necesitamos es una cabeza llena*
> *de la sabiduría, creencias, prácticas y conocimientos*
> *adecuados para ayudarnos a lidiar con los aspectos*
> *desordenados, confusos y hermosos del ser humano mismo.*

Existe una gran oportunidad para que nuestro trabajo llene el vacío que otras instituciones actualmente no llenan. Si diriges una empresa hoy, podrías argumentar que tienes la obligación moral de hacerlo. A los mejores líderes les importa que los miembros de su equipo estén en constante crecimiento. Porque las personas que están creciendo y transformándose son el mejor tipo de personas para tener a tu alrededor. Y aumentarán cada métrica asociada con el éxito de una empresa.

Si no diriges un negocio, recuerda que tu crecimiento personal depende de ti. Es tu responsabilidad. Siempre está bajo tu control. Es tu deber ponerte en situaciones que te lleven hacia el crecimiento. El trabajo brinda las mejores oportunidades para esto. Es el sistema perfecto de retroalimentación y recompensa de crecimiento personal. Y si estás creciendo como persona, te irá mejor en el trabajo. El trabajo es el laboratorio definitivo para la transformación personal.

Recuerda las sabias palabras de Srikumar Rao:

> *Tu trabajo no se trata de tu trabajo.*
> *Más bien tu trabajo es el mejor vehículo*
> *para tu crecimiento personal.*

Ahora bien, cualquier lugar de trabajo puede convertirse en un entorno centrado en el crecimiento. Líder o líder sigiloso, en las secciones restantes de este capítulo te enseñaré a construir tu entorno personal para un crecimiento acelerado y luego cómo llevar una mentalidad de crecimiento a cualquier entorno de equipo. El primer paso es comprender la verdadera definición de «líder».

Táctica #1: Redefine el liderazgo para que se trate de crecimiento

Solía creer en el modo de liderazgo de Dwight Eisenhower, que decía: «El liderazgo es lograr que otras personas hagan las cosas que tú quieres, porque ellos quieran hacerlo».

Hoy esto es obsoleto. Los líderes hacen muchas cosas, establecen una visión, aumentan la energía y las emociones del equipo, coordinan y establecen la dirección. Pero yo diría que el trabajo número uno de un líder es evolucionar siempre y hacer crecer a otros líderes.

Todo mundo es un líder. Y los grandes líderes crean otros grandes líderes. Para enfatizar esto en Mindvalley, elaboré esta definición y me aseguré de que todos mis gerentes entendieran su significado.

> *El liderazgo es reconocer que todos somos UNO. Que cada persona que lideras es tan brillante como tú, tan talentosa como tú, y tiene la misma capacidad de crecimiento y logro. Simplemente necesitan que se les recuerde este hecho.*

Cuando hice este credo de liderazgo por primera vez, me basé en la intuición, no en la evidencia directa. Pero años más tarde, un estudio de investigación sobre gerentes realizado por Google reveló que el comportamiento número uno más importante en los gerentes de mayor puntaje es que eran *coaches* efectivos. Esto significa que escuchan, guían y ayudan a su gente a crecer.

Pero para hacerlo mejor, debes ser la versión más chingona de ti mismo. Y esto significa adoptar la autorrealización como un principio de vida. Debes ver tu vida como un proyecto para convertirte en el ser humano más extraordinario posible. Después de todo, los mejores líderes lideran con el ejemplo. Por lo tanto, mantente enfocado en tu calificación de autoevolución y apoya a otros para que también crezcan.

Táctica #2: Vive un estilo de vida de crecimiento personal

Tengo que confesar algo. Iba a contar esta historia, pero la haría pasar como si le hubiera sucedido a alguien que conozco y que tenía un problema con las barras de chocolate Mars.

Pero, ¡revelación completa!, el chico de las barras de Mars soy yo. No puedes predicar la vulnerabilidad si no la practicas, ¿verdad? De acuerdo, aquí va.

Solía tener un ritual diario con una barra de Mars.

Todos los días, alrededor de las 5 de la tarde, cuando mi equipo comenzaba a irse a casa, iba a mi escritorio, abría el cajón inferior y sacaba una barra de Mars. Me comía el chocolate en un par de bocados. Morder. Tragar. Listo.

Esta rutina tipo siesta con la barra de Mars era mi reinicio para la tarde. Sabía que no era saludable, pero tenía una cualidad adictiva y me volví dependiente de ella. De hecho, era bastante genial. Realmente la disfrutaba.

Entonces, un día me quedé un momento más de lo normal en el espejo. Era yo, pero tenía cuerpo de señor adulto. Me había convertido en el tipo regordete al que le podías pellizcar una llantita.

Me miré en el espejo y supe que estaba yendo en contra de mi salud. Se me estaba cayendo el pelo. Había ganado peso. Y sí, también estaban esos dos vasos de vino tinto que necesitaba tomar todas las noches para conciliar el sueño. Así que me comprometí con mi salud. En febrero del año en que cumplí 40 me inscribí en un programa llamado WildFit. Era un programa diseñado para transformar tu relación con la comida.

Para mayo, mi porcentaje de grasa corporal había bajado del 22% al 15%. Tiré la mayor parte de mi ropa porque toda me quedaba demasiado floja. Mi transformación había sido tan grande que mi cara cambió. La gente me preguntaba si me había operado porque comencé a parecer años más joven. Pero no fue solo mi aspecto lo que cambió: mi energía se fue a las nubes, mis ansias de azúcar casi desaparecieron, mi piel se limpió. Me impresionaron tanto los resultados personales que obtuve, que decidí involucrar a mi equipo. Ese agosto más de 100 personas en Mindvalley se inscribieron en el programa Wild-Fit de 90 días. Y para diciembre la cultura misma de nuestra compañía había cambiado. Atrás quedaron las latas de refresco. El consumo de licor en los eventos sociales de la compañía se redujo a casi la mitad. La gente comenzó a cocinar comidas saludables y a elaborar jugos de verduras para los demás. Un ingeniero estableció el récord de más kilos perdidos: 23. Era un hombre grande y, por primera vez en su vida, finalmente podía comprar ropa en una tienda normal.

Casi al mismo tiempo también comenzamos a notar cambios en las métricas de salud de toda la compañía. Las ganancias aumentaron, la retención se disparó. El NPS por empleado (Net Promoter Score, la puntuación con la que los empleados recomiendan a una empresa) alcanzó nuevos récords. Y cada vez más personas comenzaron a unirse a WildFit y a alcanzar una excelente salud. A medida que la relación de mi equipo con la comida cambió, sus niveles de energía se dispararon.

Para 2017 teníamos una nueva cultura. Ese año decidí comenzar el entrenamiento de fuerza. Trajimos instructores de acondicionamiento físico y establecimos un laboratorio para crear un protocolo rápido de fuerza y ganancia muscular. Lo llamamos 10X y nuevamente una gran cantidad de nuestros empleados participaron. Ahora no solo comían saludablemente, sino que operaban como atletas.

Para 2018 estábamos listos para la siguiente evolución. Empezamos a convertirnos en atletas. Docenas de nuestros empleados entrenaban juntos y competirían en los desafiantes retos de la Spartan Race. Para los no iniciados, una carrera espartana involucra serios obstáculos físicos, como subir por cuerdas, atravesar pozos de lodo y balancearse en barras de mono. Cuando se escribió este libro, más de 40 personas de nuestra gente habían competido juntos al mismo tiempo como un equipo.

Para 2019, la oficina era un lugar diferente. Las conversaciones alrededor del enfriador de agua se hicieron inusuales. Unirse a Mindvalley significaba comprometerse totalmente con la salud. Hoy, si te unes a Mindvalley, es probable que pierdas un promedio de cinco a ocho kilos en tu primer año. En nuestra empresa tenemos barras de entrenamiento y pesas rusas y un gimnasio cubierto. Y en lugar de ir por una barra de chocolate para pasar la pausa de la tarde, ahora voy a la barra de ejercicio y hago 10 lagartijas de golpe.

No forzamos ningún plan de alimentación o estilo de vida a nadie. Pero el cambio ocurre simplemente por ser parte de un ecosistema consciente de la salud. Es contagioso.

En cuanto a mí, a los 44 estoy en mejor forma que nunca.

Vivir un estilo de vida de crecimiento personal significa inscribirte activamente en programas diseñados para transformarte. Y llevar estos programas a tu equipo. Cuando las personas se centran en la transformación, su desempeño en la vida y en el trabajo aumenta. Esto nos lleva a la táctica #3.

Táctica #3: Haz de la transformación el enfoque número uno

Una persona que se compromete con su crecimiento personal, naturalmente, se lleva a otros con él. El crecimiento tiene un increíble efecto compuesto. Las personas poderosas con hábitos saludables alientan a las personas de su equipo a hacer lo mismo; por eso una de mis filosofías centrales es que el crecimiento personal debe ser el enfoque número uno en la vida. Me encanta esta cita que un amigo mío publicó recientemente:

Crece tan rápido que los amigos
que no te hayan visto en un mes tengan
que volver a conocerte de nuevo.

Eso me suena chingón.

El crecimiento personal debe venir antes que tu negocio, antes que tus relaciones, incluso antes que ser padre. Es como la máscara de oxígeno en el avión. Tienes que arreglar la tuya antes de ayudar a otros. Si observas a los mejores emprendedores del mundo, ellos priorizan su crecimiento personal porque saben que cuando crecen, su negocio despega. Si nos fijamos en las mejores relaciones, a menudo se dan entre dos personas comprometidas con su propia evolución.

Creo que, al poner mi crecimiento personal primero, puedo servir mejor a mis hijos, mi negocio y mis relaciones con los demás. Y entonces trato de evolucionarme de alguna manera cada 30 días. En un mes puedo aprender un nuevo programa de meditación y al otro dominar la velocidad de lectura.

En realidad, es mucho más fácil de lo que piensas. En el lapso de 30 días puedes asistir fácilmente a un seminario o una charla que cambie tu vida, o completar el Mindvalley Quest u otro programa para profundizar y mejorar radicalmente tu vida en algún área.

Podrías escuchar una serie completa de podcasts sobre cualquier tema. Si no crees que tienes tiempo, piénsalo de nuevo. La persona promedio pasa más de 45 minutos por día yendo y viniendo del trabajo. En 30 días, son 15 horas. Quince horas de exploración a través de podcasts sobre un tema cambiarán tu vida.

Solo tienes que seguir el consejo de Rao y hacer que sea lo más importante en tu vida. Todo lo demás que toques crecerá y se expandirá como nunca antes.

Entonces, ¿cómo se configura una rutina de transformación personal? Primero, no es tan complejo como parece y, si te enfocas en los modelos correctos y probados científicamente, puedes obtener resultados sorprendentes en muy poco tiempo. Y tienes que hacer de esto una rutina diaria.

Cómo establecer una rutina de transformación personal

Así es como se ve mi rutina matutina altamente optimizada. Y quiero señalar algo: esta rutina no extrae tiempo de mi vida. Esa es la forma incorrecta de verlo. Con esta rutina, en realidad agrego tiempo, porque mi cerebro, mi mente y mi cuerpo están optimizados. De hecho, esta rutina me ahorra 15 horas a la semana. Si sumas eso, son 60 horas al mes. O 720 horas al año. Esto suma aproximadamente 30 días extra al año.

La falta de tiempo no es una excusa. Como verás, los beneficios cognitivos y energéticos de esta rutina en realidad te permiten hacer más trabajo en menos tiempo. Entonces, a medida que mejora tu mente, cuerpo y alma, también amplificas la producción de cada hora en el trabajo.

Ahora echemos un vistazo a la rutina.

1. Optimización del sueño

He aprendido a ser exigente con el seguimiento del sueño. El objetivo no es dormir menos, sino optimizar el sueño. Según Tom Rath en el libro *Eat Move Sleep* (*Come, muévete y duerme*), privarse de 90 minutos de sueño provoca una disminución de la cognición del 30%. ¡Es como presentarse al trabajo después de haber bebido medio litro de cerveza!

Pero los datos sobre el sueño son más sorprendentes que eso. Hubo un famoso estudio popularizado por el escritor Malcolm Gladwell que muestra que se necesitan 10 000 horas para lograr el dominio en cualquier campo. Pero de lo que no hablamos es de que el tipo detrás del estudio, el psicólogo sueco K. Anders Ericsson, descubrió otra cosa curiosa sobre estos maestros: pasaban un promedio de 8 horas y 36 minutos durmiendo todas las noches. ¿El estadounidense promedio? 6 horas y 51 minutos al día.

Dormir es esencial para tener un alto rendimiento. Mejora tu capacidad de pensar, te permite tener mejores estados de ánimo y emociones a lo largo del día, mejora tu capacidad para concentrarte y generar ideas, y ayuda a tu cuerpo a sanar y recuperarse del día anterior.

El truco, entonces, es optimizar el sueño. Experimento con todo, desde auxiliares para dormir, como suplementos de magnesio, aceite de CBD (cannabidiol), 5-HTP (hidroxitriptófano), entre otras cosas. Los pruebo y le doy seguimiento a mis rutinas de sueño en un dispositivo como el anillo Oura[15]. Por ejemplo, uso gafas que bloquean la luz azul[16] antes de acostarme o practico meditación antes de ir a dormir, luego reviso mis estadísticas. Miro cuánto tiempo pasé en sueño profundo en comparación con mi tiempo de sueño ligero y presto atención a cosas como la variabilidad del ritmo cardíaco. Al hacerlo, he aprendido a dormir más profundamente un sueño rejuvenecedor, pasando menos tiempo en la cama. Esto significa que duermo de 7 a 7.5 horas al día, pero tomo el equivalente a 8 horas de sueño porque voy más profundo.

Como nota al margen: también aprendí que mi hábito de tomar vino tinto era basura. Si bien el alcohol te ayuda a conciliar el sueño, no obtienes el mismo grado de verdadero sueño reparador que tu cuerpo necesita cuando lo consumes. Lo mismo es cierto para las pastillas para dormir. Si tienes problemas para conciliar el sueño, hay muchos libros y programas excelen-

---

[15] El anillo Oura es un producto vendido por Ouraring. En su interior tiene una serie de sensores que miden el ritmo cardíaco, la temperatura y otros signos. El anillo envía los datos al celular del usuario, donde lee su calificación general y específica en ciertas áreas. El usuario toma decisiones para su rutina de ese día; por ejemplo, aumentar el ejercicio. Recuperado de: www.ouraring.com.

[16] Aunque la efectividad de las lentes que bloquean la luz azul no están respaldadas al 100%, algunos estudios validan cierto porcentaje del efecto deseado. [N. de la t. Recuperado el 27 de abril de 2020, de: https://www.webmd.com/eye-health/news/20191216/do-blue-light-glasses-work].

tes sobre el sueño por explorar. Recomiendo investigar el trabajo del doctor Michael Breus, el principal experto en sueño de Estados Unidos. Él también tiene un programa de optimización del sueño en Mindvalley.

El tiempo total que ahorro por semana por optimizar mi sueño es de 30 minutos al día o 3.5 horas a la semana. Y eso sin contar la mejora en los estados de ánimo, el metabolismo y la cognición que obtengo. Como puedes ver, el sueño importa.

Tiempo ahorrado: 3.5 horas

2. La rutina de meditación de 6 fases

La meditación se ha convertido en un potenciador de rendimiento tan popular que uno pensaría que nadie lo omitiría; sin embargo, muchos todavía lo hacen. La razón es que nos dejamos engañar por creer que la meditación se trata simplemente de calmar la mente.

Comienzo todos los días con la meditación de 6 fases. Es un método que desarrollé, que combina ciencia y meditación, ideal para personas ocupadas y empresarios que buscan hacer más en el mundo. Millones de personas ahora hacen lo mismo, y tú también puedes hacerlo (puedes encontrarlo fácilmente en YouTube buscando «6 Phase»).

La Meditación de 6 fases ha despegado entre los artistas más reconocidos del mundo. Miguel, el cantante de R&B, dijo a la revista *Billboard* que lo practica antes de sus conciertos masivos. El miembro del Salón de la Fama de la NFL, Tony González, reveló que lo hace para mantener su vida sana. Y cuando Bianca Andreescu ganó el Abierto de Estados Unidos y venció a Serena Williams a la temprana edad de 19 años, dijo a los periodistas que una parte clave de su régimen de superación personal fue mi libro *El código de las mentes extraordinarias*, que introdujo las 6 fases en el mundo. Bianca también se graduó del seminario que diseñé para enseñar el método. (Ver mindvalley.com/be.).

Comparto esto para ayudarte a comprender lo poderosa que es esta técnica. Pero debes saber que no es una meditación convencional, sino una práctica para las personas que desean fusionar al buda y al chingón que traen dentro. Estar en la dicha, pero salir y conquistar el mundo a tu manera.

¿Por qué lo usan tanto los atletas de alto rendimiento? Porque crea mejoras notables en su rendimiento. Las estrellas del deporte son increíblemente conscientes de los pequeños cambios que pueden afectar su juego; por eso tantas estrellas del deporte en las grandes ligas estadounidenses usan las 6 fases. Entonces, ¿por qué es diferente?

Las meditación de 6 fases acumula seis prácticas trascendentes en 20 a 30 minutos, que te permiten obtener beneficios notables. Aquí están:

1. Compasión: creo que todos los seres humanos necesitan amor y compasión en su vida. Esta fase se trata de ayudarte a ser más amable con los demás y más amable contigo mismo. Es una poderosa herramienta de amor propio.

2. Gratitud: podemos tener muchas metas, pero es importante apreciar y estar contento con lo que hemos logrado hasta ahora. La gratitud tiene una alta correlación con el bienestar y la felicidad.

3. Perdón: estar en paz con el mundo y las personas que te rodean es una de las formas más efectivas de mantener estados elevados de ser.

4. Sueños futuros: como aprenderás en el capítulo 7, es muy estimulante tener una visión que te empuje hacia adelante, una imagen de cómo quieres que se desarrolle tu vida en el futuro.

5. El día perfecto: esta fase te da una sensación de control sobre cómo se desarrolla tu vida todos los días. Traduce tus sueños futuros en pasos accionables.

6. La bendición: necesitamos sentirnos apoyados, descansar en el conocimiento de que cualesquiera que sean los grandes proyectos que nos proponemos hacer, las cosas van

a estar bien. Esta fase se trata de hacerte sentir seguro y apoyado en tu misión.

La magia reside en cómo eres guiado a través de las fases. Puedes obtener la Meditación de 6 fases en la página oficial de la aplicación Omvana de Mindvalley. Simplemente busca Omvana en la App Store.

Cuando haces la meditación correctamente, te ahorras horas de tiempo. Calculo que el aumento de productividad que obtengo de las 6 fases me da dos o tres horas adicionales al día. Pero supongamos que estás comenzando y puedes obtener un impulso de productividad de una hora cada día. Una rutina de meditación de 30 minutos te da tiempo y no te quita tiempo. Y esto te ahorrará 3.5 horas a la semana y te hará sentir más dichoso, más feliz y más saludable durante toda la semana.

Tiempo total ahorrado por semana: 3.5 horas

3. Rutinas optimizadas de ejercicio (entrenamiento de fuerza superlento)

Después de la meditación, hago ejercicio. La idea tradicional del ejercicio sugiere que debes ir a un gimnasio durante dos o tres horas a la semana. Esto ya no es verdad. La ciencia muestra que unos minutos al día de ejercicio de dosis mínima efectiva puede hacer maravillas para tu cuerpo y ser equivalente a horas en una caminadora.

Y el mejor tipo de ejercicio a considerar es el entrenamiento de fuerza superlento.

Entrenamiento de fuerza superlento

La fuerza tiene una alta correlación con la longevidad. Imagínate si pudieras aumentar tu fuerza en un 25%. Esto significa un 25% más de energía para moverte durante todo el día. Ahora, ¿qué pasaría si pudieras hacer esto en cuatro semanas y no gastar más de una hora por semana en entrenamiento de fuerza en el gimnasio?

Parece imposible, pero esto es exactamente lo que promete la práctica del entrenamiento de fuerza superlento. El doctor Doug McGuff lo popularizó en su libro *Body by Science*. En Mindvalley lanzamos un experimento de tres años utilizando unos 100 sujetos de prueba y descubrimos que después de un mes de entrenamiento de fuerza superlento, vimos una ganancia de fuerza de aproximadamente:

20-40% en personas no capacitadas menores de 40
50-75% en personas no capacitadas mayores de 40

También conseguí que mi padre lo intentara. Tenía 70 años cuando lo hizo. En cuatro semanas, con solo dos viajes al gimnasio por semana de no más de 30 minutos cada uno, vio un aumento del 70% en su fuerza. Así de rápido funciona el protocolo. Realmente me metí en esto cuando lo comencé a la edad de 41. Vi un aumento del 50% en mi fuerza (medido por mi capacidad para levantar un máximo de repeticiones en el gimnasio) en 30 días. Ahora soy adicto.

Para obtener información sobre esto, lee el libro de McGuff o prueba el programa 10X desarrollado por Mindvalley (puedes buscar en Google «10X Mindvalley»). Se basa en los experimentos en este proceso que realizamos en más de cien de nuestros empleados y usuarios durante tres años.

Ahora voy al gimnasio dos veces por semana durante 20 minutos cada vez. Eso es todo mi ejercicio. Pero el resultado es que estoy en mi mejor forma. Mi cuerpo nunca se había visto tan bien y soy capaz de vencer a mi yo de 25 años en las pruebas de estado físico estándar. No creas la exageración de que necesitas horas en el gimnasio para mantenerte en forma. Calculo que mi rutina me ahorra dos horas inútiles en el gimnasio cada semana.

Tiempo total ahorrado por semana: 2 horas

4. Comida, ayuno y suplementos optimizados

Después del ejercicio, es hora de recargar combustible. Desayunamos en la mañana, una tradición probada en el tiempo que se remonta a generaciones, pero ¿qué pasaría si esta tradición no fuera efectiva para el cuerpo más saludable?

Hoy sabemos que podemos optimizar nuestro rendimiento y nuestra biología modificando la forma en que desayunamos. Pero para comprender esto, primero debes comprender que el desayuno se puede comer como ritual o como combustible.

Si estás desayunando como ritual: el olor a tocino y huevos, la reunión de una familia alrededor de una mesa común después de una noche de buen sueño, entonces sigue así. Me encanta esta sensación los fines de semana.

Los días entre semana son diferentes. Como padre soltero, apresuro a los niños a la escuela y luego quiero desayunar como combustible, no como ritual. Entonces optimizo mi desayuno. Para mí, este podría ser un batido de proteínas cargado de superalimentos orgánicos, como la col rizada (*kale*) en polvo, pasto de trigo (*wheatgrass*) o espirulina.

Y una o dos veces por semana me salto el desayuno por completo para practicar el ayuno intermitente. Esta es una manera de reponer tu biología al darle a tu cuerpo un descanso de la digestión de alimentos durante un periodo de 12 a 16 horas. Entonces, si mi última comida fue a las 8:30 de la noche de la noche anterior, al omitir el desayuno al día siguiente e ir directamente a almorzar a las 12:30, le doy a mi cuerpo un ayuno de 16 horas. Esta es una forma poderosa de mantener saludable tu biología.

Tiempo total ahorrado por semana: 1 hora

5. Aprendizaje acelerado

Después del desayuno, me gusta invertir 20 minutos de tiempo actualizándome mediante el aprendizaje a través de métodos que son mucho más efectivos que solo leer un libro.

Según el pionero del aprendizaje rápido, Jim Kwik, la mayoría de las personas ha sido entrenada para leer como un niño de 6 años. «Piénsalo. La última vez que aprendiste a leer fue cuando recién comenzabas la escuela. Probablemente tenías 6 o 7 años», dice Jim.

Desde entonces, nunca nos hemos molestado en aprender a leer de una manera diferente.

Jim me enseñó a leer a toda velocidad. Las herramientas que comparte involucran ideas como metrónomos visuales y cómo suprimir la tendencia de cuando teníamos 6 años, de articular mentalmente cada palabra que encontramos. En solo unas pocas horas de aprendizaje con Jim pude aumentar mi velocidad de lectura en un 50%. La mayoría de los estudiantes de Jim ven un aumento de velocidad del 300%. En mi caso, leo 12 horas a la semana, y esto representó un ahorro de tiempo de cuatro horas para mí.

La lectura rápida no es solo una buena habilidad que tener. Hoy es esencial. Si cuentas todas las lecturas que tenemos que hacer, incluidos los correos electrónicos, mensajes de Slack (o WhatsApp), notas, informes, redes sociales, noticias y libros, según algunas estimaciones, pasamos de dos a cuatro horas al día leyendo. ¡Imagina lo que sucede cuando duplicas esta velocidad!

Las técnicas de lectura rápida tienen demasiados detallitos para enseñarlas en este capítulo, pero quiero sugerirte que estudies el programa de lectura rápida de Jim Kwik. Se llama SuperReading y yo ayudé a producirlo. Búscalo en Google como «Jim Kwik Mindvalley».

Tiempo total ahorrado por semana: 4 horas

Si haces los cálculos, todo esto suma hasta 15 horas ahorradas por semana. Eso es 60 horas por mes. Eso es 720 por año. O exactamente 30 días por año.

Con un horario optimizado como este, estás agregando un mes a cada año de tu vida. Y a medida que haces esto, estás mejor, en forma, más fuerte y más saludable. El resultado neto: te sientes y te ves genial y logras más en menos tiempo.

Estos fueron algunos de los sistemas personales que puedes incorporar para acoger el crecimiento como un objetivo o el concepto de la autorrealización. Ahora veamos cómo puedes diseñar un lugar de trabajo para crear un entorno total para la transformación.

Para quienes quieran profundizar, hice un video que muestra cómo reúno todas estas ideas en mi mañana. Puedes obtenerlo en: mindvalley.com/badass.

Cómo establecer un ambiente transformador para un equipo

Una de las condiciones para el crecimiento es un ambiente saludable. Aquí hay cuatro estructuras que cualquiera puede iniciar para llevar el crecimiento al lugar de trabajo. Puedes hacerlo para tu equipo, tu empresa o tu oficina en casa.

1. Dar autonomía por la mañana

Cuando entrevisté a Daniel Pink para este libro, compartió conmigo una idea interesante sobre el tema de la motivación (puedes escuchar la entrevista original en el *Mindvalley podcast*). Daniel dijo que la gente necesita libertad. Pero esto no necesariamente significa libertad en el trabajo. Puede significar estar libre del trabajo durante la mañana.

La mañana es el tiempo en que la prioridad debemos ser nosotros. Para mí, la mañana es cuando medito, como sano, hago ejercicio y leo. Permite que las personas tengan la soberanía que necesitan para ser dueños de sus mañanas. La forma más sencilla de hacer esto es dejar que gobiernen su tiempo. Deja que vengan a trabajar cuando quieran y que se vayan cuando quieran. Mientras asistan a sus reuniones y hagan un gran trabajo en sus proyectos, ¿importa cuándo trabajan?

En Mindvalley, nuestra primera reunión del día es a las 11:30 del día, porque la mañana es tiempo personal. Nadie tiene que correr a la oficina. Pueden despertarse y hacer ejercicio si lo desean. O interactuar con la familia. O hacer una meditación matutina. Tal vez lean un capítulo de un libro con su café. Los rituales matutinos marcan la pauta para un gran día.

Y si quieren dormir más, este horario les da la oportunidad de hacerlo también. Pink lo llama *autonomía de la mañana* y su investigación sugiere que conduce a una mayor participación y lealtad de los empleados que el modelo tradicional de exigir a las personas que aparezcan a las nueve o 10.

2. Respetar el sueño

Muchas empresas roban a sus empleados valioso tiempo para dormir. Dormir es esencial para el bienestar y el alto rendimiento. La autonomía de la mañana ayuda a que las personas puedan dormir y descansar lo que necesitan. Pero puedes ir más allá: prohíbe la idea de que la gente trabaje toda la noche con frecuencia; eso destruye a la persona.

Si no duermes lo suficiente, verás que la inmunidad se reduce hasta en un 500%. Eso significa más días de enfermedad. También notarás que aumenta la ansiedad y el estrés, y eso es malo, en cualquier caso, sin mencionar que la cognición cae de golpe. Recuerda: 90 minutos menos de sueño del que necesitas equivale a una disminución de un tercio en la cognición, según Tom Rath. Así que deja que tu gente duerma.

Como bono adicional, le damos tiempo a las personas para tomar una siesta en el trabajo. En nuestro nuevo espacio de oficinas, tenemos módulos de dormir integrados, donde las personas pueden acostarse cuando lo necesitan. Pueden usar el tiempo para dormir, leer o meditar.

Una siesta de solo 20 minutos —llamada *siesta de poder* (*power nap*)— puede hacer maravillas para aumentar la productividad durante las siguientes tres o cuatro horas del día.

3. Meditación y *mindfulness* (atención plena)

Este tipo de prácticas deben adoptarse en el lugar de trabajo. La meditación, por ejemplo, es una herramienta poderosa. Existe un amplio soporte científico que demuestra que meditar diariamente, incluso por cortos periodos, hace que las personas tomen mejores decisiones. Son más creativos y se comunican con mayor eficiencia. Ahora hay 15 000 estudios que demuestran que la meditación es benéfica para la salud, el bienestar y la mejora del funcionamiento humano.

Pero recuerda respetar los límites de las personas. Nada debe imponerse, sino que debe haber oportunidades para que las personas aprendan nuevas técnicas de bienestar personal. Puede sorprenderte lo importante que es este componente para la innovación.

4. Establecer un presupuesto de educación transformacional

¿Tiene tu empresa un presupuesto para permitir que los empleados tengan acceso a capacitación sobre salud, bienestar y crecimiento personal? Si no, establece uno. Sería una de las mejores herramientas de productividad que podrías aportar.

Al momento de escribir esto, miles de empresas utilizan la plataforma Quest de Mindvalley para mejorar el bienestar de sus empleados. Por una tarifa baja, las personas dentro de la compañía tienen acceso a programas de 30 días que toman de cinco a 20 minutos al día y les permiten dominar todos los aspectos del funcionamiento sobrehumano, desde la lectura rápida hasta el sueño. Imagina poder dominar el entrenamiento de fuerza superlento en enero. Y luego, en febrero, triplicar tu velocidad de lectura. En marzo, aprender a ser un mejor padre para tus hijos. En abril, aprender a ser un orador magistral. Eso es lo que ofrece la plataforma Quest.

Se vuelve adictivo, porque una vez que tienes el hábito de subir de nivel durante 20 minutos al día, comienzas a amar tanto al nuevo tú que emerge, que simplemente no podrás detenerte. Es la transformación al máximo.

Cuando llevas estas prácticas a tu vida y a tu equipo, has logrado crear un lugar de trabajo verdaderamente transformador. Un lugar donde la gente en realidad puede prosperar y convertirse en su mejor yo.

Y ahora llegamos al siguiente paso en la pirámide de Maslow: la autotrascendencia. A medida que nos convertimos en nuestro mejor ser, la siguiente etapa de la evolución es reconocer el deseo que comenzará a surgir dentro de ti para retribuirle al mundo. Esta es la esencia de la autotrascendencia y lo que aprenderás en el próximo capítulo.

Resumen del capítulo

Modelos de realidad

La transformación es un cambio permanente en la forma en que alguien ve el mundo. Es diferente del aprendizaje. Hay dos tipos de transformación. Michael Beckwith los llama *kensho* y *satori*. Puede crecer a través del dolor (*kensho*) o de la reflexión continua (*satori*).

Para alejarte del dolor y acelerar el crecimiento a través de la reflexión continua, haz del crecimiento personal una forma de vida.

Concéntrate en tu tasa de autoevolución. Siempre considera lo que debes hacer a continuación en todas las áreas de la vida para expandirte a una mejor versión de ti mismo. Cuando haces esto, de forma natural puedes ser una guía positiva para los demás. Todas las personas son líderes y tienen la capacidad de dar forma a otros líderes. El crecimiento tiene un efecto de expansión. Así que acepta la transformación y «crece tan rápido que tus amigos que no te hayan visto en un mes tengan que volver a conocerte».

Sistemas de vida

Ejercicio 1: Cómo establecer una rutina de transformación personal

Consulta la sección anterior sobre cómo establecer una rutina de transformación personal para usarla como guía para crear tu propia rutina diaria. Considera prácticas para:

1. Optimización del sueño
2. La rutina de meditación de 6 fases
3. Rutinas optimizadas de ejercicio (entrenamiento de fuerza superlento)
4. Comida, ayuno y suplementos optimizados
5. Aprendizaje acelerado

Ejercicio 2: Cómo establecer un ambiente transformador para un equipo

Consulta la sección anterior sobre «Cómo establecer un ambiente de equipo», para que te sirva como guía para incorporar nuevas estructuras de crecimiento en tu equipo. Considera prácticas para:

1. Autonomía matutina
2. Dormir
3. Meditación y atención plena
4. Un presupuesto de educación transformacional

Capítulo 6

ELIGE TU MISIÓN CON SABIDURÍA

> El poder sin amor es imprudente y abusivo, y el amor sin poder es sentimental y anémico. El mejor poder es el amor que implementa las exigencias de la justicia, y la mejor justicia es el poder que corrige todo lo que se opone al amor.
>
> MARTIN LUTHER KING JR., *The Autobiography of Martin Luther King, Jr.*

A medida que te realizas, obtienes una ventaja en la vida. El siguiente paso es usar esta ventaja para elevar a otros y mejorar el mundo; esto es la autotrascendencia. Cuando vivas desde ese plano, alcanzarás un nivel de satisfacción más allá de lo que puedas imaginar. El objetivo ya no es simplemente refinarte o sentarte en una introspección interminable, sino usar tus habilidades recién descubiertas para mejorar el mundo para los demás, varias generaciones hacia delante.

Era más de medianoche y estaba sentado en un banquete, en una mesa formal, con los pies en las blancas arenas azucaradas de Turtle Beach en la isla Necker. Alrededor de la mesa había empresarios de todo el mundo que asistían a un *mastermind* con Richard Branson como anfitrión. Branson tiene una habilidad increíble para lograr que los profesionales de negocios conservadores abandonen sus trajes para ponerse disfraces y que estén de fiesta hasta el amanecer. Esa noche fuimos los piratas de la isla Necker. Él tenía un parche en el ojo, un gancho en una mano, y lucía unas chanclas en el clásico estilo de Branson. El resto de nosotros estábamos vestidos de manera similar.

Cuando la fiesta comenzó a calmarse, me encontré sentado junto a Branson y decidí hacerle una pregunta importante, una que había estado dando vueltas en mi cabeza desde que recibí mi invitación.

«Richard, tengo curiosidad. Virgin Group tiene unas 300 empresas y unos 300 socios. Empleas a unas 50 000 personas. Y has creado esta vida increíble. Si pudieras resumir tu éxito en un párrafo, ¿cuál dirías que es el secreto?».

Branson hizo una pausa para reflexionar un momento. Inclinó la cabeza, miró hacia el mar, luego se volvió hacia mí y dijo esto:

*Se trata de encontrar y contratar personas
más inteligentes que tú, conseguir que se unan a tu negocio
y darles un buen trabajo, luego apartarse del camino
y confiar en ellos. Tienes que quitarte del camino
para poder concentrarte en una visión más amplia.*

Pero hubo un último consejo que me dio esa noche:

*Eso es importante, pero esto es lo principal:
Debes hacerles ver su trabajo como una misión.*

El poder de una misión

Aprendí otra poderosa lección sobre visionarios un día en Los Ángeles en 2015. Me invitaron a visitar SpaceX con un grupo de miembros de la junta de la Fundación XPRIZE, una organización sin fines de lucro de desarrollo tecnológico que financia innovaciones que benefician a la humanidad. Como miembro de ese grupo de creadores de cambios globales, se me otorgó acceso detrás de escena a muchos de los principales laboratorios de innovación tecnológica del mundo. Cuando entré en el enorme edificio industrial que albergaba los cohetes de Elon Musk, me sorprendió la grandiosidad con la que piensan los chingones como Elon.

En aquel entonces, sus compañías SpaceX y Tesla eran las dos compañías calificadas como las más deseables para trabajar entre los ingenieros de Silicon Valley. Sus misiones están literalmente fuera de este mundo, pero también bastante posibles de ejecutar y lograr. Ambas compañías tienen misiones tan grandiosas que planean salvar a la raza humana. SpaceX existe para llevar a la raza humana a Marte y crear una copia de seguridad. Del mismo modo, la visión de Tesla es ayudarnos a avanzar hacia una nueva sociedad de mercado justa donde usemos energía alternativa en lugar de combustibles fósiles.

Pero considera esto: SpaceX no es más que una compañía de camiones verticales. Algunas compañías mueven bienes horizontalmente, mientras que SpaceX mueve bienes verticalmente. Transporta satélites al espacio. En esencia no es exactamente un trabajo sexy, pero no es así como lo describe Elon.

Ese día, en una sala de juntas en SpaceX, Elon mostró una imagen gigante de Marte en una pantalla. Nos contó sobre la colonización del planeta rojo. Su propósito transformador era claro como el cristal. Existe una probabilidad entre 40 000 de que un asteroide golpee la Tierra durante nuestra vida y nos elimine como especie. Piénsalo. Podríamos ser los próximos dinosaurios. Y así, al igual que harías una copia de seguridad de un disco duro en una computadora diferente en caso de que tu computadora se destruyera, necesitamos hacer una copia de seguridad de la raza humana. Uno de nosotros le preguntó: «¿En cuánto tiempo se podrá ir para allá?».

«Calculo unos 10 años más o menos», respondió. «Pero soy conocido por ser demasiado optimista con los plazos», agregó con una sonrisa.

Elon no habla al vacío sobre el envío de cargas al espacio. Él habla de su compañía a 10 años en el futuro. Y habla como si estuviera sucediendo *ahora*.

Él crea una visión tan inspiradora que no puedes evitar dejarte llevar por ella. Su propósito y su *porqué* son tan claros que las personas acuden a él. Incluso si el punto final de la visión todavía está a una década o más de distancia.

Las personas que se unen a SpaceX y Tesla no esperan que Elon sepa cómo resolver los problemas a los que se enfrentan las empresas o cuál podría ser el plazo. Recuerda que cuando tienes una gran misión, no tienes que saber el *cómo*; comienzas con el *porqué* y el *qué*. Reúnes a las tropas. El punto es entonces descubrir el *cómo* juntos. Una misión convincente es increíblemente poderosa para atraer a esas tropas.

Tanto Elon Musk como Richard Branson saben cómo atraer talento a través del poder de una misión convincente. También saben cómo mantener a sus equipos comprometidos dándoles un trabajo inspirador.

Los seres humanos son criaturas impulsadas por objetivos. Estamos programados para buscar la próxima comida o para ver las frutas en el árbol. Y en una época en la que obtenemos nuestra carne y frutas en la tienda de comestibles de la esquina, nos aburrimos si no usamos este componente de nuestros cerebros orientado a objetivos.

Algunos recurren a los videojuegos u otros pasatiempos para cumplir con este impulso, muchos de los cuales usan tácticas de logro de objetivos llamadas *gamificación*[17] para mantenerte enganchado. Pero la mayoría de las personas recurren a su trabajo, se sienten atraídos por las empresas que les permiten trabajar en proyectos tan audaces e inspiradores que le dan sentido a su vida.

---

[17] *Gamification* es un término acuñado a partir de la palabra *game*, que significa «jugar». La idea es que en los juegos siempre hay un objetivo por alcanzar y es divertido hacerlo. Gamificar los empleos significa trabajar para alcanzar un objetivo de forma divertida. Una aproximación en español podría ser *jueguificar*. [N. de la t.].

En 2013, Gallup publicó una encuesta sobre hombres que se negaron a retirarse a los 65 años y continuaron trabajando hasta los 80. Sus hallazgos muestran que el 86% de estos hombres siguió trabajando porque encontraba divertido su trabajo, mientras que el 93% dijo que siguió trabajando porque encontraba que su trabajo era significativo.

Cuando el trabajo se alinea con el legado que una persona quiere dejar en el mundo, su misión los impulsa. Esto es lo que significa trabajar desde un lugar de autotrascendencia.

Maslow teorizó que la autotrascendencia es el nivel más alto de la vida. Vivir desde este plano se logra cuando una persona se enfoca más allá de sí misma. Un individuo autotrascendente ve al mundo como su responsabilidad. Trabaja desde un lugar de altruismo, despertar espiritual, liberación del egocentrismo y la unidad del ser. Es el mejor tipo de ser humano, en mi opinión, porque hace que el mundo sea mejor para todos nosotros.

Aquí es donde su chingón se encuentra con su buda. Moldean, dan forma y empujan al mundo hacia adelante porque su amor por la raza humana los impulsa a convertirnos en una especie mejor.

La contribución es la esencia de la autotrascendencia

La contribución es el *modus operandi* de la autotrascendencia. Piensa en un momento en el que ayudaste a otra persona sin esperar nada a cambio. ¿Qué experimentaste? ¿Cómo te sentiste? ¿Qué obtuviste de tu acto de servicio? Eso es operar desde la autotrascendencia. Lo increíble de la contribución sin condiciones es que también es un punto de acceso a muchas otras necesidades humanas: es común que, cuando una persona hace que la contribución sea su enfoque principal, entonces también se haga cargo de sus necesidades de crecimiento, amor y pertenencia (o conexión) e importancia. Es la superestructura de la realización de plenitud.

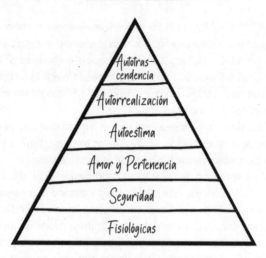

Tu vida no se trata de ti...

En 2017, en la Universidad Mindvalley de Barcelona, estaba sentado en la audiencia mirando a un profesor particularmente fascinante. Era Neale Donald Walsch, autor de la mundialmente famosa serie de libros *Conversaciones con Dios*, de la que se han vendido cerca de 15 millones de ejemplares y contando.

Los libros de Neale han transformado muchas vidas, incluida la mía. Tomé su primer libro de *Conversaciones con Dios* en 1998 cuando estaba en la universidad. Cada página de ese libro me tranquilizó. Él escribe sobre la verdadera naturaleza de todos los humanos y nuestra herencia divina.

En cierto momento durante una sesión de preguntas y respuestas, una mujer de unos 40 años se puso de pie y dijo: «Neale, me levanto todos los días sintiendo estrés, ansiedad y depresión. ¿Qué me recomiendas que haga?».

Neale sonrió, la miró a los ojos y dijo:

*Recuerda esto cuando te despiertes
todos los días: Tu vida no se trata de ti. Más bien,
se trata de la vida de cada persona que tocas.*

Neale continuó: «Haz un esfuerzo para recordarte esto. Cuando realmente entiendes esto, cuando realmente cambias y haces que tu vida se enfoque en los demás, nunca más te despertarás deprimida, estresada o temerosa. Cuando entras en un lugar con la intención de sanarlo, cuando te despiertas con el deseo de servir al mundo, tus problemas y la negatividad que sientes desaparecen».

Esta idea me conmovió tanto que la convertí en una forma de vida. Se convirtió en un código que uso para conducir mi vida y guía cómo operamos en Mindvalley.

Esto requiere práctica. Pero cambiar el enfoque *lejos* de los problemas personales y hacia los demás, es una forma de ver al mundo de inmediato a través de una lente más grande. Vivir de esta manera jala a un individuo hacia adelante de una manera motivadora, emocionante y alegre.

Cuando una empresa hace esto al unísono, con su equipo reunido en torno a un problema particular para resolver el mundo, se crea una poderosa banda de superhéroes. (Como aprenderás a continuación, hay dos herramientas para hacer esto: el Propósito de Transformación Masiva y Tomar una postura).

Al final de este capítulo, exploraremos estas tácticas que cualquiera puede aplicar para hacer que su trabajo aproveche el poder de la autotrascendencia. Cuando cambias el enfoque de tu vida hacia las demás personas, cambia completamente el contexto de cada acción que realizas.

Pero primero, demos un paso atrás y aclaremos por qué necesitamos trascender. Pensar en grande es lo que el mundo necesita hoy más que nada. La humanidad ha cambiado irreversiblemente; estamos más conectados que nunca. Y según el escritor y filósofo Tim Urban, en realidad nos hemos convertido en un nuevo tipo de especie: el Coloso humano.

Conoce
al Coloso humano

Tim Urban, quien escribe el blog *Wait But Why*, es un personaje fascinante. No escribe publicaciones convencionales en el blog. En cambio, son hasta de 60 000 palabras. Eso es el 80% de la longitud de este libro. Esto le consigue algunos admiradores muy especiales.

Elon Musk se acercó a Urban en 2017 para escribir un artículo que explicara el trabajo de su última empresa de megaconcepto, llamada Neuralink. Necesitaba la capacidad de explicar de Urban, porque lo que la compañía pretende hacer es una conexión transparente de cerebro a computadora.

Para explicar Neuralink, Urban escribió una publicación llamada «Neuralink and the Brain's Magical Future» (lee la publicación completa aquí: https://waitbutwhy.com/2017/04/neuralink.html), que lleva a los lectores a retroceder 3.5 millones de años y funciona a través de una línea de tiempo de la evolución del hombre.

Él juguetonamente expresa cómo la tecnología que hemos construido nos ha permitido cultivar nuestra especie de formas que antes eran imposibles. En esta publicación de 60 000 palabras, Tim sugiere un experimento mental sencillo:

Imagina que un explorador alienígena está visitando una nueva estrella y encuentra tres planetas rodeándola, todos con vida. El primero es idéntico al de la Tierra hace 10 millones de años a. C. El segundo resulta ser idéntico a la Tierra hace 50 000 a. C. Y el tercero resulta ser idéntico a la Tierra en 2017 d. C.

El alienígena no es experto en biología primitiva, pero da vueltas alrededor de los tres planetas, mirando a cada uno con su telescopio. En el primero ve mucha agua, árboles, montañas y algunas pequeñas señales de vida animal. Distingue una manada de elefantes en una llanura africana, un grupo de delfines saltando por la superficie del océano y algunas otras criaturas dispersas que viven sus sencillas vidas.

Se mueve hacia el segundo planeta y mira a su alrededor. Más bichos, no muy diferentes. Se da cuenta de una cosa nueva: pequeños puntos ocasionales de luz parpadeante que salpican la tierra.

Aburrido, se traslada al tercer planeta. ¡Vaya! Ve aviones arrastrándose por encima de la tierra, grandes extensiones de tierra gris con edificios imponentes en ellos, barcos de todo tipo esparcidos por los mares, largos ferrocarriles que se extienden a través de los continentes, y tiene que sacudir su nave espacial fuera del camino cuando un satélite le pasa rozando.

Cuando se dirige a casa, informa sobre lo que encontró: «Dos planetas con vida primitiva y un planeta con vida inteligente».

Puedes entender por qué esa sería su conclusión, pero estaría equivocado.

De hecho, el planeta que está fuera de lugar es el primero. Tanto el segundo como el tercer planeta tienen vida inteligente, tan igualmente inteligente que podrías secuestrar a un bebé recién nacido del Planeta 2 e intercambiarlo con un recién nacido en el Planeta 3 y ambos crecerían como personas normales en el planeta del otro, porque encajarían perfectamente. Es la misma gente.

Y, sin embargo, ¿cómo podría ser eso?

El Coloso humano. Así.

Urban dice que ahora estamos en una era del Coloso humano. Así es como lo explica.

¿Alguna vez te has preguntado por qué a menudo no te impresionan los seres humanos y, sin embargo, sí te impresionan los logros de la humanidad? Mientras más nos pudimos comunicar a gran escala, más comenzó nuestra especie a funcionar como un solo organismo, con la torre de conocimiento colectivo de la humanidad como su cerebro y cada cerebro humano individual como un nervio o una fibra muscular en su cuerpo. Inmersos en la era de la comunicación de masas, el organismo humano colectivo, el Coloso humano, surgió.

Internet es como nuestro sistema nervioso colectivo. Ha mejorado nuestra capacidad para compartir ideas, y eso nos ha convertido colectivamente en una especie más inteligente. La colaboración se ha vuelto más fácil la humanidad está más conectada y esto ha facilitado la invención de sistemas y tecnologías superiores que continúan avanzando en nuestra especie. Los sistemas construidos por nosotros han facilitado la resolución de problemas globales importantes. Las personas pueden unirse más fácilmente, combinar la capacidad intelectual, compartir ideas y alcanzar nuevas alturas innovadoras.

Una vez escuché a Peter Diamandis decir: «La persona promedio con un teléfono inteligente hoy tiene acceso a más información sobre el mundo que el presidente de Estados Unidos en 1994».

Estamos operando cada vez más como un cuerpo unificado. Ya no estamos en la era del individuo, sino de la humanidad, y cada uno de nosotros es simplemente una célula en ese cuerpo colectivo. Todo lo que generas, cada vez que publicas en las redes sociales o votas, cada acción que tomas impacta a las otras células. Estamos más profundamente conectados entre nosotros que nunca. Somos parte de una entidad y cuerpo unificados: el Coloso humano.

Las implicaciones de esto son negativas y positivas. Por ejemplo, el tuit reaccionario de un presidente puede extenderse en segundos y hacer que el mundo piense negativamente sobre un país entero. Por otro lado, lo increíble es nuestra capacidad para resolver problemas colectivamente, como el trabajo de la columnista de *The New York Times*, la doctora Lisa Sanders, que busca enfermedades raras para encontrar curas en el programa *Diagnosis*.

Así que aquí está la gran pregunta: si todos somos células, ¿eres una célula sana o una célula cancerosa? ¿Tu trabajo impacta positivamente en la humanidad? Y para los líderes empresariales: ¿la misión de tu empresa es hacer una contribución celular saludable al Coloso humano? ¿O tu trabajo y tus acciones están enfermando al Coloso como una célula cancerosa? Lo curioso es que las células cancerosas no saben que lo son; piensan que son células regulares, que crecen y se reproducen. En la mente de la célula cancerosa, solo está haciendo su trabajo celular.

¿Es la misma analogía verdadera para los seres humanos? Si eres un soldado que recibe órdenes de un dictador para bombardear una ciudad como Homs en Siria y crear millones de refugiados, ¿podrías ser una célula cancerosa? No digo que el soldado sea malvado, pero él puede estar operando bajo los principios equivocados. La analogía del soldado es fácil, pero a continuación mencionaré una más difícil.

¿Qué sucede si eres ejecutivo de una de las grandes empresas de tabaco o de vapear y tu misión es hacer que más personas se vuelvan adictas a tu producto? Más difícil aún: ¿qué pasa si eres ejecutivo en una gran compañía de refrescos que vende jarabe de maíz con alto contenido de fructosa como la felicidad en una lata? ¿Eres entonces una célula sana o una cancerosa?

Y aquí es donde el fenómeno se vuelve más extraño. Los seres humanos, cuando operan como células cancerosas, eligen no verse a sí mismos como tal; se ven a sí mismos haciendo lo correcto y necesario. Pero como muestran los famosos experimentos en las prisiones de Stanley Milgram,[18] a menudo no hacemos lo correcto. Seguimos órdenes, jerarquías, patrones y reglas, a menudo por encima del corazón, la misión y los valores. Hacemos esto por cumplimiento y nuestra necesidad humana de encajar en una tribu o comunidad.

Pero cualquiera tiene el poder de superar este cumplimiento. Incluso pequeñas acciones pueden hacer una gran

---

[18] «Monté un simple experimento en la Universidad de Yale para probar cuánto dolor infligiría un ciudadano corriente a otra persona simplemente porque se lo pedían para un experimento científico. La férrea autoridad se impuso a los fuertes imperativos morales de los sujetos (participantes) de lastimar a otros y, con los gritos de las víctimas sonando en los oídos de los sujetos (participantes), la autoridad subyugaba con mayor frecuencia. La extrema buena voluntad de los adultos de aceptar casi cualquier requerimiento ordenado por la autoridad constituye el principal descubrimiento del estudio». Stanley Milgram. *The Perils of Obedience (Los peligros de la obediencia)*, 1974. [N. de la t. Recuperado el 27 de abril de 2020, de: https://es.wikipedia.org/wiki/Experimento_de_Milgram].

diferencia: a veces es simplemente el acto de decir no o alejarse de una situación.

Las personas que conducen su vida tratando de dejar un impacto positivo en el mundo con lo que hacen tienen una medida de integridad más alta. Como mi amigo Tom Chi. Siempre me ha inspirado su compromiso de utilizar los negocios como un vehículo para el bien en el mundo.

Tom es inventor, autor, orador y cofundador de X Development, a veces llamado Google X, el laboratorio semisecreto de *skunkworks*[19] de Google (ahora una subsidiaria de la empresa matriz de Google, Alphabet).

Hace unos años, Tom dirigió un *think tank* (grupo de expertos) en una empresa de Silicon Valley en la que yo era inversionista. Grandes compañías lo contrataban a él y a su equipo para ayudarles a resolver sus problemas tácticos. En un momento, un importante fabricante de bebidas se acercó a Tom para resolver un obstáculo de marketing. Los adolescentes no estaban comprando su producto en la medida que él quería.

Según cuenta la historia, Tom miró a los ejecutivos sentados frente a él y dijo: «Entienden que su producto tiene una alta correlación con la obesidad y la diabetes, ¿verdad?»

Los ejecutivos de la compañía defendieron su producto y trataron de dirigir la conversación en una dirección diferente, pero Tom, como científico, sabía que esto era una tontería. Él compartió conmigo:

«Tenían muchas capas de negación, diciendo que hay cientos de causas de diabetes y que su producto es solo parte de un conjunto equilibrado de elecciones que cualquiera puede tomar en cuanto a los alimentos».

[19] *Skunkworks*, literalmente «trabajos zorrillo», es un término usado en ingeniería y campos técnicos para describir a un grupo dentro de una organización al cual se le da un alto grado de autonomía, para que no esté afectado por la burocracia y se encargue de completar trabajos en proyectos avanzados o secretos. [N. de la t. Recuperado el 27 de abril de 2020, de: https://es.wikipedia.org/wiki/Skunk_Works].

La compañía, dijo Tom, afirmó que realmente eran adeptos a valores progresistas. Fueron una de las primeras compañías, por ejemplo, en mostrar parejas de raza mixta en sus anuncios.

Tom me explicó: «Es un ejemplo clásico de engañarte a ti mismo, que la bondad en un área te dé un pase gratis en otras. Lo cierto es que necesitamos permanecer despiertos y seguir aprendiendo en todas las áreas que podamos».

Al final, Tom rechazó la oferta. Se alejó de un acuerdo de un cuarto de millón de dólares. Estaba en conflicto con sus valores. Tom es un líder muy centrado en el mundo, le preocupa mucho la raza humana y que el trabajo que realice contribuya a generar cambios positivos.

Personalmente, lo que encontré interesante sobre la situación fue que Tom observara que muchas personas en esa compañía parecían estar engañándose a sí mismas, que había muchas capas de negación en contra de los datos empíricos, como los efectos adversos del azúcar en la biología humana y la correlación entre el consumo de refrescos y las tasas de obesidad.

Sin embargo, también podemos sentir empatía con esos ejecutivos que presionan para vender su bebida a los adolescentes. No son personas malvadas. Como Tom compartió conmigo: «También sentí empatía por ellos, porque sacudir su realidad significaría dejar una corporación en la que disfrutan trabajar, con compañeros de trabajo que les agradaban, la carrera en la que invirtieron, y la estabilidad financiera que los ha ayudado a sostener a su familia. Esto los llevó a acumular innumerables capas de negación y desinformación para protegerse [a sí mismos]».

Sí, el producto de la compañía era uno de los principales contribuyentes a la epidemia de obesidad en el mundo. Si bien el producto se podría consumir en un tiempo y un lugar con moderación, algunos lo considerarían completamente inútil. Al igual que los cigarrillos. ¿Sabías que alguna vez fueron comercializados para mujeres embarazadas? Por supuesto, esto fue mucho antes de que se conocieran los efectos adversos para la salud. Pero imagina escuchar que frecuentes pausas para fumar pueden ser útiles para calmar los nervios del embarazo.

Por lo tanto, es responsabilidad de todos nosotros cuestionar nuestras acciones. Tomar una postura por el bien mayor. Esto comienza al hacer esta pregunta antes de tomar cualquier acción: ¿el papel que estoy desempeñando en este mundo está impulsando a la humanidad hacia adelante o haciéndonos retroceder?

Y para hacer esto, tenemos que analizar detenidamente el producto o servicio que estamos ofreciendo y hacer las preguntas difíciles, porque hay dos tipos de negocios en los que puedes dirigir o trabajar: Humanidad menos o Humanidad plus. (También puede aplicar estas preguntas a tu vida en general).

La naturaleza de buda no puede dañar la vida. Cuando realmente aceptas este aspecto de ti mismo, debes comenzar a examinar los productos o servicios que tu trabajo está creando y preguntarte si realmente estás beneficiando a la humanidad.

> *¿Conoces la diferencia entre una persona*
> *de negocios y un verdadero emprendedor?*
> *Las personas de negocios lo hacen por los billetes,*
> *pero los verdaderos emprendedores*
> *lo hacen para impulsar la raza humana.*

¿Eres Humanidad plus o Humanidad menos?

Esta es la pregunta que debemos hacernos sobre nuestros trabajos y las empresas a las que servimos: ¿mi producto o servicio es Humanidad plus o Humanidad menos?

Las compañías Humanidad menos son negocios que existen únicamente con fines de lucro, sin agregar valor al mundo.

Venden productos nocivos como la comida chatarra o prácticas insostenibles como el uso de los combustibles fósiles. Muchas empresas de Humanidad menos se basan en la demanda artificial, es decir, venden productos que realmente no necesitamos e incluso podrían ser potencialmente dañinos, pero se comercializan como necesidades para el bienestar o la felicidad.

Un ejemplo podría ser la reciente controversia sobre las empresas de vapeo. Si bien es genial ver a la gente deshacerse de los cigarrillos, el vapeador se ha convertido en el reemplazo. Muchos productos para vapear contienen sustancias cancerígenas, productos químicos tóxicos y nanopartículas metálicas tóxicas. Se ha creado un peligro completamente nuevo, ya que estas empresas se han centrado en el mercado adolescente.

Las compañías Humanidad plus, en cambio, impulsan a la raza humana hacia adelante. Estas son las empresas que se centran en fuentes de energía limpias y renovables, o productos que promueven una alimentación y una vida saludables. Trabajan en nuevas formas de elevar y mejorar la vida en nuestro planeta. Idealmente, son las empresas para las que deberíamos estar trabajando, apoyando y creando. Sus productos hacen que el Coloso humano sea más saludable, no más enfermo. Estas son las compañías que atraen a los budas del mundo. Para el buda, la naturaleza no participará en acciones que puedan dañar a la humanidad.

Ahora, cualquiera puede trabajar para una compañía en una industria tradicional como aerolíneas, seguros, electricidad y más, y esa compañía aún puede tener una misión poderosa que te inspire a ti y a otros. Piensa en Southwest Airlines, por ejemplo: está en una industria tradicional, pero están contribuyendo al mundo innovando radicalmente el servicio al cliente y las experiencias de los clientes cuando vuelan. Volar contribuye al calentamiento global, pero también es una necesidad hasta que inventemos aviones propulsados por energía alternativa.

No amontonaría a todas las empresas que contribuyen al calentamiento global en la clasificación de Humanidad menos. El momento preciso lo es todo. La tecnología para reemplazar todas nuestras necesidades de combustibles fósiles aún no está aquí. Pero ciertamente sugeriría que las compañías y marcas que utilizan el marketing falso para impulsar productos que no necesitamos van por ese camino.

Sea cual sea tu misión, ya sea comenzar tu propio negocio, unirte a un negocio, buscar una causa fuera del trabajo, dejar que tu luz creativa brille en el mundo o dedicarte a criar hijos increíbles, en realidad solo hay una cosa que necesitas recordar:

> *No tienes que salvar al mundo. Simplemente no lo estropees para la próxima generación.*

Si tu empresa se clasificaría como Humanidad menos y tú eres un talento increíble, espero que veas que la contribución que estás haciendo no refleja tus valores. Múdate a una compañía donde tus dones puedan servir mejor al Coloso humano colectivo. Haz una diferencia para todos nosotros. Depende de cada uno de nosotros usar nuestros talentos para el bien. ¿Es hora de subir tu juego de nivel? Piénsalo: ¿deberían las mentes más brillantes del mundo estar pensando en nuevas formas de hacer que compres y consumas el próximo refresco o vapeador? ¿O deberían estar resolviendo los problemas reales que enfrenta la humanidad?

Un juego de herramientas para orientarte hacia una misión

Herramienta #1: El Propósito de Transformación Masiva (PTM)

Para realmente aportar un sentido de significado a nuestra vida y a la vida de todas las personas a las que tocamos, debemos obsesionarnos con las metas o problemas que van *más allá del ser*.

Estamos operando como si fuéramos células en un ser unificado. Dependemos unos de otros más de lo que sabemos. Todo lo que haces, incluso el acto más pequeño, tiene un efecto dominó. Recordemos las palabras de Neale Donald Walsch: *«Tu vida no se trata de ti. Más bien, se trata de la vida de cada persona a la que tocas»*.

Las empresas que poseen un Propósito de Transformación Masiva (PTM) para mejorar el mundo tienen una ventaja. Atraen a las mejores mentes, los solucionadores de problemas más apasionados e inspiran a su gente a trabajar hacia una causa superior. Y la ciencia muestra que los trabajadores con propósito se desempeñan a su máximo potencial.

Cuando alineas a tu empresa bajo una misión mayor, estás llevando a las personas de niveles de motivación más bajos a más altos. Le das a la gente problemas más importantes de qué preocuparse. No el chico o la chica que no les respondió un mensaje de texto, el bultito flácido alrededor de su vientre o que ya no hay boletos para su concierto favorito. Los chingones no se preocupan por estos pequeños problemas. Le estás dando a la gente problemas más grandes en los cuales emplear su mente.

> *El problema con la mayoría de la gente es que sus problemas no son lo suficientemente grandes.*

Haz que la gente se preocupe por salvar el mundo y cambiar el curso de la humanidad. Haz que tu gente se obsesione con problemas reales: la destrucción del medio ambiente, el auge del nacionalismo, la crisis de salud y obesidad, el hecho de que millones de personas carecen de satisfactores básicos como el agua o una educación decente. O incluso simplemente mejorar la vida de las personas a través de un buen diseño, excelentes productos y servicios útiles.

Hay una historia famosa que muestra cómo Steve Jobs utilizó esta táctica para motivar a los ingenieros de Apple a acelerar el tiempo en que arrancaba uno de los primeros modelos de Mac. En su artículo «Saving Lives», publicado en 1983, Andy Hertzfeld, uno de los informáticos del equipo de desarrollo original durante la década de 1980, escribe:

Una de las cosas que más molestó a Steve Jobs fue el tiempo que tardó en arrancar cuando se encendió la Mac por primera vez. Podría tomar un par de minutos, o quizá más, iniciar el sistema operativo y cargar el Finder. Una tarde, Steve ideó una forma original de motivarnos para hacerlo más rápido.

Larry Kenyon era el ingeniero que trabajaba en el controlador de disco y el sistema de archivos. Steve entró en su cubículo y comenzó a exhortarlo. «La Macintosh arranca muy lentamente. ¡Tienes que hacerla más rápida!».

Larry comenzó a explicar algunas de las cosas donde creía que se podrían hacer mejoras, pero a Steve no le interesó. Él continuó:

«Sabes, he estado pensando en eso. ¿Cuántas personas usarán Macintosh? ¿Un millón? No, más que eso. En unos años, apuesto a que cinco millones de personas iniciarán sus Macintosh al menos una vez al día.

»Bueno, digamos que puedes reducir 10 segundos del tiempo de arranque. Multiplica eso por cinco millones de usuarios y eso es 50 millones de segundos, todos los días. Más de un año, eso es probablemente docenas de vidas. Entonces, si haces que arranque 10 segundos más rápido, has salvado una docena de vidas. Eso realmente vale la pena, ¿no te parece?».

Sus ingenieros lo lograron, y en mucho menos tiempo del que anticiparon inicialmente.

Cuando Jobs amplió la misión, motivó con éxito a su equipo a reducir en más de 10 segundos el tiempo de arranque en los siguientes meses. Un Propósito de Transformación Masiva es simplemente mucho más emocionante para trabajar.

Tu PTM es el cambio masivo que deseas traer al mundo para que sea mejor. En algunos libros de negocios esto se conoce como BHAG o «gran objetivo audaz y peludo» (*Big Hairy Audacious Goal*). Considero que es lo mismo. Tu PTM es un objetivo primordial y fortalecedor que tu organización está impulsando.

El PTM de Elon Musk es colonizar Marte. El PTM de Bill Gates cuando Microsoft comenzó era poner una computadora en cada escritorio del mundo. El PTM de Google es organizar la información del mundo y hacer que sea universalmente accesible y útil. El PTM de Mindvalley es crear el mayor aumento en la conciencia humana que nuestra especie haya experimentado.

El PTM tiene que ser algo desafiante y difícil de hacer. No debes saber las respuestas de inmediato. Esto es lo que lo hace tan intrigante, como un rompecabezas que espera a que lo resuelvan.

Está bien que tu PTM sea impreciso, al menos por ahora. En el próximo capítulo veremos cómo usar un concepto llamado OKR para dar orden y tangibilidad al PTM.

Ahora bien, ¿qué pasa si tu empresa no está trabajando en un nuevo proyecto audaz que pueda cambiar al mundo? Tal vez eres una modelo de Instagram. O vendes camisetas. O fabricas cristalería. O tienes una tintorería.

Es posible que no tengas un PTM, pero aun así puedes aportar significado a tu trabajo adoptando una postura firme.

Herramienta #2:
Adopta una postura

Srikumar Rao una vez me dijo: «Demasiados líderes intentan ser inspiradores. Deja eso. En cambio, déjate inspirar».

Piénsalo. Si te enfocas en inspirarte a ti mismo, naturalmente inspiras a los demás. El estado de inspiración es magnético. Tómate un momento para mirar el mundo que te rodea. ¿Qué te inspira, te atrae, te eleva? ¿Por qué vale la pena luchar? Esta próxima historia podría ayudarte a llegar ahí.

En 2009 el dueño de una tintorería en el Upper East Side de la ciudad de Nueva York, llamado Carlos Vásquez, sintió un ardiente deseo de ayudar a las personas locales que habían perdido sus empleos debido a la recesión económica. Puso un letrero en la ventana de su negocio que decía:

*Si está desempleado y necesita un traje limpio
para una entrevista lo lavaremos GRATIS.*

En una entrevista, Carlos dijo: «Es algo que hago para retribuir a la comunidad. Es para agradecerles por el apoyo que recibo aquí, por dejar que mi negocio siga funcionando al traerme su ropa».

Carlos accidentalmente comenzó un movimiento cuando la prensa nacional retomó la historia. Pronto las tintorerías de todo el país estaban limpiando ropa gratis para personas desempleadas que se preparaban para entrevistas de trabajo.

Un tintorero, Don Chapman, inspirado por Carlos, limpió 2 000 trajes en total. Fue hermoso ver esto. El movimiento reunió a las comunidades y les dio a los estadounidenses un nuevo modelo a seguir de apoyo mutuo. Y todo fue porque un hombre decidió inspirarse. Cualquiera puede hacer esto.

El *influencer* de Instagram puede optar por defender la salud y evitar promover productos que sean comida chatarra. El diseñador de camisetas puede crear una marca en torno a la positividad. Esto realmente sucedió: los hermanos Bert y John Jacobs comenzaron la línea de camisetas *Life Is Good* (La vida es buena) con la misión de difundir el optimismo. Antes de su gran revelación, conducían una camioneta y vendían camisetas caseras. Un día se cansaron de los medios de comunicación negativos y decidieron crear una línea para recordarle a la gente que esté agradecida y feliz. Cuando adoptaron esa postura se hicieron de varios clientes y hoy su compañía vale más de nueve cifras.

Las empresas más grandes pueden hacer lo mismo. Patagonia es una compañía de ropa y equipo para actividades al aire libre que inspira a millones con su defensa del medio ambiente. Nike defiende la igualdad. Starbucks toma una postura para apoyar a los refugiados en todo el mundo.

Y la mejor parte es que adoptar una postura puede ayudar a la rentabilidad. En un estudio reciente, el 75% de los estadounidenses dijo que quería que las empresas y los CEO tomaran una postura. Quizás es por eso que cuando Nike eligió realizar una campaña publicitaria que apoyaba a Colin Kaepernick, la estrella del futbol americano que se metió en una enorme pelea pública con Trump, sus acciones llegaron a niveles máximos históricos. La gente acudió en masa para apoyar a Nike.

Vivimos en un mundo extremadamente polarizado. La gente está perdiendo la fe en el gobierno, así que buscan empresarios que defiendan lo correcto. Esperan que las marcas adopten una posición política, social, ambiental e incluso cuestiones como el control de armas, la igualdad de género y la justicia social. En 2019, una encuesta realizada por Sprout Social informó que el 66% de los consumidores quiere que las marcas adopten una posición pública sobre cuestiones sociales y políticas.

La antigua forma de hacer negocios no era empujar los límites. Sin embargo, no tomar una postura hoy podría ser peligroso para tu negocio.

Las empresas que adoptan una postura atraen alianzas increíbles de forma natural con socios comerciales, empleados e inversores de ideas afines. Así que toma una posición y luego compártela con regularidad.

A medida que comiences a hacer esto, podrás evolucionar hacia una nueva versión de ti mismo. El emprendedor activista o el CEO activista o el creador activista. Esto me pasó a mí y, por cierto, fue por casualidad.

La era del activista

Hay un término que utilizo para describirme y que está escrito en todas mis cuentas de redes sociales y tarjetas de visita: debajo de «Vishen Lakhiani» dice «Fundador-Activista».

La definición de activista es: «Una persona que promueve, impide, dirige o interviene en una reforma social, política, económica o ambiental con el deseo de hacer un cambio social».

Nunca me di cuenta de que en realidad era un activista hasta que me pidieron que participara en el exitoso programa de entrevistas de Tom Bilyeu, *Impact Theory*. El programa explora las mentalidades de los más exitosos del mundo. Tom los entrevista para conocer sus secretos de éxito. Me ayudó a verbalizar un cambio dentro de mí que había estado experimentando durante meses, y todo comenzó cuando me hizo una pregunta.

«¿Te consideras un filósofo o un emprendedor?» preguntó.

Respondí: «Solía pensar que era un emprendedor. Pero, a la vez, ser empresario es un medio para alcanzar un objetivo. Así que no me gusta esa etiqueta de "emprendedor". Hay emprendedores independientes que te diseñarán un logotipo. "Emprendedor" simplemente significa que estás ganando tus propios ingresos. Luego están los emprendedores como tú que han creado empresas multimillonarias. La brecha es demasiado amplia para poner a todos en una sola etiqueta.

»Así que no me defino por la etiqueta de "emprendedor", sino por la postura que adopto. Creo que no son nuestras etiquetas las que importan, sino la postura. Patrick Gentempo dijo: "Tu postura es tu marca". Creo que lo que nos hace verdaderamente únicos como individuos es lo que representamos. Yo tengo UNA postura y se refleja en todo lo que hago. Y esa única cosa es la unidad. Es el valor por el que me rijo principalmente. Entonces soy un activista por la unidad más que un emprendedor. Quiero decir: si perdiera mi negocio, no perdería mi identidad, pero si dejara de defender la unidad no sería Vishen. Hay un gran deseo en mí por la unidad. Eso es lo que hace que yo sea YO. Soy un luchador y activista por la unidad humana. Esa es mi definición número uno de mí mismo».

De esa definición se puede ver que tomo en serio las ideas de los valores fundamentales del capítulo 1 de este libro. Mis valores fundamentales fueron lo primero: las empresas que comienzo simplemente reflejan esos valores.

Después de la entrevista, me di cuenta de que quería comprometerme completamente con lo que dije públicamente. La primera acción que tomé fue agregar el título de activista a mis tarjetas de presentación y cuentas de redes sociales. También sentí que el mundo a mi alrededor estaba pasando por un cambio y, en cierto modo, se estaba desmoronando, y quería hacer más.

Y así, Mindvalley también cambió. Decidimos dedicar una parte de nuestro presupuesto anual a causas sociales.

La reacción inmediata entre mis compañeros fue: ¿qué pasa si alejas a los clientes que no están de acuerdo contigo?, ¿perderíamos seguidores? Quizá. Pero ese no fue el caso.

Por el contrario, en los primeros seis meses de cambiar nuestro estado como empresa activista, tuvimos dos resultados notables. Primero, nuestras ventas se dispararon. Profundizamos nuestra lealtad con más personas que se ajustaban a nuestra marca. Recibimos comentarios en nuestras redes sociales como: «Solía pensar que Mindvalley se trataba solo de las ventas. Esta empresa tiene un corazón. Nunca dejaré esta marca».

En segundo lugar, creó un inmenso impulso y orgullo en nuestra gente por el trabajo que hacían. Los empleados me dijeron lo orgullosos que estaban de que nosotros, como empresa, nos preocupáramos por cosas que realmente importaban.

Por supuesto: adoptar una postura puede ser aterrador, es incómodo y solitario al principio. Pero una persona tiene que salir al frente primero y levantar la mano. Martin Luther King Jr. lo expresó poderosamente:

Puede que tengas 38 años, como yo.
Y un día, una gran oportunidad se te presenta y te llama
a defender un gran principio, un gran problema, una gran

causa. Y te niegas a hacerlo porque tienes miedo...
Te niegas a hacerlo porque quieres vivir más tiempo...
Tienes miedo de que perderás tu trabajo, o temes que te
critiquen o que pierdas tu popularidad, o temes que alguien
te apuñale, te dispare o bombardee tu casa; entonces
te niegas a adoptar la postura.

Bueno, puedes seguir y vivir hasta los 90 años,
pero estás tan muerto a los 38 como lo estarías a los 90.
Y que dejes de respirar en tu vida no es más que el anuncio
tardío de una muerte temprana del espíritu.

Martin Luther King Jr. no aligeró las palabras. Sé el líder que esté dispuesto a sentirse incómodo para hacer un cambio positivo. No seas un espectador de la vida.

Déjame aclarar esto: *tú eres el indicado*. Así como yo soy el indicado. ¿Cómo sería el mundo si todos tomáramos esta postura?

Así que toma una postura en este mundo, contribuye a una causa, únete con otros y crea un cambio positivo. La humanidad te necesita.

Y si aún no sabes cómo quieres cambiar el mundo, el próximo capítulo te dará algunas herramientas útiles para crear una gran visión nueva de cómo quieres marcar la diferencia. Hablaremos sobre cómo crear visiones audaces para cambiar el mundo.

Resumen del capítulo

Modelos de realidad

La clave para hacer realidad cualquier misión es encontrar y alinearse con personas más inteligentes que tú, darles proyectos inspiradores y luego apartarte de su camino para que puedas concentrarte en la visión. Lo más importante, debes recordarte a ti mismo y a todos la misión. Esto ayuda al equipo a mantenerse motivado, emocionado y enfocado. Tanto Elon Musk como Richard Branson son maestros en esto. Ambos tienen un Propósito de Transformación Masiva.

Los seres humanos están biológicamente conectados para el logro de objetivos. Cuando las misiones son grandes e inspiradoras, la misión en sí es motivadora y lleva a las personas a pensar más allá de solo en sí mismas. Quieren ser parte de hacer una contribución positiva masiva a la humanidad.

Recuerda que hoy estamos más conectados que nunca. Somos el Coloso humano. Todos somos células individuales que están conectadas y que funcionan juntas. Las acciones de una persona impactan a todas.

Por lo tanto, siempre considera si el trabajo al que te dedicas es Humanidad plus o Humanidad menos. En otras palabras, ¿tu misión agrega valor o le resta valor al mundo?

Implanta en tu mente la sabiduría de Neale Donald Walsch y de Srikumar Rao. Neale dice: «Tu vida no se trata de ti. Más bien, se trata de la vida de cada persona a la que tocas».

Rao dice: «Demasiados líderes intentan ser inspiradores. Deja eso. En cambio, *déjate inspirar*».

Para hacer esto, considera: ¿de qué eres activista? ¿Qué te importa a ti? Emociónate y luego conéctate y colabora con personas de ideas afines. Hoy no hay nada más poderoso que tomar una postura y vivir para una misión audaz.

Sistemas de vida

Ejercicio 1: Propósito de Transformación Masiva (PTM)

Paso 1: Reflexiona sobre estas dos citas y las siguientes preguntas:

«Tu vida no se trata de ti. Más bien, se trata de la vida de cada persona que a la que tocas».

NEALE DONALD WALSCH

«Demasiados líderes intentan ser inspiradores. Deja eso. En cambio, déjate inspirar».

SRIKUMAR RAO

¿Qué misiones en el mundo ya te inspiran?
¿Para qué causas puedes ser activista?
¿Qué temas o campos te encienden?
¿Para qué tipos de grupos quieres marcar la diferencia?
¿Qué marcas puedes apoyar?

Paso 2: Toma acción. ¿Qué acciones puedes llevar a cabo para alinearte o crear misiones positivas que envíen iniciativas a las áreas que te interesan? Escríbelas. Luego actúa.

Ejercicio 2: Adopta una postura

Existen numerosos libros y clases sobre cómo alinear tu marca con una postura. Pero puedes comenzar con bastante facilidad. En la era de las redes sociales todos somos compañías de medios con una postura. Si tu empresa tiene una cuenta de redes sociales, habla con tu jefe o supervisor y ve si hay una causa que puedan apoyar.

Además, si ejecutas publicidad web, debes saber que las causas de apoyo pueden ser excelentes como retorno de tu anuncio. Esta no es la razón para hacerlo, pero compartir los datos a continuación con tu CEO podría ayudarte a convencerlo. En junio de 2019, Mindvalley cambió sus logotipos en todas las redes sociales para reflejar la bandera del arcoíris y apoyar el orgullo LGBT. Ese mismo mes vimos un gran aumento en el rendimiento de los anuncios: más de un 20%. El público estaba haciendo clic en nuestros anuncios más y comprando más. No pudimos explicarlo completamente, pero los datos estaban ahí. Supuse que nos habíamos conectado mejor con nuestra audiencia al mostrar cuánto nos importaba.

Puedes seguir a Mindvalley en Instagram en @mindvalley para ver cómo defendemos una causa importante con regularidad.

PARTE III
Conviértete en un visionario

FUSIONA AL BUDA Y AL CHINGÓN PARA CAMBIAR EL MUNDO

Habiendo alcanzado a los aliados correctos, la autoestima correcta y habiendo adoptado la autoevolución y la autotrascendencia, el siguiente paso es liderar el camino para cambiar el mundo.

Pasaste a vivir tus valores y así atrajiste a las personas que necesitas para convertir cualquier visión en realidad (Parte I). Has creado estructuras que mejoran enormemente el rendimiento máximo (Parte II). Ahora es el momento de lanzarte a la siguiente etapa. La Parte III te brinda prácticas para tener un pensamiento y una ejecución visionarios. Se trata de juntar las piezas para que puedas cambiar el mundo con alegría y facilidad, de hacer mella en el universo.

Conviértete en el líder visionario que estás destinado a ser, crea misiones inspiradoras que te lleven a ti y a todos a tu alrededor a la acción, aprende a colaborar con otros como un frente unido. Yo llamo a esto el modelo del Cerebro unificado. Y luego no te quemes como tantos otros. No necesitas sacrificar tu salud, tu vida amorosa o tu familia.

Aquí hay un desglose de lo que aprenderás:

Capítulo 7. Activa a tu visionario interior. La motivación es una *brule*. Cuando una misión es lo suficientemente inspiradora, te atrae a ti y a todos con los que resuena y entran en acción. Ese es el poder de las visiones audaces. Aprende a amplificar tus visiones y a crear objetivos audaces que inspiren y hagan avanzar a la humanidad.

Capítulo 8. Opera como un Cerebro unificado. El mundo está cambiando rápido. También el panorama empresarial. Y la tecnología se acelera a un ritmo exponencial. Se mueve más rápido que cualquier persona. Para seguir siendo competitivos, los equipos deben colaborar a velocidades sobrehumanas. En este capítulo aprenderás a romper las líneas de jerarquía en un equipo para que puedan innovar rápidamente y trabajar como un frente unido. En otras palabras, se convierten en un Cerebro unificado. Aprenderás este modelo y un antiguo sistema militar para racionalizar la comunicación llamado «el bucle OODA».

Capítulo 9. El ascenso de la identidad. Es hora de ir más allá del mito del trabajo duro. Aprende cómo acceder a un nivel superior de trabajo donde puedas llegar a estados de conciencia elevados que te permitan deslizarte sin esfuerzo a través del trabajo.

Este hermoso estado, en el que te acercas a los dos lados de tu naturaleza que has estado desarrollando a lo largo de este libro, es lo que yo llamo la fusión del buda y el chingón. En este capítulo aprenderás a equilibrar a los dos para que nunca experimentes estrés debilitante o agotamiento.

Todos viven entre dos mundos, y tu mundo interior da pistas sobre la identidad que deseas ser. Hay un proceso de tres pasos para hacerlo. Así que te dejaré con un último ejercicio de transformación que te permitirá convertirte fácilmente en quien realmente quieres ser y acceder a la vida que te llama.

Capítulo 7

ACTIVA A TU VISIONARIO INTERIOR

> Los buenos líderes tienen visión e inspiran a los
> demás para ayudarlos a convertir su visión en rea-
> lidad. Los grandes líderes crean más líderes, no
> seguidores. Los grandes líderes tienen visión, com-
> parten visión e inspiran a otros a crear la suya.
>
> ROY T. BENNETT, *The Light in the Heart*

No hay mejor experiencia que vivir trabajando para lograr una
visión tan audaz que te asuste. Cualquier visión con la que te
comprometas debe ser tan inspiradora para mantenerte despierto por la noche mientras te atrae y coquetea contigo. Ahora
bien, he aquí un gran secreto: cuanto más grande sea tu visión,
más fácil se vuelve. Cuando vives de esta manera, puedes darte
cuenta de que la visión no proviene de ti. En cambio, el universo está eligiendo pasar a través de ti para que entiendas lo que
el mundo necesita.

En 2003, a la edad de 27 años, dejé mi trabajo como vicepresi-
dente de una prometedora *start-up* en Silicon Valley para poder
dedicarme a una carrera que hacía que mi vida fuera significati-
va. Había decidido enseñar y promover la meditación.

Mi primer sitio me permitió vivir decentemente enseñando
clases de meditación en todo el mundo. Pero rápidamente me

225

di cuenta de que enseñar meditación no era tan lucrativo como mi trabajo anterior; más bien era un camino bastante confiable para llegar a la quiebra. Y para llegar a fin de mes, dirigí una agencia de marketing digital paralela que ayudaba a autores con sus sitios web y sus *backends* de tecnología. Uno de esos autores fue Bob Proctor.

Proctor, por supuesto, es un autor, orador y entrenador de éxito estadounidense. Cuando tenía 14 años descubrí sus libros en las estanterías de la biblioteca de mi padre. Proctor es un maestro de la mentalidad de riqueza.

En 2006 Bob Proctor necesitaba un sitio web. Me contrató para construirlo para él, lo que fue una gran oportunidad. Proctor era uno de mis héroes. Vaya, él era uno de los tipos del DVD más visto en el mundo en ese momento. Bob Proctor de *¡El secreto!*, ni más ni menos. No podía creer mi suerte. Y así trabajamos juntos y nos hicimos amigos. Su carrera estaba explotando y tuve el honor de ser el tipo que lo ayudó a construir sus sitios en línea.

Entonces dividí mi vida entre dar clases de meditación y trabajar con mi pequeño equipo de alrededor de dieciocho personas. Así era Mindvalley en sus inicios. Apenas llegábamos al punto de equilibrio. Nos especializábamos principalmente en la construcción de sitios para otras marcas de crecimiento personal.

Pero eso estaba por cambiar. Mi mundo estaba a punto de explotar, y Bob sería un catalizador.

En mi primer libro, *El código de las mentes extraordinarias*, acuñé un término al que me refiero como «la Hermosa destrucción». Simplemente significa:

A veces tienes que destruir una parte de tu vida que es apenas buena, para permitir que entre lo verdaderamente grandioso.

Mi vida era apenas buena entonces, no grandiosa. Y sin darme cuenta empezaba a dormirme en mis laureles.

No tenía mucha visión; simplemente iba avanzando, año tras año. Me estaba centrando en el crecimiento a corto plazo y no me daba cuenta de lo limitado que era mi pensamiento. Es decir, hasta que Bob Proctor señaló sin rodeos mis defectos en un restaurante en el centro de Londres.

Había volado a Londres para realizar un seminario de meditación para un pequeño grupo de 30 personas. Coincidió que Proctor también estaba ahí, hablando con miles de personas en un hotel cercano. Gentilmente me invitó a comer con él.

Aparecí con una camiseta y jeans; por supuesto, Bob Proctor lucía un elegante traje azul marino clásico, con una elegante corbata roja y un reloj reluciente en su muñeca. Bob era un hombre de gusto y estilo impecables.

Entonces preguntó: «¿Y qué te trae a Londres, Vishen?».

En mi cabeza, pensé: «Bob, estarás muy orgulloso de mí. Estoy enseñando meditación ahora. No solamente creo sitios web».

Entonces le explico que aproximadamente 30 personas asistían a mi seminario a 300 libras esterlinas por boleto. Hablé sobre cuánta alegría me daba enseñar mi pasión. Hablé sobre las vidas que estaba cambiando.

Bob hace una pausa y luego dice: «Espera, espera. ¿Volaste de Malasia a Londres? ¿Cuántas horas dura el vuelo, 15? ¿Y dejaste a tu esposa y a tu hijo de un año?».

«Eh... sí», respondí.

«Espero que estés volando en clase ejecutiva, al menos», dijo.

No era así. «Bob, solo gano 3 000 dólares por seminario. Si volara en clase ejecutiva, no obtendría ganancias», le expliqué.

Bob me miró como un personaje de dibujos animados con los ojos muy abiertos, luego arrugó la cara y dejó escapar un profundo suspiro. Sabía que algo profundo y sabio estaba a punto de ser pronunciado, y que iba a ser doloroso escucharlo.

«¿Viajas tan lejos y eso es todo lo que ganas? Estás perdiendo el tiempo», dijo firmemente con un suspiro. «No haría eso si fuera tú», continuó.

En mi cabeza, una campana de alarma reaccionaria desencadenó una serie de pensamientos que justificaban completamente mis acciones. *Quiero decir, me encanta enseñar, además estoy agregando valor a la vida de los estudiantes, he hecho crecer mi negocio internacionalmente y no creo que esté perdiendo el tiempo, y, y...*

Afortunadamente en presencia de Bob, mantuve los labios cerrados y no dejé salir nada de esa cascada de mi boca.

«Eres mucho más grande que esto. Estás jugando pequeñito, Vishen».

¿Yo, qué? ¡Me estás tomando el pelo!

El diálogo interno fue más grosero que eso. *Respira, Vishen, respira.* Bob es uno de los seres humanos más dulces, compasivos y de buena voluntad en la tierra. Pero mi mente estaba pensando...

Vete al diablo, señor Bob Proctor, con tus trajes elegantes, tus millones y tu colonia de olor perfecto...

Por supuesto, nada de eso salió de mi boca. Me lo tragué todo. Porque en el fondo sabía que tenía razón.

Sus palabras hicieron eco en mi cabeza.

Terminé mis seminarios de fin de semana, luego tomé un viaje en avión en clase económica; durante las 15 horas que me tomó llegar a casa tuve tiempo para pensar. Al día siguiente, dejé de enseñar seminarios. Me mentía a mí mismo y les mentía a mis alumnos. Les estaba diciendo que escribieran sus metas y soñaran en grande, y yo no lo hacía. Me estaba quedando muy corto. Ese fue el último seminario a pequeña escala que enseñaría.

Cuando llegué a casa, publiqué una cita de Bob Proctor en mi biografía de Facebook. Esto fue en 2008. Once años después sigue ahí, y dice:

> *La pregunta no es: ¿eres digno de alcanzar*
> *tus metas? La pregunta es: ¿son tus objetivos*
> *lo suficientemente dignos de ti?*

El consejo de Bob me transformó. Armado con una visión más audaz, volví a enseñar crecimiento personal en 2010, pero en un sentido muy diferente y esta vez a una escala mucho mayor.

Decidí hacer un evento que combinara la belleza, la música, la magia y la escala de un festival con un evento de crecimiento personal. Lo llamé «A-Fest». Fue un gran éxito. Los asistentes tuvieron que postularse y ser seleccionados para asistir. El precio del boleto era de 3 000 dólares. Y el evento se realizó en resorts de cinco estrellas en lugares espectaculares y paradisíacos. En lugar de viajar para entrenar grupos pequeños, dedicar 16 horas y trabajar por mi cuenta, ahora estaba reuniendo a los mejores maestros del mundo bajo un mismo techo. Mindvalley todavía dirige A-Fest actualmente, pero ha crecido tanto que ha generado otros eventos masivos como la Universidad Mindvalley en 2016, que es un evento de tres semanas para mil personas. Esta nueva encarnación es uno de los festivales transformacionales más grandes del mundo. Pasé de enseñar a 20 personas en un hotel de tres estrellas a organizar un festival mundial. Todo en 24 meses.

A-Fest se convirtió en una de las empresas comerciales más exitosas que jamás haya comenzado. Pero debo su nacimiento a Bob Proctor, quien me obligó a dejar atrás mi pequeña y sencilla visión y soñar realmente con una meta que fuera digna de mi propio potencial.

Esa conversación con Bob fue un punto de inflexión. Gracias a su patada en el trasero, aprendí lo importantes que son las visiones. Nos impulsan, nos dan claridad y son la fuerza impulsora que nos permite dejar una marca más grande en el universo. Pero para llegar ahí, tenemos que mirar bien dónde estamos primero y cuestionar nuestras elecciones y nuestras decisiones. La incomodidad es esencial. Por esta razón he imaginado una práctica consistente y mis visiones continúan creciendo. Con lo que aprendas en este capítulo, las tuyas también lo harán.

El poder de la visión audaz

Visualizar es el acto de concebir una idea. Así es como empiezan todas las cosas. Especialmente porque si bien es el primer paso para darle forma a algo *sin* forma, también puede detener a las personas. Un líder con una visión pequeña limitará a todo su equipo.

Para explicar mejor este concepto, hablemos de las pulgas. Hay un antiguo experimento en el que un equipo de científicos colocó una comunidad de pulgas en un frasco de vidrio sin tapa. Como el pasatiempo favorito de una pulga es saltar alto, sin tapa todas saltaron fuera. Los científicos, entonces, volvieron a colocar las pulgas en el frasco, pero esta vez lo taparon. Las pulgas continuaron saltando, pero ahora solo hasta la altura de la tapa. Después de varios días, cuando los científicos quitaron la tapa, se sorprendieron al descubrir que las pulgas ya solo saltaban a la altura de la tapa, a pesar de que su techo no estaba cubierto.

Los humanos son más grandes e inteligentes y mucho más avanzados que las pulgas, pero somos vulnerables al mismo tipo de acondicionamiento. La capacidad de una persona para imaginar también puede tener una tapa, también es invisible. Se mantiene en su lugar por sus creencias de lo que es y no posible.

Antes de mi almuerzo con Bob, no podía ver que podría estar haciendo mucho más para expandir mi negocio. Tenía una venda en los ojos. Afortunadamente, Bob me la arrancó de la cara.

La práctica de imaginar nunca debe detenerse. Es muy crítica para los líderes, porque requiere estar en un estado constante de aprendizaje. Cuanto más agrega una persona a su sabiduría y conciencia, más perspectivas puede utilizar para mejorar sus visiones.

En 1951, el montañista William Hutchison Murray publicó un libro titulado *The Scottish Himalayan Expedition*. En él escribió lo siguiente, que se ha convertido en uno de los discursos sobre visión más citados:

> Hasta que uno se compromete, hay dudas, está la posibilidad de dar marcha atrás, siempre hay ineficacia. Con respecto a todos los actos de iniciativa (y creación), hay una verdad elemental, cuya ignorancia mata innumerables ideas y planes espléndidos:

que en el momento en que uno se compromete definitivamente, entonces la Providencia también se mueve.

Ocurren todo tipo de cosas para ayudarlo a uno, que de otra manera nunca hubieran ocurrido. Toda una serie de sucesos nacen de la decisión, surgen a su favor todo tipo de incidentes imprevistos y reuniones y ayuda material, que ningún hombre podría soñar que le llegarían. He adquirido un profundo respeto por uno de los versos de Goethe: «lo que sea que puedas hacer o sueñes que puedes hacer, comienza. La audacia tiene genio, poder y magia en ella».

Me encanta esa cita. También a ti te podría encantar. Pero la mayoría de nosotros subestimamos cuánto más fácil se vuelve todo cuando buscamos ser audaces. He observado cuatro reglas que aumentan tu capacidad para ser audaz con tus visiones.

A menudo escuchamos personas hablar sobre la naturaleza de buda en las visiones. Ir adentro y hacer prácticas trascendentes como la visualización creativa. Me encanta. Pero también hay una naturaleza chingona de la visión.

Traer al chingón a tu visión significa nunca jugar en pequeño y sí ser audaz con la marca que quieres dejar en el mundo. Tiene que ver con abrazar las cuatro tácticas de visualización que presento a continuación.

Las cuatro tácticas de la visualización

1. Cuanto más grande sea tu visión, más fácil será.
2. Siempre habla de tu proyecto a 10 años adelante.
3. Date permiso de fallar.
4. Sé audaz, pero no impreciso.

Vamos a profundizar en cada uno.

Táctica #1: Cuanto más grande sea tu visión, más fácil será

Las personas tienden a suponer que las visiones más grandes son más difíciles de alcanzar y tienen una mayor probabilidad de fracaso. No siempre es verdad.

Cuando formé parte del Consejo de Innovación de la Fundación XPRIZE, conocí a muchos de los visionarios y multimillonarios más importantes de Estados Unidos, desde Peter Diamandis hasta Anousheh Ansari y Naveen Jain. Esto es lo que me taladraron en el cerebro:

> *Cuanto más grande es la visión,*
> *más fácil se vuelve.*

Déjame explicarte cómo me entrenó Naveen Jain en esto. Él ha fundado múltiples compañías de miles de millones de dólares, y cuando nos conocimos, acababa de crear Viome, la compañía de pruebas de microbioma intestinal que está revolucionando la medicina.

Mientras llevaba a Viome hasta una valoración de 500 millones de dólares en dos años, también fue seleccionado para recibir 2.7 mil millones de la NASA para enviar robots a la luna a través de Moon Express, otra de sus compañías. Su compañía anterior, Infospace, fue la primera en darse cuenta del poder de los teléfonos móviles y alcanzó una capitalización de mercado de más de 35 mil millones de dólares.

Este no es un chico con sueños pequeños. Naveen lo explicó así y garabateé sus consejos en mi bloc de notas. Nota: les escribo exactamente las palabras de Naveen. Lo dijo de una manera muy poética; habla con la intensidad de un científico loco y la sabiduría de un monje zen. Me dijo:

> *Cuando haces algo audaz, se vuelve más fácil.*
> *Porque consigues que las mejores personas se unan a ti.*
> *¡Vale la pena resolver el problema que estás resolviendo!*

Tienes los imanes.
Y obtienes el dinero.
Porque entonces los inversionistas llaman.
Y luego les dices que no necesitas su dinero.
¡Ahora como un toro embisten!
Entonces, vende el beneficio a la humanidad.
Los líderes de culto dicen que la lealtad yace en mí,
pero los emprendedores dicen que la lealtad
yace en la causa.

Por eso es que los grandes líderes son inspiradores expertos. Naveen es uno de los mejores pensadores visionarios que conozco. Y un aspecto que aprecio de él es que comenzó con raíces humildes como inmigrante de la India que llegó a Estados Unidos sin nada.

Su libro *Moonshots* trata sobre expandir visiones tan grandes que las ideas mismas lancen a las personas a la acción. «Las ideas imposibles se vuelven *más* posibles», dijo.

El hecho es que una gran idea es mucho más emocionante que una pequeña. Las personas quieren tomar medidas al respecto. Y si se les recuerda constantemente sobre la visión, y se les induce regularmente a un estado de inspiración, entonces los obstáculos se reducen y los problemas se abordan con curiosidad y no con miedo.

Hay un impulso emocionante que se acumula en los equipos cuando se lanza una visión extravagante para resolver un problema.

«Si la misión de Viome fuera construir una aplicación para ayudar a encontrar un compañero de cuarto, a nadie le importaría», explicó.

«En cambio, la visión de Viome es hacer que la enfermedad sea una elección».

Esta visión reunió a científicos brillantes para su causa. Las personas más inteligentes del mundo quieren trabajar en grandes problemas. El gobierno federal de Estados Unidos incluso le otorgó la licencia de tecnología a Viome. Esto se debe a que la compañía tiene la intención de resolver un gran problema global. Así es como Moon Express, su compañía de exploración espacial, también se unió a la NASA. Naveen decidió que era hora de que Estados Unidos volviera a la luna.

Creer que algo es imposible es un estado mental. «Cuando una persona cree que un resultado es imposible, no solo es imposible para ellos, se vuelve imposible para otras personas», dijo Naveen.

Recuerda las pulgas en el frasco. Las creencias son profecías autocumplidas. Si dices que no se puede lograr algo, no se tomará acción, y así probarás que no se puede lograr. Pones una tapa invisible en tu propio frasco.

Como lo explica Naveen, para crear visiones inspiradoras que atraigan a las personas, un líder debe pensar en abundancia. Sorprendentemente, los expertos pueden ser los que más desanimen a la gente. Tienden a usar demasiado de su mente lógica. Pueden provenir de un lugar en el que piensan que lo saben todo y se niegan a considerar lo que no saben.

Naveen dice: «Cuanto menos sepas, mejores serán las posibilidades de tener éxito. Cuando te conviertes en un experto, te conviertes en un *incrementalista*».

Para concebir una visión, es importante desconectarse de la lógica. Esto te ayuda a escapar de cualquier restricción que ya esté programada en ti. (Nota: esta es también la razón por la cual la técnica de aceleración y navegación que aprenderás en el capítulo 9 es tan efectiva).

Táctica #2: Siempre habla de tu proyecto a 10 años en adelante

Aludí a esto en capítulos anteriores. Para avanzar realmente rápido y atraer a las personas adecuadas, no siempre hables de lo que estás haciendo ahora, sino de lo que planeas construir a 10 años.

En 2014, cuando lancé Mindvalley Academy, un sitio web en línea para cursos de crecimiento personal, no dije que fuéramos «un editor en línea de contenido de crecimiento personal». Eso sería demasiado obvio. Eso éramos entonces. Más bien hablé de lo que planeábamos ser: estábamos transformando la educación global.

Nuestro sitio web en 2014 decía esto:

Mindvalley construye compañías que revolucionan la educación, a través de medios que van desde la publicación digital, el aprendizaje en línea, aplicaciones móviles y web, contenido, eventos y más. Defendemos ideas que permiten a las personas liberar todo su potencial y vivir vidas más saludables y felices a través de la innovación en el aprendizaje y la educación para todas las edades.

El sitio también enumeró nuestros proyectos en ese momento. Pero lo más importante: enumeró lo que planeábamos hacer. Enumeramos nuestros planes para lanzar una universidad en 2017, una nueva tecnología de aprendizaje basada en el aprendizaje comunitario e incluso una división de salud. También mencionamos que estaríamos capacitando a gobiernos y compañías de Fortune 500 sobre salud y bienestar para 2017 (cuatro años).

Eran simples sueños. A decir verdad, no tenía idea de cómo lograr ninguno de ellos. Pero no saber el *cómo* es irrelevante. Concentra tu mente en los *qué* y *porqués* y habla de tu visión como si estuviera en camino. Pensar así a menudo se convierte en una profecía autocumplida. El dinero, las personas y los clientes que creen en tus sueños vienen a ti. Las personas se sienten atraídas por la audacia.

Estas personas locas que se unen a ti te ayudarán a expandir tu misión, y todo se amplificará exponencialmente. Pero, si describes lo que haces, atraes a personas que simplemente facilitan las funciones de tu trabajo.

Para 2017 lanzamos nuestra universidad, la Universidad Mindvalley, tal como se indicó. Lanzamos nuestra división de salud y al año siguiente recibimos a nuestros primeros clientes corporativos y capacitamos a nuestro primer gobierno.

Los objetivos que establecimos y que no cumplieron su plazo fueron pocos. Nuestra plataforma de aprendizaje basada en la comunidad, llamada Quest, fracasó en 2014 y 2015. Pero en 2016 dimos un giro y encontramos una manera de hacerla prosperar. Se convirtió en el 90% de nuestros ingresos.

Estos eran objetivos audaces y no tenía idea de si llegaríamos ahí. Pero al pensar audazmente y hablar del futuro como si fuera inevitable, te mueves más rápido que si eliges jugar en pequeño y quedarte atrapado en el presente.

¿Qué otra lección te llevas? No hables de lo que estás haciendo ahora, sino de lo que planeas hacer.

Recuerda, cuando explicó SpaceX, Elon Musk habló sobre sus planes futuros de colonizar Marte, a pesar de que quizá se llevarían a cabo dentro de una década o más. Esta capacidad de hablar con valentía y visualizar el futuro lo ayudó a atraer las mejores mentes del planeta para descubrir el *cómo* hacerlo para él.

Para expresar eficazmente tu visión de 10 años en adelante, haz un pequeño juego mental y pregúntate: «Si magnifico mi empresa mil veces, ¿cómo sería?».

Si llevo a Mindvalley a donde estamos hoy y la magnifico mil veces, tendríamos mil millones de personas en todo el mundo estudiando la educación transformadora y aprendiendo a ser más saludables, más sabios y más espirituales. Probablemente seríamos utilizados en compañías Fortune 100 en todo el mundo, y en todos los sistemas escolares en todo el planeta, enseñaríamos a los niños pequeños prácticas de atención plena, autoestima, y a los adultos a ser padres conscientes. Eso es mil millones de personas viviendo su mejor vida.

Ahora, después de magnificarlo, considera lo contrario. ¿Cómo sería el mundo si tu empresa no existiera? ¿Si no hicieras lo que querías hacer?

¿Qué pasaría si Mindvalley, por ejemplo, no existiera? Los seres humanos todavía seguirían estresados. Los niños estarían aprendiendo la misma basura que están aprendiendo en este momento. Las compañías continuarían operando como fábricas.

Y el 85% de las personas en todo el mundo continuarían odiando sus trabajos.

Cuando haces la comparación, es fácil ver por qué *hacer lo que haces* es la diferencia entre si tú no existes y si tú existes multiplicado al mil por ciento.

Recuerda: no describas lo que haces hoy.
Describe lo que vas a hacer en 10 años. Sé humilde y admite
que hay una posibilidad de fracasar. Pero habla valientemente
de lo que pretendes hacer.

Ahora bien, ¿cómo equilibras hablar de 10 años adelante y a la vez enfocarte en tus metas para el trimestre o año, y que tu equipo tenga claridad?

Soy un gran admirador del proceso de OKR (objetivos y resultados clave) que utilizan empresas como Google e Intel. Mi biblia es el libro *Mide lo que importa* de John Doerr. John sugiere que, cuando establezcas metas para tu negocio o equipo, crees DOS tipos distintos de metas (o como él los llama, «objetivos»): *comprometidos* y *aspiracionales*.

En Google, para el cual John Doerr fue uno de los primeros asesores, utilizó estos objetivos, como los describe en su libro:

Los objetivos comprometidos están vinculados
a las métricas de Google: lanzamientos de productos, reservaciones,
contratación, clientes. La gerencia los establece a nivel de empresa,
los empleados a nivel departamental. En general, estos objetivos
comprometidos, como las metas de ventas e ingresos,
se deben alcanzar en su totalidad (100%) dentro
de un marco de tiempo establecido.

Los objetivos aspiracionales reflejan una visión más amplia, de
mayor riesgo, de ideas más orientadas hacia el futuro. Se originan
en cualquier nivel y tienen como objetivo movilizar a toda la
organización. Por definición, son difíciles de lograr. Los fracasos, en
una tasa promedio del 40%, son parte del territorio de Google.

Ahora, aquí está la última parte que hace tropezar a las personas. Si te dijera que conozco una empresa que fracasa en el 40% de todos sus objetivos, pensarías que es un desastre. Sin embargo, esto es lo que sucede en Google. Y no es un desastre. Es un enfoque único para el fracaso adoptado por el fundador de Google, Larry Page. Y es una idea que traje a Mindvalley con resultados fenomenales. Esta es la esencia de la táctica #3.

Táctica #3: Da permiso para fallar

Larry Page es un tipo fascinante. Admiro su estilo de liderazgo debido a lo que ha logrado en Google. Pero hay otra razón. Nos graduamos de la misma universidad (Universidad de Michigan, con títulos en Ingeniería Eléctrica y Ciencias de la Computación) y mientras estábamos ahí asistíamos a un extraño y pequeño campamento de verano llamado Leadershape[20] cuyo lema era: «Lidera con integridad. Desprecia lo imposible. Haz algo extraordinario».

Page asistió a Leadershape en 1992 y yo en 1996. Fue algo que influyó mucho en nuestras vidas. En su discurso de graduación de la Universidad de Michigan en 2009, Page compartió lo que aprendió en Leadershape:

> Cuando estuve aquí en Michigan ¡realmente me enseñaron cómo hacer realidad los sueños! Sé que suena divertido, pero eso es lo que aprendí en un campamento de verano convertido en un programa de capacitación llamado Leadershape. Su lema es tener un «desprecio saludable por lo imposible». Ese programa me animó a buscar una idea loca en ese momento.
>
> Creo que a menudo es más fácil avanzar en sueños mega ambiciosos. Sé que eso suena completamente loco. Pero, dado que nadie más está lo suficientemente loco para hacerlo, tienes poca competencia [...]. Las mejores personas quieren trabajar en

---

[20] *Leadershape*: es un término original formado de *leadership* (liderazgo) y *shape* (dar forma). [N. de la t.].

los grandes desafíos. Eso es lo que sucedió con Google [...]. ¿De qué forma resumes en una frase: «cómo cambiar el mundo»? ¡Trabaja siempre duro en algo incómodamente emocionante!

Esta idea, «Trabajar siempre en algo incómodamente emocionante», es la esencia de la siguiente regla. La palabra clave aquí es *incómoda*. Pero para hacerlo, debes darte permiso para fallar.

Y así, en Google, Larry y su equipo desarrollaron un modelo sobre cómo equilibrar la delgada línea entre hablar de los próximos años y centrarse en sus objetivos para el trimestre o el año y tener claridad. Aquí está lo que predica:

> *El 50% de tus metas debe tener*
> *una tasa de fracaso del 50 por ciento.*

Analicemos eso. Esto significa que cuando estableces una lista de objetivos (OKR), la mitad de ellos debería ser básicamente como lanzar una moneda al aire. Esto significa (si haces los cálculos) que, en un momento dado, solo estás alcanzando del 60 al 80% de tus objetivos.

En Google, la tasa de fracaso es del 40%. Larry Page creó este modelo por diseño. Permite a los líderes visionarios experimentar y establecer objetivos audaces, sabiendo que no hay vergüenza o pérdida si no los alcanzan. Si bien Google falla a menudo, también produce éxitos increíbles como Gmail y YouTube y Google Photos.

Mira, a menudo nos equivocamos respecto a los objetivos. Creemos que se trata de alcanzarlos todos y que el fracaso es algo malo. Tenemos que cambiar nuestros cerebros para aceptar lo que ahora llamo la regla 50-50: el 50% de sus objetivos debe tener una tasa de fracaso del 50%. Solo entonces puedes ser verdaderamente audaz. Bruce Lee lo dijo mejor:

> *Un objetivo no siempre está destinado*
> *a ser alcanzado, a menudo solo sirve como algo*
> *a lo que apuntar.*

Así que recuerda: date permiso para fallar. Y estructura tus objetivos y los objetivos de tu equipo de modo que la tasa de cumplimiento sea en realidad solo del 60 al 80%. Suena contradictorio, pero funciona.

Cuando veo que en Mindvalley hemos cumplido el 80% o más de nuestros objetivos para el trimestre, sé que hemos estado jugando demasiado en pequeño. Y esto nos lleva a la táctica #4. Al establecer grandes objetivos y dar permiso para fallar, asegúrate de no establecer objetivos intangibles «imprecisos».

Táctica #4: Se audaz, pero no impreciso

Me quedé asombrado después de ver todos los sueños publicados en un tablero gigante en el pasillo de una conferencia en la que iba a hablar. En la parte superior del tablero decía «Mi visión» en letra grande.

Los asistentes de más de 50 países habían escrito sus visiones para el futuro en notas adhesivas y las habían agregado al pizarrón. Era increíble ver cómo la mayoría se enfocaba en servir a la humanidad.

- Mi visión es difundir la felicidad en todo el mundo.
- Mi visión es crear un mundo más saludable.
- Mi visión es transformar la crianza de los hijos.
- Mi visión es construir un negocio de un millón de dólares.

Me impresionaron los corazones grandes y audaces de las personas que asistieron.

Pero noté una constante que me asombró. Las visiones escritas en las notas eran lo que yo llamaría «imprecisas». Su intención era maravillosa, pero ninguna estaba escrita de manera que el lenguaje se pudiera poner en acción. Las personas que escriben visiones de este tipo son lo que el autor y empresario Peter Thiel llama «Optimistas indefinidos». Él popularizó la etiqueta en su brillante libro *Zero to One* (*De cero a uno*). Un optimista indefinido confía en que el mundo mejorará, pero no tienen idea de cómo sucederá eso. Simplemente mantiene los dedos cruzados. Espera a que alguien más dé un paso adelante y haga algo.

También acuñó otro término: «Optimista definido». Esas personas son líderes que piensan con audacia y siguen adelante. Eligen opinar sobre cómo sucederá su visión. Se ponen a cargo y ayudan a hacer realidad su visión. También establecen metas sorprendentes de varias décadas para transformar el mundo radicalmente.

Un optimista indefinido diría: «Mi sueño es transformar la educación».

Pero el optimista definido diría: «Mi sueño es transformar la educación. Y aquí están mis cuatro OKR sobre cómo planeo hacerlo».

Para que cualquier visión avance, se debe poder poner en acción. Primero, el que la concibe tiene que creer realmente en ello, tiene que inspirarse a sí mismo. Pero hay un elemento de practicidad involucrado: debe haber un objetivo final medible, similar a como abordamos los deportes. Cuando practicas un deporte y ganas, hay un objetivo final.

Entonces, si estas tratando de cambiar la educación, tendrías que tomar ese objetivo primordial y desglosarlo. Yo uso el concepto de OKR.

¿Cómo nos volvemos audaces con nuestras ideas sin volvernos «imprecisos»?

Paso 1: Comienza por escribir tu PROPÓSITO CENTRAL

Un ejemplo de esto es el propósito central de Mindvalley: «Crear el mayor aumento en la conciencia humana que nuestra especie haya experimentado para el 2038 a través de la transformación de la espiritualidad, la política, la educación, el trabajo y la crianza de los hijos».

Paso 2: Divide tu propósito principal en objetivos aspiracionales

Los cuatro OKR de Mindvalley ejemplifican este paso:

Para ejecutar nuestro propósito principal, en 20 años a partir de ahora, nosotros:

1. Crearemos la mejor experiencia para la transformación humana.
2. Haremos de Mindvalley la mayor organización de transformación a nivel mundial.
3. Crearemos lugares de trabajo que hagan a los seres humanos mejores y más felices.
4. Aumentaremos la conciencia nacional a través de los gobiernos y la educación.

Pero solo con lo anterior, todavía se ve difuso. Tienes que ir más allá. Cada OKR aspiracional anterior debe desglosarse en *resultados medibles*. Ese es el paso 3.

Paso 3: Crear resultados clave medibles para 10 años, tres años, un año y un trimestre

Veamos los OKR del número 3 de arriba: «Crear lugares de trabajo que hagan a los seres humanos mejores y más felices».

Este es un objetivo aspiracional. Habla de nuestro deseo de cambiar la naturaleza del trabajo para crear un lugar de trabajo donde podamos prosperar como seres humanos. En resumen, tomar las ideas de este libro y ayudarlas a llegar a miles de millones de personas en todas partes.

Tomamos ese OKR y lo convertimos en una serie de resultados clave para alcanzar varios plazos que son importantes para nosotros.

Me gusta comenzar con una visión de 10 años, y luego dividirla en:

- Tres años
- Un año
- Un trimestre

Así es como se ve:

Visión de tres años: en enero de 2022

1. Ser parte de todas las compañías de Fortune 500.
2. Cambiar la cultura de 10 000 empresas en todo el mundo.

Visión de un año: en enero de 2020

1. Ingresar en 200 empresas con menos de 500 empleados.
2. Firmar con siete empresas multinacionales.

Visión de un trimestre: tercer trimestre de 2019

1. Completar y enviar el manuscrito de este libro.
2. Iniciar nuevas funciones de aplicación para Mindvalley for Business y tener mil clientes que paguen.

Observa cómo cada elemento es medible con precisión. Esto da claridad. Y da enfoque porque generalmente solo enumeramos de tres a cinco OKR por periodo (es importante establecer no más de tres a cinco OKR por periodo).

Si encuentras interesante esta idea de los OKR, tengo una charla de dos horas sobre el tema que te guiará a través de la configuración de tus propios OKR. Está en el canal de YouTube Mindvalley Talks. Visita mindvalley.com/badass para obtener el enlace del video.

Una vez que adoptes la visión en tu lugar de trabajo, muchas cosas cambiarán. Pero un gran cambio será el choque entre las personas que de forma natural piensan años más adelante y las que se centran en lo que necesitan hacer hoy. Ambos tipos son necesarios en un equipo saludable, pero solo un tipo, el visionario, debe liderar al equipo. Aprendí esto de la manera difícil.

El arte del liderazgo visionario

En 2017 me di cuenta de que no estaba asistiendo a nuestras reuniones semanales de gestión. Eran importantes, los gerentes clave de Mindvalley hablaban sobre sus equipos, su progreso, problemas de rendimiento y más.

Eran importantes, pero comenzaba a encontrarlas aburridas y una pérdida de mi tiempo. Cuando pensaba que era el único, noté que muchas de las personas más brillantes de mi equipo también faltaban a estas reuniones.

Un día me detuve a hablar con varios de mis gerentes y les pregunté por qué faltaban. «No obtengo nada útil de ellas», dijo uno.

«Tengo que construir mi producto y mi equipo se está desempeñando de maravilla. No quiero escuchar a otros gerentes quejarse de su gente de bajo rendimiento o darle vueltas a cuestiones que por mí, Recursos Humanos simplemente puede decidir. Solo déjame construir mi producto».

Tenían razón. La innovación en Mindvalley, que había sido nuestro elemento vital, comenzaba a disminuir, y me preocupaba. Algunos de nuestros equipos estaban creando y empujando la empresa hacia adelante, mientras que otros equipos se habían estancado. Les faltaba impulso.

Me di cuenta de lo que estaba pasando; habíamos cometido un error en nuestra empresa. Comenzamos a seleccionar gerentes por su capacidad para administrar un equipo, pero no por su capacidad para liderar un equipo.

Los dos son muy diferentes: el liderazgo no es cuestión de gestión; se trata de formar un equipo tan inspirado por el trabajo que no necesite ser administrado. Steve Jobs lo dijo mejor:

«Las mejores personas son autogestionadas. No necesitan ser gestionadas. Una vez que saben qué hacer, descubrirán cómo hacerlo [...] Lo que necesitan es una visión común. Y eso es el liderazgo [...] el liderazgo es, es tener una visión, poder expresar eso para que las personas que te rodean puedan entenderte y llegar a un consenso sobre una visión común».

En Mindvalley, habíamos cometido un error. Pusimos a cargo de los equipos a personas que eran administradores, no pensadores visionarios. Y en algunos casos, cuando un visionario estaba a cargo del equipo, quedaba tan empantanado con los detallitos de la gestión que apenas tenía tiempo para la visión.

Me di cuenta de que muchos de los líderes del equipo no estaban centrados en la innovación, las nuevas tecnologías o el cambio del mundo. Más bien, se enfocaban en situaciones insignificantes, a veces tan nimias, que no importaban en el gran esquema. En agosto de 2017 decidí hacer algo al respecto. Cambié el liderazgo de la mitad de los equipos en Mindvalley. Dejé muy claro que las personas que dirigieran nuestros equipos tendrían que ser pensadores visionarios. Se produjo una gran confusión. Promoví a algunas personas. Varias se fueron. Algunos roles cambiaron. Al final, gané varios visionarios brillantes que ahora lideran nuestros equipos.

Y si el equipo era lo suficientemente grande, no quería que el líder se empantanara en las tareas administrativas, por lo que les daría un gerente que se encargara de los aspectos necesarios de la administración. Pero el líder del equipo era la persona que señalaba el camino a seguir. Y para eso la calidad del liderazgo visionario era clave.

En un año la empresa se transformó. Para agosto de 2019 habíamos crecido cerca del 70% en ingresos de un año a otro. Fue nuestro mayor año de crecimiento en mucho tiempo. Además, todos los indicadores de bienestar de los empleados se dispararon. Nuestro puntaje de Enps, que mide esta satisfacción, aumentó casi un 50%. La retención también aumentó significativamente. La gente se quedaba más tiempo y prosperaba más.

Dov Seidman lo describe sin rodeos en su libro *HOW*. Lo llama «Visualizar la disposición futura», la idea de que los verdaderos líderes se centran en el futuro y no en el corto plazo. Esto es lo que Seidman escribió en su libro:

Tener una disposición de liderazgo significa visualizar mentalmente un futuro mejor para ti, las tareas implicadas y aquellos con quienes trabajas. El liderazgo comienza con la visión, y los líderes visualizan cada momento. Podrías visualizar una función en una plataforma tecnológica, o un producto completamente nuevo, o simplemente imaginar una forma de mejorar un poco el día de otra persona. Puedes crear una nueva visión o adoptar la de otra persona y hacerla tuya.

Si tú no tienes una visión, quedas fuera de la lente del CÓMO y eres un gerente a corto plazo: orientado, obediente, obsesionado y limitado a lo que puede ver justo debajo de su nariz. Los gerentes a corto plazo tienden a ser reactivos por naturaleza y se encuentran apagando incendios con más frecuencia de lo que encienden los faros que muestran el camino. Es una postura defensiva y se preocupan más por apaciguar a los demás que por involucrarlos.

El gerente a corto plazo supone que las personas necesitan reglas, procedimientos, supervisión, para que les vaya bien. Esto a veces es cierto, pero cuando ya estás eligiendo grandes personas y ellos tienen los valores correctos, las personas se autogestionan. Lo que necesitan de ti es visión y claridad. Y cuando su visión es audaz y aspiracional, es como encender combustible para cohetes debajo de tu equipo.

En su libro *Powerful*, Patty McCord, quien fue directora de talento en Netflix de 1998 a 2012, escribe: «Los grandes equipos no se crean con incentivos, procedimientos y ventajas. Se crean mediante la contratación de personas talentosas que son adultos y no quieren nada más que enfrentar un desafío, y luego comunicarse con ellos, clara y continuamente, sobre cuál es el desafío».

Cuando practicas el liderazgo visionario, las cosas pequeñas y detalladas se vuelven menos necesarias, porque las personas se guían por la visión. Los visionarios que guían a los equipos eliminan los obstáculos automáticamente.

El liderazgo visionario es adictivo. Conduce a todas las áreas de una organización que lucha por la excelencia.

Cuando visité SpaceX en 2013, pude ver cómo el pensamiento visionario se extiende desde el líder a través de toda una organización. Después de conocer a Elon, nos invitaron a cenar en el comedor para empleados de SpaceX. El comedor estaba justo en la entrada del edificio; por encima de nosotros se alzaban las salas de vidrio donde estaba «Mission Control», desde donde Elon y su equipo observaban el progreso de los cohetes que lanzaban.

Estaba asombrado por las fascinantes baldosas en el piso del comedor. Uno de nuestros anfitriones, miembro del equipo de SpaceX, nos explicó: «¿Ves esos mosaicos? Cuando Elon vino por primera vez aquí, detestó los azulejos que había. Eran del color equivocado. No reflejaban la luz correctamente. Hizo que los constructores los arrancaran todos y comenzaran de nuevo para que quedaran bien. Necesitaba que los azulejos reflejaran el control de la misión en el ángulo correcto».

Los líderes visionarios inspiran excelencia en todos los aspectos de la empresa, sí, incluso en los azulejos de la cocina. Cuando lo convertimos en un principio clave en Mindvalley, otros departamentos quisieron participar. Nuestra oficina en ese momento en 2017 era hermosa. Pero se había construido en 2009 y debía actualizarse. Contraté a un diseñador con experiencia en espacios de trabajo llamado Luke Anthony Myers para que desempeñara este papel. El trabajo de Luke era asegurarse de que nuestra oficina se actualizara para que se sintiera como un lugar de trabajo de cinco estrellas. Debido a las ondas del liderazgo visionario que resuenan en la compañía, Luke adoptó este concepto. Se fijó la meta de construir un nuevo espacio laboral tan hermoso que llegara la lista de la revista *Inc.*, de las 10 oficinas más bellas del mundo.

Se le asignó un presupuesto, un mandato para crear un magnífico espacio digno de ser galardonado y libertad para soñar; Luke se asoció con firmas locales de diseño de interiores y arquitectos. En diciembre de 2018 dio a conocer nuestra nueva oficina. Fue asombroso verlo. Inspirada en la Sagrada Familia, la catedral de Barcelona diseñada por Gaudí, utilizó vidrio y acero de colores para crear un espacio moderno llamado el «Templo de Luz».

Innovaron todo, desde el espacio hasta el diseño de los escritorios. Y en agosto de 2019 llegó a la lista de la revista *Inc.*, como una de las 10 oficinas más bellas del mundo. El día que sucedió esto, Luke vino a mí con lágrimas en los ojos. «¿Sabías que desde hace tres años hasta este mes estaba sin hogar en Melbourne?», dijo. «Gracias por dejarme soñar tan grande». Yo no tenía idea de que él había estado sin hogar. Yo estaba muy orgulloso de lo que él logró.

Esto es lo que el liderazgo visionario le hace a una organización, permite que las personas den rienda suelta a su mejor yo y ofrecer su mejor trabajo. Es por eso que, hasta el día de hoy, mi equipo de liderazgo sénior es elegido principalmente por su capacidad de visualizar el futuro.

Inspirar a los futuros líderes

Los líderes visionarios inspiran, involucran y ayudan a hacen crecer a las personas que lideran. Los verdaderos líderes implantan visiones en las mentes de los demás. Es una habilidad matizada, pero cuando se hace bien puede ser realmente transformadora. Los mejores líderes visionarios hacen que otros sueñen tan audazmente como ellos mismos. Esto fue lo que Bob Proctor hizo por mí, y en 2019 presencié cómo otro líder visionario hizo lo mismo.

Si un emprendedor visionario y un conocido especialista como Richard Branson te desafiara a hacer algo loco, ¿lo harías? Eso me sucedió un jueves por la noche, mientras asistía a un *mastermind* en Necker Island. Branson casualmente hizo un anuncio en la cena que nos tomó a todos por sorpresa. Hizo sonar su copa con el tenedor, se puso de pie y, cuando el salón se calmó, declaró: «Mañana estaré en la playa a las 6 de la mañana. Nadaré cinco kilómetros desde la Isla Necker hasta la Isla Mosquito. Me encantaría invitar a cualquiera que esté lo suficientemente interesado para unirse a mí».

A las 6 de la mañana yo estaba en la playa. Branson había acumulado un equipo de otros seis locos. Nadar no es una de mis fortalezas. Pensé que me quedaría a salvo en el bote y lo acompañaría. Me encantaba la fotografía y pensé que la haría de fotógrafo. No había nadado en años.

Pero luego Richard dijo: «Miren eso, muchachos».

Un hermoso arcoíris doble apareció sobre la Isla Mosquito. Era como si el universo me estuviera invitando. Lo vi como una señal para superar mis miedos de mierda.

Así que salté a las profundidades, literalmente.

Tres millas. Cinco kilómetros. Dos horas. Y soy pésimo nadando.

Pensé que no podría morir. Richard Branson es como un su-perhéroe: nada lo mata. El tipo es conocido por sus acrobacias que desafían la muerte. Ha tenido 76 experiencias cercanas a la muerte y a sus 69 años nadó de dorso tranquilamente todo el camino de regreso cuando se dio cuenta de que había olvidado sus goggles. La forma en que abordaba las cosas no nos daba ninguna excusa.

Como sea, nadamos. Logré nadar dos kilómetros y medio, y descansé en el bote durante parte del camino. Los últimos kiló-metros en el agua, entre las rocas que se acercaban a Mosquito, fueron los más difíciles.

La nadadora ganadora, que estaba a trescientos metros por delante de cualquier hombre, era mi amiga Stephanie Farr. Steph ganó de todas, todas. Finalmente llegamos a la Isla Mosquito, donde nos recibió la familia de Richard y nos sirvie-ron un desayuno gourmet. Pensamos que nadar de una isla a otra era lo suficientemente loco, pero Richard, como todos los buenos líderes, no te dejará renunciar mientras estás adelante. Richard convenció a Stephanie para que intentara nadar de regreso, contra la corriente, hasta Necker. Nadie había hecho esto antes. Sin embargo, con la «presión del compañero» Ri-chard, ella lo hizo.

Lo que me impresionó fue cómo inspiró Richard a Steph a hacerlo.

Antes de desayunar, Branson brindó por el logro de Steph. La felicitó, le agradeció e insistió en tomarse una foto juntos. Luego dijo: «No puedo esperar para ver cómo te irá en el regreso».

Branson estaba creando el futuro antes de que sucediera. Estaba provocando a Steph en un desafío que le permitiría experimentar lo que realmente podía hacer de una manera nueva. Él amplió el concepto de Steph de lo que era posible. Y él demostró que creía en ella. Steph aceptó nadar de regreso y se convirtió en el primer ser humano, que sepamos, en nadar entre las islas Necker y Mosquito en ambos sentidos.

Este es el arte de imaginar el futuro para otra persona, y es poderoso. También hay un nombre para esto: el cierre presupuesto.

Él presupuso que ella asumiría el desafío y lo lograría. Al hacer esto formó la imagen de Steph completando el desafío tan real en la mente de ella, que no tuvo otra opción que decir que sí.

Conozco a Steph, y sé que estaba contenta de haber dicho que sí. Fue esta pequeña interacción la que me recordó una de las lecciones más poderosas: los grandes líderes no te permiten ser complaciente o sentirte cómodo, te empujan a empujarte a ti mismo y en su presencia haces cosas que alguna vez pensaste imposibles.

Para cerrar: ¿cuál es tu visión?

A medida que avanzas en tu camino para descubrir tu visión, me gustaría compartir contigo algunas palabras de mi amiga Lisa Nichols. Lisa es una de las oradoras más inspiradoras que he visto en el escenario: una autora brillante y la segunda mujer negra fundadora de una empresa lo que logró llevarla a cotizar en bolsa.

En uno de mis eventos, Lisa ofreció un conmovedor poema sobre el poder vivir tu visión incluso cuando otros intenten atenuar tu luz. Me conmovió tanto que obtuve permiso de Lisa para compartirlo en este libro. Dejaré este texto aquí como un poderoso recordatorio de cierre para que siempre te mantengas fiel a tu visión.

Lisa Nichols sobre brillar con tu verdadero resplandor

Quizá el mundo no te dio permiso para estar aquí, pero tampoco lo pediste. A veces tienes que dejar de pedir permiso y, en cambio, solo notificar al mundo.

Te invito a notificarle al mundo que aquí vienes. Notifica al mundo que has estado aquí.

Notifica al mundo que has jugado cortésmente el tiempo suficiente; ahora es el momento de jugar al máximo.

Notifica al mundo que la que no se disculpa acaba de aparecer.

Notifica al mundo que lo no negociable acaba de aparecer.

Notifica al mundo que, si no pueden manejar tu luz, ya no la atenuarás.

Ellos pueden ponerse gafas de sol.

Porque cuando te vuelves tan atrevida, cuando te vuelves tan audaz, cuando dejas de pedir perdón, de repente, te vuelves contagiosa.

De repente, solo tu mero destello, el mero vistazo de ti, solo estar en tu hemisferio y tu atmósfera, y tu código postal, hace que algo me suceda a mí, porque estoy cerca de ti.

Y luego te das cuenta absoluta de la verdadera tarea de tu vida, de que estás aquí para salvarnos.

Estás aquí para inspirarnos por la forma en que caminas,

por la forma en que te elevas por encima de tu propia incertidumbre,

por la forma en que vas más allá de tu conversación religiosa, de tu conversación cultural, de tu conversación económica, de tu conversación de género,

por la forma en que apareces y dices: «¿Cómo puedo servir a la humanidad?».

Por la forma en que reconoces que tu espíritu humano es irrompible,

tu espíritu humano es inquebrantable,

tu espíritu humano es imparable.

Tu espíritu humano solo pide que le des una orden.

¿A quién serviremos después?

¿Qué haremos?

¿y qué montaña necesitaremos doblegar?

Y cuando comprendes esto y operas con este conocimiento, de repente, te vuelves contagiosa y la gente solo quiere estar en tu espacio y compartir tu oxígeno.

Porque tú les haces creer de nuevo.

Entonces, ¿cuál es tu visión?

Resumen del capítulo

Modelos de realidad

Hay un término que acuñé: la *Hermosa destrucción*. Simplemente significa: a veces tienes que destruir una parte de tu vida que solo es *buena*, para permitir que entre lo *verdaderamente grandioso*. Los grandes visionarios adoptan esta idea.

Y recuerda la regla de Bob Proctor: «La pregunta no es: ¿eres digno de alcanzar tus objetivos? La pregunta es: ¿son tus objetivos lo suficientemente dignos de ti?».

Las visiones audaces son inspiradoras, motivadoras e impulsan a las personas a la acción, así que piensa en grande. Visualiza siempre. Este es el acto de concebir una idea, y así es como empiezan todas las cosas. Es el primer paso para dar alguna forma a lo *sin* forma. También recuerda que una visión pequeña puede limitar a todo un equipo. Y así, hay cuatro tácticas para aplicar a la visualización:

1. Cuanto más grande sea tu visión, más fácil será.
2. Siempre habla de tu proyecto a 10 años en adelante.

3. Date permiso para fallar.
4. Sé audaz, pero no impreciso.

Naveen Jain dice: «Cuando haces algo audaz, se vuelve más fácil. Porque consigues que las mejores personas se unan a ti. ¡Vale la pena resolver el problema que tú estás resolviendo!». Así que sé valiente. Sé un Optimista definido, una persona que piensa con audacia y sigue adelante.

Esto incluye hablar sobre lo que estás construyendo para dentro de 10 años. Al hacerlo es posible que se convierta en una profecía autocumplida. Las acciones se alinean con lo que crees que vas a lograr.

Comprométete con el resultado en sentido amplio. El fracaso es inevitable, es bueno. El fracaso es tu mecanismo de retroalimentación. Siempre usa lo que aprendes del fracaso a tu favor y mantente comprometido con el objetivo final. Es posible que necesites pivotear[21] para llegar ahí, pero acepta el fracaso.

Los objetivos deben ser alcanzables, así que sé audaz pero no impreciso. Siempre aplica ingeniería inversa a tus objetivos. Comienza con el sueño impreciso que te emociona, luego vuelve a la realidad. Pregúntate: ¿qué podrías hacer ahora para avanzar hacia esa meta? Planifica de esta manera y asegúrate de que los objetivos sean medibles. El sistema OKR es un método útil para dividir grandes objetivos en metas pequeñas para el futuro cercano.

Por último, recuerda que los mejores visionarios logran que otros sueñen tan audazmente como ellos. Usa el Cierre presupuesto para esto. Habla con los demás como si ellos ya hubieran alcanzado el sueño que tú visualizas y fueran lo suficientemente audaces para alcanzarlo. Te sorprenderá cuán notables son los seres humanos.

---

[21] *Pivotear o pivotar*: en baloncesto, el jugador que lleva la pelota gira sobre un pie fijo en el suelo, generalmente para proteger la pelota de la acción de los contrarios (del *Diccionario Apple*, Copyright © 2005-2019 Apple Inc., consultado el 30 de abril de 2020). En el ambiente de negocios se usa mucho esta expresión para ilustrar la forma más efectiva de que se mueva alguien al tomar decisiones y ejecutarlas.

Sistemas de vida

Ejercicio 1: trae cualquier visión a la realidad

Paso 1: Regresa a la Visión Vívida que creaste en el capítulo 2. Ahora comienza a considerar las etapas audaces que deseas alcanzar para lograr lo que visualizas. Piensa a 10 años en adelante. Pregúntate: «Si magnifico mi empresa [o proyecto o idea] mil veces, ¿cómo sería?». Construye una lista.

Paso 2: Aplica ingeniería inversa a tu lista. Considera tu futuro, luego reflexiona sobre tu presente. ¿Qué necesitas hacer primero para avanzar hacia lo que quieres? Puede ayudarte explorar más el sistema OKR para crear un plan de acción sólido. Te ayudará a ver un camino para lograr lo que realmente sueñas. Consulta las secciones anteriores (de la táctica #2 a la #4) para comprender cómo funcionan los OKR. Para encontrar un curso intensivo de noventa minutos sobre OKR, ingresa a YouTube y busca «Vishen OKRS».

Paso 3: Comparte lo que planeas lograr en todas partes y con todos. Obsesiónate y entusiásmate con tus objetivos. Habla con otras personas a un nivel de entusiasmo como si ya hubieras logrado tus objetivos. Atraerás a las personas que necesitas y que te ayudarán a hacer realidad tus ideas. Encontrarás que tus objetivos son profecías autocumplidas.

Paso 4: Toma acción. Las acciones producen resultados. Sin acción no hay resultado. Así que toma acción. Y recuerda: el fracaso es inevitable. Pero está bien. Utiliza el fracaso como mecanismo de retroalimentación.

Capítulo 8

OPERA COMO UN CEREBRO UNIFICADO

> Se trata de la comunicación. Se trata de honesti-
> dad. Se trata de tratar a las personas de la organi-
> zación como merecedoras de conocer los hechos.
> No intentas contarles la mitad de la historia. No
> intentas ocultar la historia. Los tratas como verda-
> deros iguales, y te comunicas y te comunicas y te
> comunicas.
>
> LOUIS V. GERSTNER JR., ex CEO de IBM

Para acometer una visión realmente grandiosa, necesitas tener
muchos cerebros; necesitas un equipo de personas que actúen
como un súper Cerebro unificado. Por primera vez, tenemos
herramientas increíbles para esto. Sin embargo, la mayoría de
los equipos trabajan dentro de sistemas de colaboración antiguos. Cuando aprendes a crear un Cerebro unificado, te mueves
con asombrosa velocidad y destreza.

En el verano de 2019, me senté con mi jefe de recursos humanos.

—Sabes, Kiel, creo que ya no quiero ser CEO —dije.

Ezequiel, o Kiel como lo llamo, tiene una habilidad intuitiva
para leer el pulso de una organización.

—Yo he pensado lo mismo. —Luego sonrió.

Ese fue el día que eliminé esa etiqueta de mi nombre. Le dije a mi equipo que dejara de llamarme CEO. Tiré mis tarjetas de presentación. Actualicé mis cuentas de redes sociales. Les pedí a todos que pensaran en mí como el Fundador de Mindvalley.

Los roles son invenciones, de todos modos. Los seres humanos son procesadores de información; somos «máquinas de creación de significado». Los títulos son simplemente herramientas útiles para interpretar, organizar y clasificar información rápidamente. *Madre. Padre. Senador. Coronel. Rabino. Profesor. Director escolar.* Estas son simplemente palabras que describen una colección de atributos. También informan a esas personas cómo deben actuar y dicen a los demás cómo comportarse cuando estén con ellos.

Cuando dos personas trabajan de humano a humano, con respeto pero al mismo tiempo ignorando sus niveles de estatus, el límite de lo posible se expande exponencialmente.

Si bien la etiqueta del CEO explicó mi papel al mundo, fue destructivo en mi empresa. Muchos de mis colegas me separaron de la manada. Me percibieron como *no igual a ellos.* La interpretación de esa etiqueta afectó la forma en que las personas me trataban y también cómo actuaba yo en respuesta a ellas, ya que las relaciones son recíprocas.

Si la creencia general de una persona acerca de los CEO es «los CEO están demasiado ocupados para hablar conmigo» o «los CEO son idiotas» o «los CEO se preocupan más por los negocios que por su gente», ese razonamiento da forma a su comportamiento. En todos estos casos, estarán más inclinados a evitarme, resentirse y distanciarse de mí.

Así que no me sorprendió que cuando cambié mi título a «Fundador» mis relaciones se transformaron. Y el nivel de innovación, alegría y diversión en Mindvalley se desbordó.

Para la mayoría de las personas es más fácil relacionarse con los fundadores que con los CEO. El nombre en sí implica historias de pobreza a riqueza, de años de lucha por sobrevivir, con sueños tristes y éxitos inesperados en el ascenso a la cima. Cada *start-up* pasa por momentos cercanos a la muerte.

El cambio de título me hizo parecer más humano, aunque mis comportamientos, valores y creencias no hubieran cambiado en absoluto.

Cuando escribí este capítulo, busqué en Google las frases «Historia de un CEO» e «Historia de un fundador» para comparar cómo enmarcan los medios a cada una. Para «Historia de un CEO» este fue el resultado principal de las noticias:

> *El CEO de NPM, una* start-up *que brinda un servicio crucial a 11 millones de desarrolladores, renunció después de un mandato de un año marcado por la controversia.*

Era la historia de un escándalo. Un CEO tuvo que renunciar luego de ser criticado por despedir a ciertos empleados involucrados en tratar de crear un sindicato. Ahora, aquí está el resultado número uno para la búsqueda de «Historia de un fundador»:

> *El cofundador de Netflix, Marc Randolph, habla sobre los primeros días de la compañía, las guerras por las transmisiones y cómo seguir adelante.*

Era una historia de valor y esperanza. Mostraba cómo Netflix pasó de ser una *start-up* que apenas sobrevivía, a ser una compañía con un valor de 130 millones de dólares.

Entonces, ¿tenemos un CEO? Bueno, todavía tomo las decisiones principales, pero en realidad no tenemos uno. En cambio, lo que tenemos es un *Cerebro unificado*. Cada persona opera como una neurona que envía señales de un lado a otro, pero funciona como una entidad en movimiento. Permítanme explicar por qué esa es una forma tan notable de trabajar.

Sexo de ideas y acoplamiento de cerebros

Las ideas tienen el mismo efecto en el cerebro que las drogas para la felicidad. Cuando el cerebro está en un estado de inspiración, libera una oleada de dopamina y serotonina. Por eso concebir ideas brillantes se siente increíble, y compartirlas es aún mejor. La experiencia es como ser un niño en un mostrador de helados. Pides una bola de chocolate y el empleado te pregunta si deseas agregar una segunda. Entonces, aprovechando la brillante idea, pides fresa. Ahora tienes una deliciosa combinación de fresas con chocolate que es mucho mejor de lo que habías previsto.

El término moderno para esta unión oportuna de pensamientos brillantes es *sexo de ideas*. El sexo de ideas es cuando dos pensadores se juntan con ideas separadas y las fusionan para formar una nueva idea superior.

Cuando las personas comparten ideas y dan con la idea correcta, acceden a una experiencia de asombro que es difícil de expresar con palabras. Sin embargo, hay un nombre para este fenómeno y es *acoplamiento cerebral*. Así es como lo explica Jason Silva, el anfitrión nominado para un Emmy de la exitosa serie de televisión *Juegos mentales* de National Geographic:

> Todos hemos experimentado ese sentimiento cuando realmente nos conectamos con alguien, ¿verdad? Conoces a alguien nuevo y es realmente emocionante y te quedas hipnotizado por su presencia. Lo encuentras hechizante. Y luego empiezan a conversar. Cuando comparten historias, sienten que entran en un tipo de elemento sincronizado. Se sienten conectados. Se sienten como si se estuvieran mezclando. Sienten que están en el mismo ambiente. Sienten que están en la misma frecuencia.

Este tipo de interacciones son cautivadoras y difíciles de describir. Pero la mayoría de nosotros las hemos tenido y diríamos que son muy deseables. La investigación neurocientífica muestra que hay una razón para esto. Cuando dos personas se entusiasman con una idea, sus cerebros también lo hacen. En un estudio conectaron a las personas a máquinas de resonancia magnética funcional para descubrir lo que estaba sucediendo en sus cerebros. Reveló que se sincronizaban juntos, estaban literalmente en la misma frecuencia.

Silva comenta: «Esto es lo que debemos buscar cuando nos conectamos con alguien. Algo como "Oye, quieres que acoplemos nuestros cerebros...? ¿Te gustaría que uniéramos nuestros cerebros porque eso es lo que a mí me interesa?". Omite la cháchara y ve directamente a ese éxtasis subjetivo interno».

Es por eso que el modelo de Cerebro unificado es tan efectivo y es mucho más agradable. Es estimulante trabajar en un entorno como ese. Cualquiera puede crear un entorno de trabajo de Cerebro unificado con otras personas. Ni siquiera tiene que ser en el trabajo. Este modelo puede extenderse a familias, grupos comunitarios, amigos y organizaciones sin fines de lucro. Así que ahora déjame mostrarte cómo funciona y cómo construir el tuyo.

El poder del Cerebro unificado

La tecnología está evolucionando rápidamente. Sin embargo, en la mayoría de las empresas todavía operamos como en la década del 2000.

Un domingo por la mañana en 2019, vi lo rápido que se acelera la tecnología. Acababa de comprar un Apple HomePod para mi habitación. Mi hija Eve había aprendido a pedirle que tocara canciones y contara chistes. (Sorprendentemente, Siri, la IA del HomePod, tiene en verdad un buen sentido del humor). Pero entonces, como todos los niños inteligentes de 5 años, Eve comenzó a aprender por sí misma el verdadero poder de esta tecnología, aprendió a pedirle a Siri que enviara mensajes. Imitando a papá, envió un mensaje al equipo de Mindvalley.

Entonces, un grupo de mis colegas recibió el siguiente mensaje de su CEO a las 8 a. m. de un domingo: «¡Cuéntame todo sobre los unicornios! ¿Son reales? ¿Realmente reales?».

Varios de los miembros de mi equipo ahora piensan que su CEO se pasa la mañana de los domingos drogado. Tuve que emitir una declaración pública: «Era Eve. Para que conste, no estoy obsesionado con los unicornios. Y no consumo drogas el domingo por la mañana. Gracias por su comprensión».

Pero como ves, la tecnología está conectando a las personas de maneras fascinantes y ha cambiado completamente el poder que tenemos para tomar decisiones y compartir ideas.

En cualquier momento estoy en una conversación en mi teléfono inteligente con el 25% de las personas en Mindvalley. Esto incluye accionistas, asesores, trabajadores por contrato y autores. En total, son alrededor de 400 personas. Normalmente tengo que responder cien mensajes para este grupo de WhatsApp. Eso puede sonar loco, pero lo que sucede después es único.

Ya no hago llamadas telefónicas. Limito las reuniones. La mayor parte de mi tiempo «en el trabajo» lo paso haciendo lluvias de ideas y eliminando barreras para que se tomen decisiones.

Mi trabajo es ser un acelerador del flujo de ideas para que el negocio siempre esté creciendo, evolucionando e innovando rápidamente.

Menos reuniones y cero llamadas también significa que no hay tiempo perdido. Tengo tiempo para escribir, estar con mis hijos, viajar por el mundo y administrar un negocio con 300 personas, que crece más del 50%, año tras año.

Esta es la esencia del modelo del Cerebro unificado. Mi trabajo es asegurarme de que los expertos de toda la organización obtengan los datos, se conecten y tengan la información que necesitan para tomar las mejores decisiones.

Para llevar el modelo de Cerebro unificado a tu empresa, ya sea que estés solo y vayas a hacer tu primera contratación, o si tienes un negocio con miles de personas, debes seguir dos pasos:

1. Romper la jerarquía y crear las creencias correctas.
2. Introducir OODA.

Ten en cuenta que si trabajas para una organización más grande, no tienes que aplicar el modelo del Cerebro unificado a toda la empresa. Como líder sigiloso puedes llevar esto a un equipo más pequeño. También puedes incorporar estas ideas a tus relaciones, familia y grupos sociales.

1. Romper la jerarquía y crear las creencias correctas

La mayoría de nosotros estamos entrenados para operar dentro de una cadena de mando obsoleta donde un trabajador reporta a un superior y trabaja en un equipo de colegas con habilidades similares. La primera parte del modelo del Cerebro unificado es romper con la forma en que las personas perciben la jerarquía.

La mayoría de las empresas y las personas en ellas piensan que las ideas tienen que fluir a través de la cadena de mando habitual. Algo como esto:

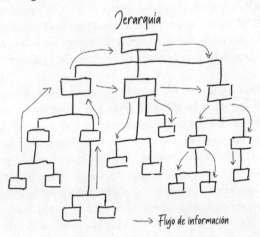

Pero el flujo de ideas debe estar libre de la jerarquía de la empresa. El modelo adecuado debería verse así:

Jerarquía

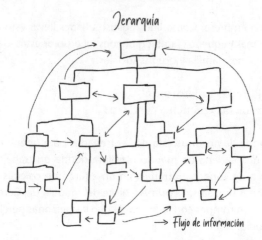

→ Flujo de información

Ed Catmull, el presidente de Pixar, explica en su libro *Creativity, Inc.* cómo Pixar difuminó las líneas tradicionales entre los trabajadores para desbloquear un mayor nivel de colaboración, inspiración e innovación. Implica precisamente el acto de enseñar a las personas que la jerarquía de la empresa y la jerarquía de las ideas no viajan de la misma manera. Catmull escribe:

> Debido a que hacer una película involucra a cientos de personas, una cadena de mando es esencial [...] cometimos el error de confundir la estructura de la comunicación con la estructura de la organización. Por supuesto, un animador debe poder hablar con un modelador directamente, sin hablar primero con su gerente. Así que reunimos a la compañía y dijimos: «En el futuro, cualquiera debe poder hablar con cualquier otra persona, a cualquier nivel, en cualquier momento, sin temor a reprimendas».
>
> La comunicación ya no tendría que pasar por canales jerárquicos. El intercambio de información era crucial para nuestro negocio, por supuesto, pero yo creía que podría, y con frecuencia debería, suceder fuera de orden, sin que las personas tuvieran que hacer esfuerzos inmensos. Cuando las personas hablaban directamente entre sí y luego dejaban que el gerente se enterara más tarde, eran más eficientes que si trataban de asegurar que

todo sucediera en el orden «correcto» y a través de los canales «adecuados».

Este fue un éxito en sí mismo, pero vino con un beneficio adicional e inesperado: el acto de pensar sobre el problema y responder a él era estimulante y gratificante. Nos dimos cuenta de que nuestro propósito no era simplemente construir un estudio que hiciera películas exitosas, sino fomentar una cultura creativa que continuamente hiciera preguntas.

Tal como Ed Catmull había notado que el mito de la jerarquía en Pixar hacía más lento el flujo de ideas, noté que lo mismo sucedía en Mindvalley en 2014. En nuestro caso, éramos una empresa más pequeña con alrededor de cien empleados. Nuestro problema era que nuestra gente venía de todas partes del mundo y traía consigo sus propias percepciones culturales únicas de jerarquía y creencias sobre cómo operar en el trabajo.

En 2014, escribí un memorando a mi equipo sobre la importancia de cuestionar las creencias. Es una práctica con la que estoy obsesionado, un elemento clave de la expansión. Innovar no es fácil cuando te adhieres a viejas ideas. A continuación te muestro el memo que le escribí a mi equipo.

------------------ INICIO DEL MEMO ------------------

Enviado el 27 de noviembre de 2014

Hola equipo:

Las creencias son realmente interesantes. Tendemos a creer ideas basadas en nuestras suposiciones. O porque provienen de una figura de autoridad que dice lo que es verdad sobre el mundo. Y lo hacemos, a menudo sin que nosotros mismos evaluemos realmente estas creencias.

El científico Paul Marsden llama a esto «Memética y condicionamiento social». Es un fenómeno fascinante que explica por qué adoptamos una religión, creemos ideas sobre ciertas figuras políticas o adoptamos identidades nacionales. Esto es lo que escribe Marsden:

La evidencia muestra que heredamos y transmitimos comportamientos, emociones, creencias y religiones, no a través de la elección racional sino del contagio. Cuando no estamos seguros de cómo reaccionar ante un estímulo o una situación, estas teorías sugieren que buscamos activamente a otras personas para que nos den orientación y las imitamos conscientemente.

Piensen en lo que dice Marsden y cómo se aplica a una empresa como Mindvalley. Él dice que cuando no estás seguro de una situación, adoptas las ideas y creencias de otras personas.

Cada nuevo empleado que se une a Mindvalley tiene esta experiencia. Adopta creencias (verdaderas o falsas) sobre cómo trabajar aquí, cómo interactuar conmigo, sobre los rasgos de carácter percibidos de sus gerentes o líderes. El problema es que muchas de sus creencias adoptadas no tienen validez en la realidad, no hay evidencia tangible que las respalde.

Pero lo que creemos que es verdad se convierte en verdad. Todos nosotros estamos creando nuestra propia realidad. Todo el tiempo. No hay excepciones. Y esto es lo que aprendí recientemente.

Así que ayer tuve dos reuniones en la pausa del café con empleados nuevos. Estábamos discutiendo sus experiencias, el papel que desempeñarían, cómo crecer en la empresa y más.

Y una de ellas, Alexandra, dijo lo siguiente:

Cuando llegué aquí, le pregunté a la gente si podría hablar contigo y me dijeron: «Vishen solo pasa su tiempo con personas más experimentadas porque está ocupado, no tendrá tiempo para hablar con empleados nuevos».

Y luego:

Le pregunté a algunas personas si podía quejarme contigo acerca de mi mala experiencia con nuestro programa de Reubicación de Vivienda y me dijeron: «Ja. Buena suerte para que te dé tiempo, está superocupado con asuntos más grandes».

Todo esto es un poco divertido porque es exactamente lo contrario de la realidad.

1. No solo me reúno regularmente con las nuevas contrataciones, sino que memorizo sus 3PMI y las uso para ayudarlos a crear programas de desarrollo.
2. Estoy tan preocupado por la vivienda, que cambié nuestras políticas de Recursos Humanos el lunes para asegurarme de que los nuevos empleados no pasen por situaciones de mala vivienda al mudarse aquí.

Sin embargo, Alexandra había sido infectada por frustrantes creencias inválidas sobre mí. Y si no fuera más madura, podría haber actuado de acuerdo con estas creencias y nunca haberme pedido que tomáramos un café.

Así que recordemos todos:

Los seres humanos son entidades complejas. A menos que realmente me conozcas, no me conoces. Por favor, nunca asumas un comportamiento o rasgo de carácter de alguien en Mindvalley que te quite poder. No le harás justicia a nadie.

Y lo que es peor, por favor no infectes la mente de los demás con creencias desalentadoras. Las suposiciones son peligrosas. Cuando tengas creencias que te desempoderen, desafíalas. Pídele tomar un café a esa persona. Comparte esa idea. Habla para expresar tus sugerencias (las sugerencias e incluso las quejas no son negativas; son simplemente información que nos ayuda a mejorar).

Una advertencia: cuando hagas esto, sé consciente de que en ocasiones puedes obtener un «no».

Pero inténtalo de nuevo.

Una vez le pregunté a una persona (llamémosla Belle) que llevaba varios años en Mindvalley por qué nunca me había pedido que comiera con ella hasta que yo lo solicité específicamente. Ella dijo que lo hizo una vez. Pero yo ya tenía otra reservación y decidí comer con la otra persona (llamémosle Duke) y no con ella. Así que durante dos años asumió que ella no me importaba.

Yo no recordaba nada de esto. Así que volví al historial de Google Calendar. Descubrí que me reservaron un almuerzo para ese día dos años atrás y elegí a Duke porque estaba atravesando una situación de crisis y necesitaba mi ayuda.

Pero durante dos años, Belle no volvió a pedirme comer juntos porque interpretó la situación de una manera que la desempoderaba. Y todo ese tiempo me habría encantado comer con ella porque tenía una muy buena opinión de ella. Finalmente comimos juntos un día y lo pasamos muy bien. Nota: Belle sigue con nosotros hoy después de ocho años y es una de nuestras personas más leales.

Sin embargo, una simple suposición la detuvo.

¿Te ha pasado esto? Si es así, no te culpo.

Todos tenemos inseguridades de alguna manera. Cuando era adolescente, tenía la cara llena de granos, estaba legalmente ciego y usaba gafas gruesas. En toda mi vida, de los 13 a los 27 años, solo salí con «amigos» menos de cinco veces. Pensé que para la gente yo era feo y aburrido, así que nunca le pedí a nadie que socializara conmigo. Tenía cero habilidades sociales y muy poca confianza. Creía que era desagradable.

Y actué de acuerdo con estas creencias.

Quiero que sepan esto porque si han estado evitando decir lo que piensan, o compartir una inquietud, o si se han estado quejando entre ustedes mismos acerca de una situación que realmente importa, o si solo desean asesoramiento profesional...

Me importa. Nos importa. Y estamos aquí. Y haremos tiempo.

Mindvalley es fuerte porque podemos tener conversaciones francas como esta y construir relaciones auténticas. No subestimes cuánto importas ni asumas que tus gerentes no tendrán tiempo para tu inquietud o pregunta.

Y nunca asumas las creencias desempoderantes de otra persona. De hecho, cuando escuches tal cosa, corrígela. Simplemente haz una pregunta como: «¿Has validado esa creencia con la ciencia y el estudio de datos duros? ¿O es esa una opinión personal nublada por el error de atribución fundamental y las propias inseguridades infantiles que proyectan un rasgo de carácter en otra persona?».

Ya más o menos sabes a qué me refiero ;-)

La regla simple para vivir es esta:

«Si la creencia me hace sentir sin poder, a menos que esté respaldado por datos científicos empíricos, y no solo por la opinión de alguien, voy a elegir ignorarlo y hacer lo que me empodere».

Tus creencias son tu activo más importante. No son tus habilidades ni tu cerebro. Sino tus creencias. Cree lo mejor que puedas sobre el valor de tu trabajo y tus ideas. Y cree lo mejor que puedas sobre tus compañeros de equipo y sobre ti mismo.

¿Qué vas a elegir creer?

—V

------------------ FIN DEL MEMO ------------------

Espero que el memorando te ayude a comprender lo importantes que son las creencias para crear un ambiente de hermosa colaboración.

2. Introduce OODA

OODA es una de las ideas más innovadoras que he introducido en mi lugar de trabajo. Lo aprendí en una clase en la Singularity University mientras asistía a una serie de conferencias sobre la inteligencia artificial y el cerebro.

OODA es la abreviatura de Observa-Orienta-Decide-Actúa. Fue desarrollado por John Boyd, estratega militar y coronel de la Fuerza Aérea de Estados Unidos.

En resumen, el coronel Boyd notó que los mejores pilotos militares también eran los que desperdiciaban más balas. Fallaban más, pero también derribaban más aviones enemigos.

OODA se trata de hacer que la innovación se acelere y se mueva rápido optimizando dos cosas:

Primero, se trata de aumentar la cantidad y la proporción de ideas compartidas. Tú creas sistemas donde las personas puedan comunicarse fácil y rápidamente para acelerar el flujo de ideas.

En segundo lugar, se trata de acelerar la toma de decisiones. Actúas sobre ideas imperfectas. La idea es que, si bien muchas de esas decisiones fallan, es mejor que tratar de atinar el 100% de los golpes y avanzar lentamente.

En Mindvalley llevamos OODA a otro nivel y le dimos un giro conforme a nuestra manera única de ser. OODA ha simplificado mi vida notablemente. Ahora paso menos de la mitad de mi tiempo en la oficina. Mientras estoy en un auto, viajo o escribo, puedo comunicarme con mi equipo y coordinar ideas y su ejecución con sorprendente rapidez y facilidad. También puedes hacerlo si aprendes estas herramientas. Aplica no solo a los líderes, sino a cualquier persona en cualquier empresa que quiera ser audaz, innovar y ejecutar rápidamente.

OODA eliminó unas 20 horas de reuniones semanales de mi calendario. Y me permite manejar mi empresa en mi teléfono inteligente usando nada más que WhatsApp. Solo paso el 30% de mi tiempo de trabajo en una computadora real. El 70% lo hago usando nada más que mi iPhone y WhatsApp. Permite que el Cerebro unificado funcione de manera encantadora.

Para comprender mejor el ciclo OODA, quiero compartir otro memorando que le envío a mi equipo todos los años como recordatorio.

Memo 2: El poder de OODA

------------------ INICIO DEL MEMO ------------------

Estimado equipo:

Mindvalley tiene un elemento único que quebrará a algunas personas. Y permitirá que otros brillen. Este memo es sobre eso.

Si quieres ganar en Mindvalley, lee esto y deja que entre en lo más profundo de tu ser. Porque queremos que ganes. Tu victoria es nuestra victoria colectiva.

Pero primero algunas estadísticas:

1. Los ingresos de Mindvalley crecerán entre 60 y 75% este año respecto al año anterior. Para una empresa que tiene más de 10 años, este es un crecimiento muy impresionante.
2. Gran parte de los negocios que tenemos hoy ni siquiera existían hace más de 12 meses. El 80% de nuestros ingresos actuales proviene de productos que no existían hace 24 meses.

Ahora, aquí está la lección:

El bucle OODA y el cambio rápido

Si comprendes este concepto, nos ayudarás a avanzar mucho más rápido como equipo. Y harás que tu trabajo sea más divertido porque te mueve a un reino en el que estás cocreando proyectos en lugar de arrancarlos lentamente tú solo. Lo que comparto, por lo regular genera resistencia en los nuevos empleados que provienen de lugares de trabajo tradicionales porque rompe las ideas de trabajo que la sociedad nos ha taladrado en la cabeza.

Si no comprendes esto, es muy probable que:

1. Sientas que tu trabajo se fue a la basura porque el cambio lo hizo obsoleto.

2. No sabes cómo sugerir ideas y, por lo tanto, te sientes menos importante.

3. Te preguntas por qué algunas personas son promovidas rápidamente y tú te quedas atrás.

Primero algunos antecedentes:

En 2017, noté que, cuando pasamos del correo electrónico a Slack para más de nuestras comunicaciones, liberé alrededor de 45 minutos de mi tiempo todos los días. Atribuyo esto a una reducción en las cadenas de correo electrónico y a una toma de decisiones más rápida.

Luego comencé a usar WhatsApp y, en particular, su función de audio. Cuando comencé a viajar más, cambié a únicamente WhatsApp como mi medio de comunicación. Esto liberó una hora más o menos al día.

Entonces aprendí otro truco. Y esto liberó dos horas al día. Dejé de programar reuniones regularmente. Y detuve todas las llamadas telefónicas programadas. Comencé a usar la función de video y audio de WhatsApp para comunicarme con nuestros 300 miembros del equipo y más de 100 autores, clientes y proveedores en todo el mundo. Lo que a veces necesitaría una reunión en persona de 30 minutos, podría reducirse a tres minutos de intercambio de mensajes de voz, videos o comentarios en WhatsApp.

Pero la razón principal no eran Slack o WhatsApp en sí, sino esto: la aceleración de los ciclos de toma de decisiones

Quiero que consideres la idea de que el objetivo de todos nuestros correos electrónicos y reuniones y llamadas telefónicas y Slacks es simplemente tomar decisiones. Si puedes acelerar el proceso de toma de decisiones, avanzas más rápido. Pero, por supuesto, acelerar el proceso de toma de decisiones puede conducir a decisiones equivocadas ocasionales, porque no se dedica suficiente tiempo a debatirlas o analizarlas. ¿Cómo concilias esto?

Aprendí al respecto durante una sesión en la Singularity University en 2016 (ver imagen a continuación) en una clase sobre inteligencia artificial. Se llama el bucle OODA. Aquí hay un diagrama que lo explica.

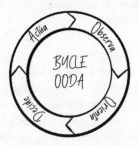

Si observas la imagen de arriba, verás que un bucle OODA significa lo siguiente:

- Observa.
- Orienta.
- Decide.
- Actúa.

OODA fue un modelo creado por el estratega militar de la fuerza aérea y coronel de la USAF John Boyd. Boyd aplicó el concepto al proceso de operaciones de combate, a menudo a nivel estratégico en operaciones militares.

En pocas palabras, siguiendo a OODA, los pilotos de la fuerza aérea tenían más probabilidades de derribar aviones enemigos.

La idea es simple. Actúa rápido: incluso con conocimiento imperfecto. En la jerga de la fuerza aérea esto significaría:

- Observa el avión enemigo.
- Oriéntate a ti mismo.
- Decide tu siguiente movimiento.
- Actúa y ¡dispara!

Los bucles OODA sugieren que ganas moviéndote rápido. Pensar demasiado en algo puede ser una desventaja competitiva.

OODA está diseñado para evitar la parálisis por análisis y para permitir que esos pilotos tomen tantas decisiones como sea posible en un periodo de tiempo determinado.

Ahora, según Wikipedia:

> El bucle OODA se ha convertido en un concepto importante en litigios, negocios y estrategia militar. Según Boyd, la toma de decisiones ocurre en un ciclo recurrente de observación. Una entidad (ya sea un individuo o una organización) que puede procesar este ciclo rápidamente, observando y reaccionando a los eventos que se desarrollan más rápidamente que su oponente, puede «entrar» en el ciclo de decisión del oponente y obtener la ventaja.

En resumen: cuanto más rápido puedas tomar decisiones, aprender de ellas y evolucionar, más probabilidades tendrás de ganar.

Pero ten esto en cuenta: el piloto que vuela el avión con un bucle OODA más rápido desperdiciará más balas.

Él está disparando más.

Falla más.

Aunque también derriba más aviones enemigos.

Pero está bien desperdiciar balas porque esto es lo que gana la guerra.

He escuchado gente decir: «Se produce tanto desperdicio en Mindvalley, comenzamos algo y luego lo matamos» y «Corremos antes de planificar bien. Y luego el proyecto sale mal».

Están en lo correcto. Pero estas son balas para desperdiciar. Desperdiciar balas es 100% correcto, de acuerdo con la filosofía OODA, porque de ese modo derribarás más aviones enemigos.

El *ritmo* de la innovación es lo más importante.

No me importa si fallamos del 40 al 50% del tiempo. Google también falla a menudo. Según Steven Levy en su libro *In the Plex*, Google falla en el 40% de todo lo que comienza. (¿Recuerdas el Google Glass o Google Plus?).

Pero al avanzar rápido aprendemos, orientamos, adaptamos e innovamos más rápido que la competencia.

El fracaso está completamente bien. De hecho, está consagrado en nuestros OKR (el 50% de tus OKR debe tener una tasa de fracaso del 50 por ciento).

Fallar está bien. Pero ser lento no lo es.
Esto es lo que OODA significa para nosotros.

#1. Haz todo lo posible para acelerar el ciclo de toma de decisiones

El 80% seguro es mejor que el 100%, si te permite moverte más rápido. Un equipo que pueda tomar cinco decisiones que sean 80% seguras en una semana hacia un proyecto es mejor que un equipo que puede tomar una decisión 100% segura.

Lo que noto es que a menudo disminuimos la velocidad porque no podemos tomar decisiones lo suficientemente rápido. Estos son unos ejemplos:

a. Si en una prueba A/B, una de las opciones es 90% ganadora después de una semana y necesitas otra semana para llegar al 95%, desecha la semana adicional y trabaja con el resultado 90% seguro. Apunta a la velocidad.

b. Evita el correo electrónico para las decisiones importantes. Usa Slack. Si me necesitas conectado, habla conmigo o usa WhatsApp. El propósito de cualquier correo electrónico o Slack no es más que cerrar un ciclo de decisión. No me interesa cuánto escribes. Los mensajes cortos son siempre apreciados. De nuevo velocidad.

c. Notarás que últimamente estoy programando muchas lluvias de ideas de una hora. Estas son para acelerar la toma de decisiones. No tenemos que esperar meses para descubrir cómo crear páginas de ventas optimizadas para dispositivos móviles o la página perfecta para que el cliente se dé de baja. Podemos llamar a los cerebros más inteligentes a la sala y en una hora elaborar una estrategia bastante concreta que sea 80% correcta. Y esto nos da impulso para avanzar más rápido.

Esto nos lleva al punto #2...

#2. Muévete rápido, pivota y aprende sobre la marcha

¿Qué diagrama a continuación te parece una mejor manera de alcanzar la meta?

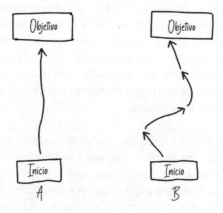

Obviamente A, ¿verdad?

Porque con A vas directo a la meta por el camino más corto. Pero en realidad, nunca sabrás al 100% el camino correcto para alcanzar una meta. Entonces, en realidad, necesitas actuar rápido y aprender mientras te mueves. Por lo tanto, B es el modelo más preciso de cómo funcionan las empresas (y el mundo).

A es tomar meses para lanzar un podcast porque lo quieres perfecto.

B es lanzar un podcast en una semana y ajustar sobre la marcha hacia la perfección.

Siempre opta por B. Brindarás un mejor producto más rápido.

Para obtener la perfección de A, es posible que necesites semanas de planificación. B requiere más trabajo preliminar, pero es probable que llegues más rápido porque estás aprendiendo a medida que avanzas. Este es el bucle OODA.

Entonces, en resumen: actúa con conocimiento imperfecto y pivota en el camino.

Cuando esto suceda, también crearás un cambio.

Adopta esto.

Entonces, ¿qué tan rápido puedes probar y ajustar ideas? ¿Tomas decisiones con una precisión del 80% y aprendes rápido o estás esperando tontamente una precisión del 95% y retrasas tu capacidad de implementar, probar y aprender?

#3. Falla rápido.
Falla a menudo. Aprende de ello.

Salim Ismail, director de la Singularity University, vino a Malasia para reunirse con el gobierno. Me dijo que le aconsejó al primer ministro que lanzara una conferencia masiva a nivel nacional y la llamara algo así como FailureCon.[22] En ella, dijo, el primer ministro debería otorgar un premio al empresario con el mayor fracaso en su haber. Si tenemos demasiado miedo al fracaso, no lo intentamos; Salim sugiere que entonces terminemos con el estigma del fracaso.

Nadie ha sido despedido de Mindvalley por fallar en un experimento. El fracaso es maravilloso. Te hace más inteligente. Fracasar en una innovación nunca te costará una promoción en Mindvalley. Pero no tratar de innovar lo hará. O si te mueves demasiado lento.

#4. Adopta la innovación rápida
y el cambio

Puedo decirte que una de mis mayores frustraciones al tratar con algunos nuevos empleados en Mindvalley es el miedo cultural

---

[22] FailureCon viene de *failure* (fallar o fracasar) y *con* (conferencia). [N. de la t.].

al cambio. Todos los años vemos en nuestros comentarios a alguien que dice que «cambiamos demasiado rápido», «siempre estamos cambiando las cosas», etc., etc. Pero ¿estamos cambiando lo que funciona o lo que no funciona?

¿Estamos abandonando las fórmulas ganadoras o ajustándolas mientras desechamos nuestros modelos perdedores? No estamos cambiando, estamos pivoteando. Las buenas compañías hacen eso.

Jeff Bezos escribió una vez un blog titulado: «La gente inteligente cambia de opinión». Él escribió: «Las personas que tienen razón cambian de opinión mucho más a menudo».

Bezos continuó diciendo que no cree que la consistencia del pensamiento sea un rasgo particularmente positivo: «Es mejor, incluso más saludable, tener una idea que contradiga una que tenías antes. Las personas inteligentes revisan constantemente su comprensión de un asunto. Reconsideran problemas que creían haber resuelto. Están abiertos a nuevos puntos de vista, nueva información y desafíos a sus formas de pensar».

Mindvalley cambia y evoluciona tanto en un mes como la mayoría de las computadoras lo hacen en seis meses. Un propietario de producto que trabaje en productos básicos y no esté frecuentemente en WhatsApp y Slack conmigo será obsoleto en términos de su conocimiento y comprensión de nuestras necesidades en 30 días.

Déjame enfatizar eso. Si no estás enchufado y conectado y no te estás comunicando, tendrás datos incorrectos y probablemente tomarás decisiones redundantes.

#5. Comunicar, comunicar, comunicar

Se trata de la comunicación. Se trata de honestidad. Se trata de considerar a las personas de la organización como merecedoras de conocer los hechos. No intentes contarles la mitad de la historia. No intentes ocultar la historia. Trátalas como... como verdaderos iguales y comunícate y comunícate y comunícate.

Louis V. Gerstner Jr., ex CEO de IBM

Es por eso que en Mindvalley todos los documentos de OKR están abiertos a cualquiera. Todos los documentos de Visualización (*Envisioning*) están igualmente abiertos. Puedes estar aquí por un día y aún tener el derecho a editar el documento de Envisioning o el de OKR de un equipo externo al tuyo. El equipo ejecutivo mismo no tiene carpetas secretas donde mantenemos visiones o planes aislados de los demás.

Si entiendes esto, entiendes tu poder aquí.

—V

------------------ FIN DEL MEMO ------------------

El Cerebro unificado es realmente increíble. Cuando el flujo de ideas se mueve sin restricciones y las decisiones se toman rápidamente, una empresa evoluciona a un ritmo exponencial. Sin embargo, hay un lado oscuro en esto: cuando te mueves tan rápido hacia visiones increíbles que te olvidas del equilibrio y de cuidarte. De esto se trata el capítulo final de este libro.

Aprenderás una forma completamente nueva de trabajar que consiste en fusionar al buda con el chingón para crear un equilibrio radical en tu vida.

Resumen del capítulo

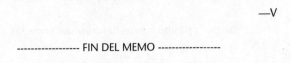

Modelos de realidad

Las ideas tienen el mismo efecto en el cerebro que las drogas de la felicidad. Cuando el cerebro está en un estado de inspiración, libera una oleada de dopamina y serotonina. Por eso concebir ideas brillantes se siente increíble y compartirlas es aún mejor. A esto se le llama *sexo de ideas*.

El acoplamiento cerebral ocurre cuando dos o más personas vibran sobre la misma idea. Durante estos momentos, sus frecuencias cerebrales se reflejan entre sí; la experiencia se siente emocionante, alegre y divertida.

Cuando se respetan los roles entre las personas, pero no se colocan en el primer plano de la mente al colaborar en proyectos y se establecen estructuras para acelerar la comunicación, cualquier grupo de personas puede trabajar como un Cerebro unificado. Trabajar así es estimulante. Cualquiera puede crear un entorno de trabajo de Cerebro unificado con otras personas. Este modelo puede extenderse a familias, grupos comunitarios, amigos y organizaciones sin fines de lucro.

1. Rompe la jerarquía y crea las creencias correctas.
2. Introduce OODA.

Sistemas de vida

Ejercicio 1: Cambio de contexto

Creencia para recordar y bajo la cual vivir:

Los seres humanos son entidades complejas. A menos que realmente conozcas a una persona, no la conoces. Nunca asumas un comportamiento o un rasgo de carácter de nadie que te quite poder, no le harás justicia a nadie.

Practica esto cuestionando cómo percibes a otras personas cada vez que te sientas desempoderado. Pregúntate:

¿Por qué esta persona es así?
Basándome en sus acciones, ¿es verdad lo que creo?
¿Qué podría estar pasando en su vida?
¿Estoy luchando en esta relación porque
estoy atrapado con su título?

¿Qué dicen o creen otras personas sobre esta persona?
¿Cuál es una postura de empoderamiento a través
de la cual podría ver a esta persona/situación?
Si creo que cada persona es por naturaleza
bien intencionada, ¿qué puedo ver sobre
esta persona ahora?

Si trabajas en un grupo y ves que otras personas están luchando con creencias que las dejan sin poder, comparte estas preguntas. A menudo nos vemos atrapados en nuestras propias percepciones de la realidad. Las preguntas que empoderan te ayudarán a cambiar el contexto y a ver una realidad de más poder. Practica esto y ayuda a otros a hacerlo también.

Ejercicio 2: Introduce OODA

OODA fue un modelo creado por John Boyd, un estratega militar y coronel de la fuerza aérea que aplicó el concepto al proceso de operaciones de combate, a menudo a nivel estratégico en operaciones militares. En pocas palabras, siguiendo OODA, los pilotos de la fuerza aérea tenían más probabilidades de derribar aviones enemigos. La idea es simple: actúa rápido, incluso con conocimiento imperfecto.

En la jerga de la fuerza aérea esto significaría:

- Observa el avión enemigo.
- Oriéntate a ti mismo.
- Decide tu siguiente movimiento.
- Actúa y ¡dispara!

Los bucles OODA sugieren que ganas moviéndote rápido. Pensar demasiado puede ser una desventaja competitiva. OODA está diseñado para evitar la parálisis por análisis y permitir que los pilotos tomen tantas decisiones como sea posible en un periodo determinado.

Paso 1: Consulta el Memo 2 anterior para entender completamente el proceso.

Paso 2: Considera qué sistemas de mensajería le puedes dar a un equipo para acelerar la comunicación. Luego instálenlos y ve cómo optimizas tu tiempo y aceleras la innovación.

Paso 3: Cumple con la regla «No presentes, refleja». Si las personas están presentando ideas muy bien elaboradas, probablemente las estén pensando demasiado, no colaborando bien y desacelerando la innovación. Está bien ser desordenado cuando se intercambian ideas de un lado a otro. La innovación es a menudo un proceso iterativo.

Capítulo 9

ASCIENDE TU IDENTIDAD

> La vida no se trata de encontrarte. La vida se trata
> de crearte.
>
> GEORGE BERNARD SHAW

El universo actúa como un espejo: refleja lo que eres. El milagro de esto es que puedes cambiar tu identidad y el mundo obedecerá, pero debes cambiarlo tan profundamente que creas en la nueva identidad y vivir la vida de acuerdo con ella.

En *El código de las mentes extraordinarias* comparto un concepto llamado *Hermosa destrucción*. Es cuando te das cuenta de que para evolucionar hacia una mejor versión de ti mismo, primero debes destruir aspectos de lo que ya has construido para que pueda surgir una nueva versión de ti. A menudo uso esta declaración para expresarla:

> *A veces en la vida tienes que destruir*
> *lo que es simplemente bueno para permitir que*
> *entre lo verdaderamente grandioso.*

A veces eliges la Hermosa destrucción; a veces ella te elige a ti. Pero cada vez da un miedo infernal. Yo tuve que arrojar viejos comportamientos, relaciones y entornos a los que me había acostumbrado. Tuve que enfrentar muchas incógnitas. Pero cada vez que paso por esto, surgen milagros de las ruinas de mi antigua vida. Las visiones que una vez soñé se convirtieron en mi realidad.

La primera vez fue cuando salí de Estados Unidos. Hice las maletas, dejé el país que amaba y me mudé a Kuala Lumpur. Recordarás esta historia del capítulo 2. Esa decisión de negarme a dejar que mis circunstancias dictaran mi futuro llevó al enorme éxito de Mindvalley.

La segunda Hermosa destrucción fue cuando Bob Proctor me llamó a dar cuentas. Te conté esa historia en el capítulo 7. Dijo que estaba jugando demasiado en pequeño, y tenía razón. Inmediatamente dejé de viajar y enseñar mis seminarios. Dos años más tarde lancé A-Fest, que se convirtió en un gran festival de transformación. Ahora está en su décimo año.

Mi mayor Hermosa destrucción ocurrió cuando mi negocio casi se derrumbó, transformando la forma en que trabajo por completo. Sucedió en 2008. Compartiré la historia en un momento. A decir verdad, esa vez casi me costó todo. Pero si no fuera por ello, mi vida hoy y este libro no existirían.

Cada vez que elegí tomar el camino inspirado sentía miedo y cada vez he tenido un cambio de identidad completo. Me convierto en una nueva persona.

Pero esta nueva identidad es la que me lleva a una vida aún mayor, porque es tu identidad la que da forma a tu mundo. El universo refleja quién eres. Y si eres demasiado terco para cambiar, la Hermosa destrucción es la forma en que el universo te sacude para ayudarte a evolucionar hacia la próxima versión de quién estás destinado a ser.

Cambio de identidad

El cambio de identidad sucede cuando creamos un cambio enorme en cómo nos vemos en relación con el mundo. Creo que lo que realmente importa es el cambio de identidad y no la Ley de atracción.

Una vez me senté a desayunar con el maestro espiritual Michael Beckwith. Estábamos en Portugal, donde Beckwith se presentaría en el escenario del A-Fest 2019. Durante el desayuno comenzamos a hablar sobre sus filosofías, y Beckwith compartió conmigo su concepto de la Ley de resonancia.

Lo explicó así:

> *Verás, esta cuestión de la «Ley de la atracción»*
> *está incompleta. El mundo no te da lo que quieres*
> *o deseas. Más bien te da QUIÉN ERES. Tu identidad*
> *da forma a tu experiencia.*

Beckwith continuó explicando que esta es la razón por la cual tantas personas fracasan en fijar objetivos, o en tableros de visión o en la visualización creativa. Si lo que quieres no coincide con quien eres, el universo se opondrá a ti.

Si la Ley de resonancia le da una dimensión espiritual al cambio de identidad, ¿hay ciencia detrás de esto?

En su brillante libro *Atomic Habits* (*Hábitos Atómicos*), James Clear habla sobre la mejor manera de cambiar el comportamiento en un sentido más psicológico. Él aconseja no luchar para cambiar un hábito: en vez de ello, cambia tu identidad, construye una identidad que te haga superar el hábito por completo.

Por ejemplo, supongamos que quieres ser la persona que va al gimnasio tres veces a la semana y le encanta. Podrías concentrarte en el resultado, que podría ser perder cinco kilos y verte bien.

O bien, podrías concentrarte en el proceso, que podría ser poner una alarma, despertarte, conducir al gimnasio todos los lunes, miércoles y viernes y contratar al mejor entrenador que puedas encontrar. Pero ambos métodos son difíciles de mantener.

Si intentas motivarte a ti mismo por los resultados o el proceso, te encontrarás despertando de vez en cuando sintiéndote demasiado somnoliento o cansado para ir al gimnasio. Por eso tanta gente desperdicia sus costosas membresías en gimnasios. No es suficiente para mantenerte motivado.

Entonces, enfócate en un cambio de identidad. Concéntrate en obtener una nueva identidad como: «Soy un tipo de 40 años, en forma, con el cuerpo de un atleta sexy».

El hábito de ir al gimnasio se vuelve mucho más fácil. El atleta no quiere acostarse en la cama. Su cuerpo quiere moverse, entrenar y mejorar. Los atletas no se saltan los entrenamientos. Es simplemente lo que hacen. James Clear sugiere que adoptar un cambio de identidad es una forma mucho más poderosa de cambiar el comportamiento.

Así es como se ve en un diagrama:

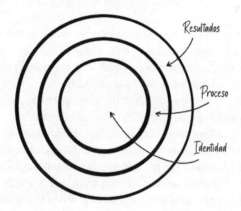

Esto me lleva de vuelta a mi historia. En 2008, me sometí a un cambio de identidad completo y, como era de esperar, causó que mi viejo mundo desapareciera y se desarrollara un nuevo mundo expandido.

El fin del trabajo como lo conocía

A lo largo de 2008 tuve horribles episodios de insomnio. A menudo me despertaba en un estado de ansiedad porque mi empresa estaba en peligro; sangraba efectivo a diario. Tenía 18 empleados. Los cambios en la industria habían provocado que nuestro motor de ingresos dejara de funcionar y lentamente nos estábamos quedando sin efectivo.

Para poner las cosas aún más difíciles, me había convertido en padre. Mi hijo Hayden tenía siete meses. Mi vida ya no se trataba solo de mí: tenía una familia que mantener. Más allá de eso, sentí que necesitaba ser un modelo de éxito para este pequeño ser humano.

Había intentado todas las fórmulas de negocio para arreglar las cosas, incluidas la incorporación de expertos increíbles y la de un socio, un MBA de Stanford, para ayudar. Nada había funcionado. Entonces decidí retirarme. No retroceder en el sentido de darme por vencido: decidí profundizar en mi estudio del crecimiento personal para encontrar las respuestas.

Fui a numerosos seminarios sobre mentalidad y riqueza. Volé a San Diego para escuchar a Esther Hicks hablar sobre espiritualidad, me sumergí en libros escritos por mis maestros favoritos como Neale Donald Walsch. Dediqué un mes a un crecimiento personal profundo y extenso mientras establecía la intención de encontrar la respuesta.

Esta llegó cuando estaba sentado en un seminario sobre la mentalidad de los ricos. Descubrí que estaba viviendo con una creencia insidiosa que estaba arruinando mi vida. Era esto: el trabajo duro es necesario para el éxito.

Nací en una familia de inmigrantes. Mi madre era una maestra de escuela que trabajaba muy duro. Mi padre comenzó su negocio cuando yo tenía 13 años, trabajaba largas horas hasta la noche. Con frecuencia, cuando era adolescente, tenía que reunirme con él en su almacén después de la escuela. Hacíamos un trabajo agotador como cargar cajas de prendas en camiones, o clasificar y empaquetar mercancías. Desde luego que la *brule* «Para tener éxito debes trabajar duro» se convirtió en parte de mi identidad.

Entonces me convertí en papá. Y debido a que respetaba y amaba tanto a mi padre, quería ser muy bueno para Hayden. Estaba decidido a volver a casa del trabajo temprano para poder pasar más tiempo con él.

Mis creencias chocaban. Pensé: si trabajara menos, podría ser un mejor padre; pero si hiciera eso, no sería un éxito.

En ese momento, estaba haciendo todo lo posible para tratar de mantener mi mundo funcionando. Y, sin embargo, mi negocio se derrumbaba. Mi creencia en el poder del trabajo duro estaba tan profundamente arraigada que mi identidad estaba ligada a ella. Si elegía renunciar a algunas horas de trabajo para ser padre, me sentía culpable o indigno de tener éxito en los negocios. Y esta creencia se hizo realidad, porque la realidad refleja lo que crees profundamente.

Fue en un seminario de T. Harv Eker cuando comencé a darme cuenta de cómo había adoptado ciegamente esa regla del trabajo duro. Este despertar inmediatamente causó que la regla perdiera su poder, me di cuenta de que el trabajo duro tenía poca o ninguna relación con mi éxito.

De repente mi identidad cambió. Esa vieja creencia se desvaneció en el olvido.

Una vez que transformé las reglas de mierda que me habían secuestrado, mi mundo exterior cambió rápidamente. Para agosto habíamos duplicado el negocio; para diciembre, el negocio se había duplicado nuevamente. En ocho meses crecimos 800%. Nuestro equipo creció a 50 personas y nos mudamos a una hermosa oficina nueva.

Un año después, la forma en que trabajaba había pasado por un cambio total. Mientras que en mayo de 2008 casi había perdido mi negocio y además me mataba en la oficina, en mayo de 2009 estaba en una playa. En varias playas, de hecho. Pasé 21 días dando vueltas alrededor del mundo de playa en playa. Asistí a la boda de un amigo en Cabo. Luego a un *mastermind* en la isla Necker. Pasé nueve días en el resort de Tony Robbins en Fiyi. Solo pasé seis días en la oficina. Durante ese tiempo alcanzamos nuevos récords de ingresos.

Volé en pedazos la regla del trabajo duro. Mi nueva identidad había cambiado las leyes del mundo para mí. Tú también puedes hacer eso: en la mitad final de este capítulo, revelo un ejercicio de cambio de identidad que puedes usar para hacer lo mismo. Puedes crear una nueva identidad, y con nuevas herramientas puedes demoler cualquier barrera de creencias en tu camino a reclamar esa nueva realidad.

Si tú también crees que el trabajo debe ser duro, simplemente estás atrapado en el condicionamiento de la sociedad. Esto no es verdad.

Los mitos sobre el trabajo

Arianna Huffington, en su libro *Thrive*, comparte sobre un periodo de su vida en el que se esforzó tanto que terminó en el hospital. Al segundo año de dirigir *The Huffington Post*, ella estaba trabajando 18 horas al día. Parecía exitosa, y su negocio ciertamente lo era, pero estaba exhausta y completamente consumida por su trabajo. Un día se desmayó en su oficina de Los Ángeles, se golpeó la cabeza contra una mesa y quedó inconsciente.

«Era exitosa según todos los estándares, pero claramente no tenía éxito si estaba acostada en un charco de sangre en el piso de mi oficina», explicó en una entrevista en HuffPost Live.

Huffington necesitó una grave crisis de salud para darse cuenta de que se había equivocado. Estaba sacrificando su salud, porque había comprado la mentira: «Trabaja más duro, ve más lejos». Como yo, ella aprendió su lección de la manera difícil. La buena noticia es que la despertó.

Sin embargo, muchos empresarios defienden el trabajo duro. Si crees que el trabajo duro es el secreto del éxito, entonces cada trabajador de una fábrica de explotación que trabaje durante 100 horas en fábricas en Asia debería tener éxito. El trabajo duro no es parte de la ecuación.

Pero hay una lealtad ciega a eso y esto da como resultado seres humanos destrozados, relaciones dañadas y una pobre cultura de oficina donde las personas están demasiado estresadas y sobrecargadas de trabajo para hacer un trabajo bueno o disfrutar de su vida para nada.

En 2019 entrevisté a Regan Hillyer, quien es una de las mejores entrenadoras de mentalidad del mundo menores de 30 años. Ella es una de los muchos CEO que conozco personalmente que siempre están felices, les encanta administrar diversos negocios y solo trabajan alrededor de dos horas al día si lo desean. Admiro a Regan porque ha construido múltiples negocios exitosos, tiene menos de 30 años y también lleva una vida en la que puede viajar y disfrutar de lo mejor que el mundo puede ofrecer.

Esto es lo que ella compartió conmigo:

Veo a muchos emprendedores que tienen menos éxito que yo y trabajan más duro, y cuando profundizo al respecto con ellos y empiezo a hacerles algunas preguntas, realmente creen que hacer negocios es difícil.

Tengo personas que acuden a mí que ganan un millón o dos millones de dólares al año y sus ingresos no aumentan y no pueden entender por qué. Es porque están generando su máximo con el arduo trabajo que realizan. Debido a que su estructura interna está conectada de esa manera, les resulta realmente difícil crear resultados.

¿Qué pasaría si, en cambio, empezáramos a pensar que el negocio es fácil? ¿Qué pasaría si ganar millones de dólares fuera divertido y fácil? ¿Qué pasa si creyéramos que cuanto más dinero gano, más dinero gano automáticamente?

El punto de Regan era simple: si crees que el trabajo es duro, verás el trabajo duro como el único camino a seguir. Y te sentirás atrapado porque solo hay tantas horas en un día.

Una mejor manera es entender que a veces el camino a seguir es lo opuesto al trabajo. A veces, el próximo gran salto ocurrirá cuando pases de la aceleración a la navegación.

Cómo cambiar de identidad

Aceleración *versus* navegación

Me he dado cuenta de que, para permanecer en ese lugar de trabajo armonioso, uno debe mantener un equilibrio sutil entre dos modos de operación. Los llamo *aceleración* y *navegación*.

Permíteme explicar cómo se ve eso en el contexto del trabajo.

La aceleración ocurre cuando una persona está ejecutando la misión; está en modo de rendimiento y centrado en la tarea. Para mí, esto es cuando estoy optimizando el negocio, reuniéndome con el equipo, desarrollando nuevos productos y sistemas. Pero la aceleración por sí sola no es suficiente.

Cuando el modo se configura solo para la aceleración, no es posible ver nuevas oportunidades, innovar o aprender de otros mentores, ni siquiera para revisar errores. En este modo, un trabajador estará tan ocupado dándole duro, que para empezar se olvidará de sintonizarse y revisar si lo que está haciendo importa. Si pasa demasiado tiempo así, la creatividad, la energía y la diversión disminuyen, lo que provoca una disminución de la productividad y la satisfacción.

Los mejores trabajadores oscilan entre aceleración y navegación.

Por eso desaparezco de vez en cuando. Recientemente viajé por el mundo durante siete semanas seguidas. Esto fue adrede: estaba en modo de navegación.

La navegación no se trata de moverse rápido, sino de entender si te estás moviendo en la dirección correcta, en el camino correcto. Se trata de inventar nuevas visiones para un negocio, buscar nuevas áreas para explorar, esencialmente averiguar hacia dónde apuntar tu visión.

Si pasas demasiado tiempo navegando, perderás ímpetu y la capacidad de ejecutar.

La percepción y la autoevolución ocurren mejor cuando alternamos entre estos dos modos. Hay una hermosa integración que sucede cuando puedes irte por un tiempo para aprender y recalibrar y regresar con nuevas ideas.

Mis ideas sobre 2008 sucedieron porque me alejé del trabajo por un tiempo y me adentré en el crecimiento personal. Estaba yendo al modo de navegación. Hubo momentos en que cuestioné si realmente podía dejar mi trabajo a un lado para asistir a un seminario de cuatro días. Pero lo hice, e ideas sorprendentes cambiaron el curso de mi negocio.

Y también hay una razón científica por la cual las ideas repentinas vienen en modo de navegación. Es posible que hayas experimentado esto: ¿alguna vez te has preguntado por qué tienes buenas ideas cuando estás en la ducha, mientras conduces, o mientras te estás quedando dormido o al despertar?

Los neurocientíficos lo llaman la Red Neuronal por Defecto (RND). Es un modo único del cerebro humano que produce grandes picos de creatividad, innovación y resolución de problemas. Cuando el cerebro no está enfocado en ninguna tarea, entra de modo automático en un flujo de pensamientos: la gente sueña despierta, imagina y piensa en el futuro. Estos pensamientos son vitales para organizar y planificar con anticipación, ayudan a considerar situaciones y decidir tu próxima acción.

La Red Neuronal Orientada a Tareas (RNOT), en cambio, actúa cuando la mente se enfoca en una tarea como escribir en un teclado, tocar un instrumento, leer un libro, cualquier cosa que requiera atención y concentración. Muchos meditadores practicantes tienen una RNOT altamente desarrollada.

En una entrevista con Big Think, Scott Barry Kaufman, director del Instituto de Imaginación de la Universidad de Pensilvania, dijo: «Hay una experiencia única de conciencia cuando ambas redes quedan equilibradas, como en un balancín».

Muchos artistas, inventores, líderes empresariales hablan sobre momentos en los que se les ocurrió una idea brillante o algo que hizo clic. Algunos dicen que la obra de Dios o del universo pasó a través de ellos. Es posible que hayas experimentado un momento como ese. Tienes una poderosa capacidad incorporada para visualizar.

Cuando una persona está en modo navegación, es como si tuviera una brújula interna que le indicara a dónde ir. La aceleración es el combustible del cohete que impulsa sus acciones, lo hace lograr resultados y lo lleva a donde necesita ir.

Debes poder dar un paso atrás y darte tiempo para obtener una mayor conciencia. Esta es la importancia de la navegación.

Y hay un ejercicio que puedes hacer que te ayudará a cambiar tu identidad rápidamente.

El proceso de cambio de identidad

Existe un proceso para cambiar tu identidad rápidamente hacia creencias más poderosas sobre el mundo. Cuando haces esto, comienzas a moverte hacia una vida en la que tu trabajo es tu pasión, la vida parece patio de recreo y estás en modo de juego total.

Cuando haces esto, realmente has fusionado al buda y al chingón.

Este es el proceso.

Paso 1: Visualiza tu vida perfecta

Entonces, ¿cómo vas más allá del mito del esfuerzo extremo o la idea del trabajo duro a realmente vivir una vida donde el trabajo desaparezca?

Primero, comprende que no eres quien crees que eres.

Las dos versiones de ti: todo mundo tiene dos versiones de sí mismos. Primero está la identidad con la que andas por ahí y que está compuesta de roles. Eres el gerente de la oficina. O el programador. O el diseñador gráfico independiente. O el abogado o el CEO. Sin embargo, esto es solo tu caparazón. Es el papel que desempeñas en el mundo que te rodea y, francamente, es un papel para otras personas. Es el papel que eliges desempeñar para que encajes en el gran colectivo humano, esa intrincada red de la sociedad humana a la que perteneces.

Pero este *no* eres tú. Hay una segunda versión de ti: es la persona que secretamente deseas ser. Esa es tu identidad central. Por ejemplo, toma a un tipo que trabaja como abogado en un bufete, unas 70 horas a la semana y no está muy satisfecho. Su caparazón es el de un abogado estresado. Su identidad central podría ser la de un artista. O un casanova. O una estrella de rock. Esa es su identidad central, lo que él quiere ser.

No importa lo satisfecha que esté una persona con su vida, siempre tiene estas dos versiones de sí misma. La identidad central (tu versión interna) siempre está tratando de informar al mundo exterior sobre la siguiente evolución para sí.

Nuestros deseos más profundos nunca son cosas como «ganar dinero» o «hacer contactos profesionales». Si crees que esto es tu deseo principal, tu cerebro te está mintiendo. Esos son resultados superficiales. La verdad es que el objetivo del ser humano es crear y perpetuar experiencias. Las metas no tienen sentido a menos de que vengan con una experiencia. Como Terence McKenna ha dicho:

> *Lo que es real eres tú y tus amigos y tus asociaciones,*
> *tus altibajos, tus orgasmos, tus esperanzas,*
> *tus planes, tus miedos. Y nos dicen que no, que no somos*
> *importantes, que somos periféricos. «Obtén un título,*
> *consigue un trabajo, obtén esto, obtén aquello». Y luego*
> *eres un jugador que ni siquiera quiere jugar en ese juego.*
> *Debes recuperar tu mente y quitársela de las manos a los*
> *ingenieros culturales que quieren convertirte en un imbécil*
> *inmaduro para que consumas toda esta basura que*
> *se fabrica con los huesos de un mundo agonizante.*

McKenna tiene un punto: nuestros sistemas escolares anticuados nos programan para encajar perfectamente como un engranaje en la rueda de la sociedad moderna para sostener el *statu quo* y mantener las industrias en funcionamiento. Así que te despiertas, te vistes, trabajas como esclavo y compras más basura que no necesitas.

Sin embargo, si piensas en lo que quieres en la vida, probablemente encontrarás que no se trata de dinero o riqueza; se trata de experiencias. La riqueza y el dinero son medios para obtener verdaderas experiencias, ya sea la experiencia de viajar, vivir en una casa preciosa o hacer el amor con esa persona especial. Una vez que comiences a enfocarte en tus objetivos reales, te transformarás sin esfuerzo en el interior y también podrás influir en tu mundo exterior. Comienza centrándote en las experiencias. Tal vez parezca osado reducir la vida a una fórmula, pero si lo hiciera se vería así:

Experiencia + Identidad = Vida

Cuando encuentres tu identidad central y comiences a vivirla, atraerás a personas que coinciden con esa identidad central. La primera vez que escuché el concepto de *identidad central* fue gracias a un brillante *coach* de emprendedores llamado Frank Kern. Esta es una adaptación de su ejercicio original en 2008.

A lo que realmente quieres apuntar es a:

- Experiencias (porque los medios como meta no tienen sentido).
- Una nueva identidad.
- La suma de todo esto es la vida.

Entonces, la gran pregunta es: si no hubiera limitaciones o consecuencias, ¿cómo sería tu día promedio perfecto?

Déjame explicarte lo que quiero decir.

Limitaciones significa que no tienes que preocuparte por el dinero, la salud, la geografía ni personas que te limiten.

Consecuencias significa que debes mantenerte a salvo con tu sueño para ese día perfecto. Nada que pueda lastimarte, meterte en problemas o llevar a ser arrestado.

Promedio significa que puedes hacerlo todos los días sin matarte (esto significa que tu día perfecto no incluiría escalar el Monte Everest, por ejemplo).

Ahora crea ese día perfecto. Escribe en tu diario sobre eso. Y luego da un paso atrás. ¿Qué te dice este día perfecto sobre ti? Ese día perfecto te ayudará a comprenderte a ti mismo y a encontrar tu identidad central.

Hazte estas preguntas sobre tu día perfecto (y ten en cuenta que estas preguntas se basan en las experiencias deseadas, no en las cosas):

1. ¿Dónde vivirías?
2. ¿Cómo sería tu casa?
3. ¿A qué hora te levantarías?
4. ¿Con quién te levantarías?
5. ¿Qué harías a primera hora de la mañana?
6. ¿Qué desayunarías?
7. ¿Cómo son las cosas mundanas (por ejemplo, llevar a los niños a la escuela)?
8. ¿Qué harías en la primera mitad de tu día?
9. ¿Qué comerías para el almuerzo?
10. ¿Con quién comerías?
11. ¿Cómo están tu cuerpo y tu salud?
12. ¿Cómo serían tus amigos?
13. ¿Qué harías para la realización personal?
14. ¿Para qué te esforzarías?
15. ¿Cuál sería tu negocio?
16. ¿Cómo son tus clientes?
17. ¿Cómo son tus relaciones? ¿Qué le gusta a uno del otro?
18. ¿Qué harías para pasar tiempo en familia?
19. ¿Qué cenarías? ¿Dónde cenarías?
20. ¿De qué hablarías durante la cena?
21. ¿Qué harías en la noche?
22. ¿Con quién lo harías?
23. ¿Cuáles serían tus pensamientos cuando te fueras a dormir?

Paso 2: Crea tu nueva identidad

Bien, ya tienes una visión de tu día perfecto. Tal vez incluso hayas ido más allá y hayas creado una visión para tu mes, año o vida perfectos. Aún mejor. Ahora quieres recordar este importante matiz sobre la identidad humana.

> *El mundo te reflejará lo que realmente crees que eres. Tu identidad creará resonancia con el universo.*

Entonces, ¿qué constituye una identidad? Esta es una pregunta más complicada. En los últimos años me fascinaron las técnicas avanzadas de entrenamiento cerebral. He trabajado en laboratorios con neurocientíficos para que mapeen en mi cerebro los estados de ondas cerebrales de monjes y multimillonarios. Lo que experimenté fue lo más cerca que estuve de esa idea de *The Matrix* en la que Neo conecta su cerebro a una computadora.

¿Qué descubrí? Diferentes estados de ondas cerebrales desbloquean diferentes aspectos del ser humano. Hay cuatro estados a los que una persona puede acceder:

1. El estado alfa. Cuando una persona trabaja en frecuencias de nivel alfa, aumenta su amplitud y coherencia. Experimenta un aumento en los estados generales de bienestar; por ejemplo, mayor salud y vitalidad, menos estrés emocional, más felicidad.

2. El nivel theta. El trabajo en frecuencias de nivel theta aumenta la capacidad de una persona para acceder a la intuición y la creatividad.

3. El nivel delta. Uno de los estados más curiosos es el delta. Cuando una persona está en delta, experimentan una

mayor sincronía y obtiene la capacidad de abordar proyectos gigantes con facilidad.

4. El nivel gamma. Esta es una frecuencia más nueva descubierta apenas en 1993, y parece correlacionarse con una conexión y un amor más profundos.

Curiosamente, estos cuatro estados cerebrales sugieren que hay cuatro aspectos diferentes de una identidad saludable.

• Los estados alfa se correlacionan con el bienestar.
• Los estados theta se correlacionan con la creatividad y la inspiración.
• Los estados delta se correlacionan con abundancia y poder.
• Los estados gamma se correlacionan con el amor y la conexión.

Ahora que has planeado tu día perfecto, el siguiente paso es preguntarte: ¿en quién tengo que evolucionar para ser el hombre o la mujer que tiene este día perfecto? (Como comentario: ¿ves cómo este ejercicio se conecta con el ejercicio de las Tres preguntas más importantes del capítulo 4?).

A medida que exploras tu nueva identidad en términos de bienestar, creatividad e inspiración, abundancia y poder, y amor y conexión, escribe en tu diario cómo deseas que se vea tu vida en cada una de estas cuatro áreas. Solo necesitas pasar aproximadamente cinco minutos por categoría, por lo que son unos 20 minutos en total.

Estado #1: Bienestar

El estado de bienestar significa que cuidas tu cuerpo y tu mente. Hoy sabemos que el cuerpo y la mente están conectados: si bien es cierto que el bienestar significa cuidar tu ejercicio, sueño y nutrición, también significa dedicar tiempo a cuidar tu mente a través de prácticas como la meditación y la atención plena (*mindfulness*).

Cuando tienes un mayor bienestar, te va mejor en el trabajo. La falta de sueño y la baja energía afectan tu capacidad para funcionar de la mejor manera en el trabajo. Del mismo modo, el estrés reduce tu capacidad para tomar buenas decisiones y generar ideas. Si puedes eliminar el estrés y aprender a relajarte, espera ver un aumento en tu toma de decisiones y tu capacidad de pensar.

Cambia tu identidad a la de una persona verdaderamente sana. Alguien que medita a diario, come bien, cuida su cuerpo y hace ejercicio. No estás demasiado ocupado para hacer ejercicio y meditar; de hecho, está comprobado que estas prácticas te *dan* tiempo.

Ahora mira la visión de tu día perfecto y pregúntate: «Para ser el hombre o la mujer que vive un día así, ¿qué niveles de bienestar tendría?».

Considera estos componentes:

- Salud y vitalidad: describe tu salud general y sentido de vitalidad.
- Energía: ¿qué tan energético te sientes durante todo el día?
- Estados emocionales: ¿cuáles son los estados emocionales que experimentas en el día a día?

Estado #2: Creatividad e inspiración

¿Alguna vez has notado cómo algunas personas tienden a burbujear con miles de ideas fenomenales? ¿Alguna vez has experimentado estados mentales en los que estás tan involucrado en tu trabajo, que *fluyes* sin esfuerzo y realmente lo plasmas en ese documento, proyecto o presentación? Esos estados elevados de inspiración y creatividad provienen de rasgos de identidad únicos.

Deseas asumir la identidad de la creatividad si te encuentras en un campo que requiere creatividad, como el diseño gráfico o la escritura. Pero si estás en finanzas o, por ejemplo, en la optimización de palabras publicitarias (*adwords*), a lo que querrás apuntar es a la intensidad del enfoque: la capacidad de reducir los números en un tiempo rápido y sacar conclusiones inteligentes. Cualquiera de los dos sentidos de identidad te da la capacidad de plasmarlos en el trabajo en menos horas al día.

Ahora mira la visión de tu día perfecto y pregúntate: «Para ser el hombre o la mujer que vive ese día, ¿qué niveles de creatividad e inspiración tendría?».

Considera estos componentes:

- Flujo: ¿qué tan fácil es para mí acceder a los estados de flujo para una productividad óptima? ¿Qué experimento en esos estados?
- Claridad y enfoque: ¿qué tan claro estoy en mis objetivos y visiones para la vida y el trabajo?
- Propósito y dirección: ¿qué tan claro estoy en el propósito de mi vida? ¿Lo que estoy haciendo día a día es coherente con mi verdadero propósito?

Estado #3: Abundancia y poder

Cuando tienes el rasgo de identidad de abundancia o poder, ves la vida como fácil y sin esfuerzo. Recordemos a los millonarios japoneses del capítulo 5 que creían que ganar dinero es fácil. Esa es una identidad de abundancia.

El rasgo de abundancia significa que ves abundancia en todas partes. En tu mundo tienes suficiente dinero para todos tus sueños, proyectos y empresas. Tú crees que las personas adecuadas, las oportunidades y las circunstancias vendrán a ti cuando las necesites. También te sientes en control de tu propia vida y destino.

Ahora mira la visión de tu día perfecto y pregúntate: «Para ser el hombre o la mujer que viva ese día, ¿qué niveles de abundancia y poder tendría?».

Considera estos componentes:

- Riqueza: tu acceso al dinero, conexiones, hogar, oficinas y activos.
- No te abrumas: tu capacidad para lidiar con estructuras complejas, múltiples proyectos y trabajos, dominio de la complejidad en todo lo que intentas.
- Tranquilidad y sincronicidad: lo fácil que parece tu vida. Las respuestas correctas, las conexiones y las personas siempre aparecen.

Estado #4: Amor y conexión

Cuando tienes el rasgo de identidad de amor y conexión, nunca te sientes solo en la vida. Tienes la pareja o amigos correctos en tu vida. Tienes amigos increíbles que te aman como eres y se preocupan profundamente por ti.

Tu negocio y red de contactos, hasta tus clientes y proveedores, son todas relaciones de beneficio mutuo. Deseas que cada acto, cada pacto se elabore no como competencia o en modo ganar-perder, sino como ganar-ganar para todas las partes.

Te preocupas profundamente por las personas que te rodean, desde familiares hasta amigos y colegas, y ellos a su vez se preocupan por ti. En resumen, reverencias a todos los demás seres humanos con los que te relacionas y tienes un amor profundo y poderoso por ti mismo.

Ahora mira la visión de tu día perfecto y pregúntate: «Para ser el hombre o la mujer que vive ese día, ¿qué niveles de amor y conexión tendría?».

Considera estos componentes:

- Relaciones ganar-ganar: ¿cómo son tus relaciones con los miembros de tu equipo, colegas, clientes y consumidores? ¿Tus relaciones son honestas y todos ganan?
- Rodeado de amor: ¿te sientes rodeado de amor? Este amor puede venir de tu propio corazón o de las personas que te rodean.

- Autenticidad: ¿crees en ti mismo? ¿No tienes miedo de ponerte de pie, ser original y vivir tu propia vida libre de las expectativas de los demás?

Después de hacer este ejercicio ya estás listo para el paso 3.

Paso 3: Hackea tu sistema de creencias

Una vez que hayas completado los dos pasos anteriores, estarás listo para incorporar nuevas creencias en tu ser. Hackear tu sistema de creencias es una forma de autohipnosis para dar vida a estas nuevas identidades.

Esta técnica se llama «Preguntas elevadas». Me la enseñó una de nuestras maestras de Mindvalley y *coach* de aprovechamiento de la intuición de clase mundial, Christie Marie Sheldon.

Para entender las preguntas elevadas, primero debes entender que las afirmaciones son bastante inútiles. Ya en la década de 1980, el pionero de la ciencia mental José Silva declaró que las afirmaciones a menudo no funcionan para las personas. En cambio, lo que quieres hacer es engañar a tu mente subconsciente para que crea la identidad que le estás poniendo. Y no lo haces mediante una afirmación declarativa como «Tengo un gran cuerpo», sino haciendo preguntas como: «¿Por qué tengo un cuerpo tan maravilloso?» o «¿Por qué soy tan amable y gentil con todos los que me rodean?».

Las afirmaciones no funcionan porque no puedes reafirmar una creencia en la que realmente no crees. Puedes decirte que eres increíble, superior, amable y genio, pero si hay un poco de duda en algún rincón de tu mente, terminarás cuestionando tu propia declaración.

Ahora bien, cuando haces una pregunta elevada, no estás haciendo una declaración: estás planteando una pregunta a tu cerebro y pidiendo evidencia. La mente subconsciente es maravillosa. Tomará esa pregunta y encontrará una manera de resolverla. Cuanta más evidencia reúnes, más comienzas a creer de verdad.

Las preguntas elevadas son una de las herramientas más poderosas para la transformación humana total que he encontrado. Déjame explicarte cómo funcionan. Digamos que quieres obtener una mejor claridad mental; este es un ejemplo de las preguntas elevadas que podrías hacerte:

- ¿Por qué soy tan creativo en el trabajo?
- ¿Por qué voy a estar fluyendo hoy mientras escribo mi libro?
- ¿Por qué tengo niveles de enfoque tan chingones?
- ¿Por qué soy tan claro en mi visión y objetivos?
- ¿Por qué opero con un sentido de propósito tan profundo?

No tienes que preguntarlas todas, con una es suficiente. La velocidad a la que las preguntas elevadas cambian tu vida es realmente asombrosa.

En enero de 2016, comencé a hacerme la pregunta elevada «¿Por qué tengo un cuerpo sexy y saludable?». Acababa de cumplir 40 años y no estaba en la mejor forma de mi vida, me había descuidado a lo largo de los años. Pero estaba decidido a tener un cuerpo del que estuviera orgulloso, por el que me sintiera genial. Me haría esa pregunta todos los días durante la meditación. Me tomaba solo cinco segundos. Haces la pregunta una vez, no de manera repetida.

Dos semanas más tarde, estaba en una *mastermind* con los principales autores de crecimiento personal y de negocios de Estados Unidos llamado Transformational Leadership Council y conocí a Eric Edmeades. Recibía un premio por su contribución a la comunidad: creó un programa de 90 días, WildFit, que enseña a las personas a cambiar su mentalidad en torno a la comida. Ese día Eric anunció que daría una sesión de 90 días de WildFit gratis para cualquiera de los miembros que asistieron ese día al evento y que quisieran unirse.

Estimulado por la pregunta que me había estado haciendo durante dos semanas, me inscribí. Estaba en 22% de grasa corporal. No estaba mal, pero no era un cuerpo con el que me sintiera cómodo si me quitaba la camisa en la playa.

Para mayo de 2016, tres meses después, había perdido seis kilos de grasa. Mi peso corporal bajó 15%. Me sorprendió cómo mi alimentación y mi salud habían cambiado en unos pocos meses.

Así que seguí con las preguntas elevadas. Esta vez lo cambié a «¿Por qué tengo un cuerpo musculoso tan bien marcado?».

Para entonces estaba comiendo sano, pero todavía detestaba ir al gimnasio. Los resultados de hacer esa pregunta elevada llegaron con ferocidad. En julio de 2016 me topé con un entrenador físico que trabajaba en un equipo de Mindvalley y él me presentó el entrenamiento de fuerza superlento. Estimulado por esa pregunta elevada, decidí seguir adelante.

Seis meses después había acumulado unos tres kilos y medio de músculo puro. Mi pecho se había expandido tanto que tuve que tirar muchas de mis camisas viejas y tenía un cuerpo del que estaba orgulloso.

Ahora bien, ¿fue la pregunta la que impulsó el cambio? ¿Hacer estas preguntas estaba activando de alguna manera una sincronicidad en el mundo para traerme a las personas y circunstancias adecuadas? ¿Era este el factor de realidad alucinante y místico del que hablan tantos filósofos espirituales? ¿O era el Sistema de Activación Reticular (SAR) de mi cerebro? Esa es la parte del cerebro que te ayuda a concentrarte en los objetos o ideas en los que has estado pensando internamente, pero se encuentran en tu órbita externa.

Honestamente, a mí no me importa. Dejaré que los filósofos espirituales discutan eso. Todo lo que sé es que funciona. Hoy comienzo todos los días con 30 preguntas elevadas. Me las he aprendido de memoria. Me ayudan a avanzar en la vida y me permiten crear nuevas realidades para mí rápidamente. Mediante este proceso alcanzo un hermoso equilibrio entre el trabajo y el bienestar y la felicidad y la alegría.

Así se empieza el proceso de las preguntas elevadas:

1. Mira las entradas en el diario que escribiste para cada uno de los cuatro aspectos de tu nueva identidad y comienza a construir las preguntas elevadas que refuercen los cambios que deseas realizar.

2. Escribe de cinco a 10 preguntas elevadas.

3. Apréndetelas de memoria y hazte estas preguntas mientras meditas por la mañana o antes de acostarte por la noche.

4. A medida que estas preguntas penetran en ti, puedes agregar más preguntas.

5. A medida que cambian las circunstancias de tu vida, modifica o haz nuevas preguntas.

Aquí hay algunas preguntas elevadas para comenzar. Elige lo que te resuene.

Preguntas elevadas para el bienestar

- ¿Por qué siempre estoy aprendiendo y creciendo?
- ¿Por qué como solo los alimentos que son mejores para mi cuerpo?
- ¿Por qué tengo un cuerpo tan sexy, marcado y musculoso?
- ¿Por qué me hago cada vez más joven cada año?
- ¿Por qué estoy en perfecto estado de salud?
- ¿Por qué mi cuerpo se está curando y mejorando año tras año?

Preguntas elevadas para la creatividad y la inspiración

- ¿Por qué tengo una intuición tan poderosa?
- ¿Por qué mis días siempre están tan llenos de inspiración?
- ¿Por qué soy tan claro en mis objetivos y visiones?
- ¿Por qué soy un escritor/productor/cineasta tan increíble?
- ¿Por qué mi trabajo diario es tan inspirador para mí?

Preguntas elevadas
para la abundancia y el poder

- ¿Por qué tengo una avalancha de abundancia fluyendo sobre mí para todas mis metas, visiones e inspiraciones?
- ¿Por qué soy tan bueno administrando, manteniendo y multiplicando dinero?
- ¿Por qué tengo un negocio de 10 millones de dólares?
- ¿Por qué mi ingreso crece cada año con facilidad?
- ¿Por qué mi trabajo toca un millón de vidas cada año?
- ¿Por qué tengo una casa tan hermosa en (inserta ubicación)?
- ¿Por qué soy un manifestante tan poderoso?
- ¿Por qué tengo al universo de mi lado?

Preguntas elevadas
para el amor y la conexión

- ¿Por qué tengo una vida de citas tan emocionante y activa?
- ¿Por qué tengo una vida sexual tan emocionante y excitante?
- ¿Por qué la gente me encuentra tan atractivo?
- ¿Por qué provoco amor y alegría a todos los que vienen a mi vida?
- ¿Por qué siempre estoy rodeado de amor?
- ¿Por qué tengo una relación tan increíble con mis hijos (inserta nombres)?
- ¿Por qué tengo una relación tan increíble con mi pareja (inserta nombre)?
- ¿Por qué tengo un equipo tan increíble de personas trabajando conmigo?

Usa las preguntas anteriores como marco para comenzar o crea las tuyas propias. Felicitaciones al nuevo tú que surge.

Para concluir

Al comienzo de este libro compartí un poema de Rumi. Te dije que tu interpretación de este poema cambiaría a medida que leyeras este libro. ¿Qué significa para ti ahora?

Cuando corro tras lo que pienso que quiero,
mis días son un horno de angustia y ansiedad;
Si me siento en mi propio lugar de paciencia,
lo que necesito fluye hacia mí y sin ningún dolor.
De esto comprendo que lo que quiero también
me quiere a mí, me está buscando y me atrae.
Hay un gran secreto en esto para quien
pueda entenderlo.

Revisa la interpretación anterior de este poema que escribiste en el capítulo 1. ¿Ha cambiado algo? Estos cambios reflejan cambios en tu identidad y sistemas de creencias. Es probable que estos cambios modifiquen tu experiencia física de la vida misma. Buena suerte con eso.

Pensamientos finales

Con tu dicha de buda y tu poder de chingón vas a traer cosas increíbles a este mundo. No puedo esperar para verte entrar en tu liderazgo y ser la mejor versión que puedas ser para ti, tu familia, tu comunidad y el mundo. No puedo esperar para ver el impacto que hagas.

Por ahora, mantengámonos conectados. Uso Instagram para mantenerme en contacto con todos mis lectores y comparto nuevas ideas semanalmente. Sígueme en @vishen.

También creé un hermoso sitio donde puedes obtener videos adicionales para apoyarte con muchas de las ideas que he compartido en este libro. Visita: www.mindvalley.com/badass.

Gracias por emprender esta aventura conmigo.

Resumen del capítulo

Modelos de realidad

Puedes crear una vida donde el trabajo no se sienta como trabajo. Rompe la enorme y gorda *brule* sobre el éxito: la falsa creencia de que tienes que trabajar más duro que nadie. Niégate a comprar la mentira del trabajo duro. Reemplázala con esto:

> *La experiencia del alma en la Tierra*
> *no se trata de trabajar duro y esforzarse.*
> *Se trata de libertad, tranquilidad y expansión.*

Debes fusionar tu buda interior con tu chingón interior.

El buda es el arquetipo del maestro espiritual. La persona que puede vivir en este mundo, pero también moverse con facilidad, gracia y fluir hacia donde parece que el mundo está en deuda con ellos.

El chingón es el que hace cambios. Este es el arquetipo de la persona que está afuera transformando, construyendo, codificando, escribiendo, inventando, liderando. Empuja a la humanidad hacia delante para traer vida a nuevas estructuras en el plano físico.

Ahora recuerda esta ecuación. Es tu objetivo en la vida:

$$Experiencias + Identidad = Vida$$

- Experiencias (porque los objetivos no tienen sentido).
- Una nueva identidad.
- Y la suma de todo esto es la vida.

Existen dos identidades en ti. Hay un tú que camina y se conecta con el mundo exterior y luego está tu identidad central.

Esta es la visión que tienes de la persona que quieres ser; la vida es un viaje constante de evolución hacia tu identidad central. Para descubrirla hay tres pasos:

Paso 1: Visualiza tu vida perfecta.
Paso 2: Crea tu nueva identidad.
Paso 3: Hackea tu sistema de creencias.

Sistemas de vida

Ejercicio 1: Aceleración y navegación

Los mejores trabajadores oscilan entre la aceleración y la navegación.

La *aceleración* ocurre cuando una persona está ejecutando su misión. Es cuando estás en un modo de rendimiento donde te centras en las tareas.

La *navegación* no se trata de moverse rápido, se trata de reducir la velocidad y alejarse de la acción para comprender si estás yendo en la dirección correcta.

Recuerda, hay una ciencia increíble sobre por qué alternar ambos todo el tiempo es más efectivo. Cuando estás en aceleración, activas un modo de conectividad cerebral llamado Red Neuronal Orientada a Tareas (RNOT), donde la mente se concentra en las tareas que tienes entre manos. Cuando estás navegando, estás en la Red Neuronal por Defecto (RND), donde el cerebro produce grandes picos de creatividad, innovación y resolución de problemas.

Paso 1: Revisa tus horas de trabajo diarias actuales. ¿Te ciclas entre aceleración y navegación lo suficiente cada día para sentir que siempre estás en tu mejor momento? Si no, considera una nueva estructura con mejor equilibrio. Institúyelo y ve cómo se mejora tu rendimiento.

Paso 2: Revisa tus horarios mensuales o anuales. ¿Hay suficientes bloques de tiempo de inactividad entre la acción para mantener la sustentabilidad y el máximo rendimiento? Si no, considera una nueva estructura con mejor equilibrio. Institúyelo y ve cómo se mejora tu rendimiento.

Ejercicio 2: Elabora tu identidad principal

Hay tres pasos para fusionar tu mundo interno (identidad central) con tu mundo externo.

Paso 1: Visualiza tu vida perfecta. Aquí es donde dejas volar tu imaginación. Considera tu día perfecto en tu visión ideal para la vida. Constrúyelo. Vuelve al capítulo de las preguntas enumeradas en la sección «Paso 1: Visualiza tu vida perfecta».

Paso 2: Crea tu nueva identidad. Una vez que comprendas lo que te gustaría experimentar, la pregunta que debes hacerte es: ¿en quién debo convertirme? Recuerda la Ley de Resonancia de Beckwith: «El mundo no te da lo que quieres o deseas. Más bien te da quién eres».

Regresa a la sección anterior titulada «Paso 2: Crea tu nueva identidad y realiza el proceso».

Paso 3: Hackea tu sistema de creencias. Una vez que hayas creado tu nueva identidad, debes crear tus preguntas elevadas para que puedas entrenarte en nuevas creencias y comportamientos y convertirte en ella. Vuelve a la sección «Paso 3: Hackea tu sistema de creencias para hacer este trabajo».

Fuentes

Introducción

30 «La realidad es lo que consideramos como verdad»: Ricard, Matthieu y Trinh Xuan Thuan, *El infinito en la palma de la mano. Un diálogo entre la ciencia moderna y la filosofía budista*, Urano, 2001.

33 «La raíz de su distorsión de la realidad era su creencia»: Isaacson, Walter, *Steve Jobs. La biografía*, Debate, 2011.

33 «Desde muy niño me enseñaron a trabajar y jugar»: Chernow, Ron, *Titan. The Life of John D. Rockefeller, Sr.*, Three Rivers Press, 2004.

Capítulo 1

43 «Nunca olvides lo que eres, porque seguramente el mundo no lo hará»: Martin, George R. R., *Juego de tronos (Canción de hielo y fuego, libro 1)*, Plaza y Janes, 2016.

59 «No puedes conectar los puntos mirando hacia adelante»: «"You've got to find what you love", Jobs says», *Stanford News*, 14 de junio de 2005. Recuperado en julio de 2019, de: https://news.stanford.edu/2005/06/14/jobs-061505/.

60 «El sufrimiento deja de serlo en el momento en que encuentra un sentido»: Frankl, Viktor, *El hombre en busca de sentido*, Herder, 2015.

Capítulo 2

69 «Encuentra un grupo de personas que te desafíen e inspiren»: «You Can't Do It Alone», *Harvard Magazine*, 25 de mayo de 2011. Recuperado en enero de 2020, de: https://harvardmagazine.com/2011/05/you-cant-do-it-alone/.

74 «Las pequeñas ideas que hacen cosquillas, insisten y se niegan a irse»: Miller, George (productor) y Chirs Noonan (director), *Babe, el puerquito valiente* [película], Estados Unidos: Kennedy Miller Productions, Universal Pictures, agosto de 1995.

77 «Eres un conductor de autobús»: Collins, Jim, *Empresas que sobresalen. Por qué algunas sí pueden mejorar la rentabilidad y otras no*, Deusto, 2011.

84 «La gente no compra lo que haces; compra por qué lo haces»: Sinek, Simon, *How Great Leaders Inspire Action* (charla), TED (productor), septiembre de 2009. Video recuperado de: https://www.ted.com/talks/simon_sinek_how_great_leaders_inspire_action/.

85 **Los seres humanos están biológicamente conectados para tomar decisiones:** Pontin, Jason, «The Importance of Feelings», *The* MIT *Technology Review*, 17 de junio de 2014. Recuperado en febrero de 2019, de: www.technologyreview.com/s/528151/the-importance-of-feelings/.

85 **participantes con estas lesiones cerebrales podían discutir conceptualmente las decisiones:** Bechara, Antoine, Hanna Damasio y Antonio R. Damasio, «Role of the Amygdala in Decision-Making», *Annals of The New York Academy of Sciences*, Biblioteca Nacional de Medicina de Estados Unidos, abril de 2003. Recuperado en febrero de 2019, de: www.ncbi.nlm.nih.gov/pubmed/12724171/.

89 **«Olvídate de la misión y la visión»:** Herold, Cameron, *How to Create a Vivid Vision for Your Career and Life*, Mindvalley (productor), 21 de octubre de 2018. Podcast de audio recuperado de: https://podcast. mindvalley.com/cameron-herold-vivid-vision/.

Capítulo 3

101 **«Todos estamos muy profundamente interconectados»:** Ray, Amit, *Yoga and Vipassana: An Integrated Lifestyle*, Inner Light Publishers, 2010.

105 **experiencias de dolor social (como la soledad) provocan actividad:** Bergland, Christopher, «The Neuroscience of Social Pain», *Psychology Today*, 3 de marzo de 2014. Recuperado en enero de 2020, de: www. psychologytoday.com/us/blog/the-athletes-way/201403/the-neuros cience-social-pain/.

105 **Uno de los estudios más largos y cualitativos de Harvard:** Waldinger, Robert, *What Makes a Good Life? Lessons from the Longest Study on Happiness* (charla), TED (productor), noviembre de 2015. Video recuperado de: https://www.ted.com/talks/robert_waldinger_what_ makes_a_good_life_lessons_from_the_longest_study_on_happiness/.

105 **lazos sociales tienen una correlación de 0.7:** Deiner, Ed y Martin Seligman, «Very Happy People», *Psychological Science*, vol. 13, núm. 1, 2002, pp. 81-84. Recuperado de SAGE Journals: https://doi.org/10. 1111/1467-9280.00415.

105 **los cuatro niveles superiores de la pirámide de Maslow:** McLeod, Saul, «Maslow's Hierarchy of Needs», *Simple Psychology*. Recuperado en marzo de 2019, de: www.simplypsychology.org/maslow.html/.

106 **para que cualquier persona pueda pasar de un nivel:** Maslow, Abraham, «A Theory of Human Motivation», *Psychological Review*, 1943.

108 **se confía significativamente más en «mi empleador» (75%) que en las** ONG: «2019 Edelman Trust Barometer. Global Report», *Edelman*. Recuperado en marzo de 2019, de: www.edelman.com/sites/g/files/ aatuss191/files/2019-02/2019_Edelman_Trust_Barometer_Global_ Report.pdf/.

110 **«La preocupación de la sociedad por la felicidad»:** David, Susan, *The Tyranny of Positivity: A Harvard Psychologist Details our Unhealthy Obsession with Happiness*, BigThink (productor), 31 de agosto de 2016.

Video recuperado de: https://bigthink.com/videos/susan-david-on-our-unhealthy-obsession-with-happiness/.

113 **Un PQ alto significa que tiene una proporción más alta de sentimientos positivos:** Chamine, Shirzad, *Positive Intelligence: Why Only 20% of Teams and Individuals Achieve Their True Potential*, Greenleaf Book Group Press, 2012.

116 **compañeros de trabajo que reportan tener un mejor amigo en la oficina:** Rath, Tom y Jim Harter, «Your Friends and Your Social Well-being», *Gallup News*, 19 de agosto de 2010. Recuperado en enero de 2020, de: https://news.gallup.com/businessjournal/127043/friends-social-wellbeing.aspx/.

116 **Cuando el cerebro está en un estado positivo, la productividad aumenta:** «How to Use Happiness to Fuel Productivity», capacitación de Shawn Achor con Vishen Lakhiani, Mindvalley Programa de Mentoría, 2014.

117 **«Las personas que entrevistamos en compañías de buenas a grandiosas»:** Collins, Jim, *Empresas que sobresalen: Por qué algunas sí pueden mejorar la rentabilidad y otras no*, Deusto, 2011.

117 **cuando dos personas se conocen por primera vez, ambas hacen un cálculo rápido:** Cuddy, Amy, *El poder de la presencia*, Urano, 2019.

117 **el CEO de Shopify habló sobre el establecimiento de una métrica:** Bryant, Adam, «Tobi Lütke of Shopify: Powering a Team With a "Trust Battery"», *New York Times*, 22 de abril de 2016. Recuperado en abril de 2019, de: https://www.nytimes.com/2016/04/24/business/tobi-lutke-of-shopify-powering-a-team-with-a-trust-battery.html/.

124 **«La única moneda verdadera en este mundo en bancarrota»:** Crowe, Cameron (productor, director y escritor) e Ian Bryce (productor), *Casi famosos* (película), Estados Unidos, Columbia Pictures, DreamWorks Pictures, septiembre de 2000.

128 **Los estados de ánimo se vuelven virales, de manera similar a la gripe:** Barsade, Sigal, «Faster Than a Speeding Text: "Emotional Contagion" at Work», *Psychology Today*, 15 de octubre de 2014. Recuperado en marzo de 2019, de: https://www.psychologytoday.com/us/blog/the-science-work/201410/faster-speeding-text-emotional-contagion-work/.

128 **cuando los líderes tienen un estado de ánimo positivo:** Achor, Shawn, *The Happiness Advantage*, Currency, 2010.

Capítulo 4

145 **la primera tarea que tenían que hacer:** Achor, Shawn, *How to Use Happiness to Fuel Productivity*, Mindvalley (productor), 2014. Video recuperado de: https://mindvalley.com/channels/mindvalley-mentoring/media/769-how-to-use-happiness-and-love-to-fuel-productivity/.

148 «Los objetivos finales son las hermosas y emocionantes recompensas»: Lakhiani, Vishen, *El código de las mentes extraordinarias*, Edaf, 2017.

Capítulo 5

170 «La transformación implica experimentar un cambio profundo y estructural»: O'Sullivan, Edmund, Amish Morrell y Mary O'Connor, *Expanding the Boundaries of Transformative Learning: Essays on Theory and Praxis*, Palgrave Macmillan, 2004.

173 una crisis de la vida o una gran transición de la vida: Mezirow, Jack, *Learning as Transformation: Critical Perspectives on a Theory in Progress*, Jossey-Bass, 2000.

174 «Google demostró recientemente que sus mejores empleados»: Ismail, Salim, *Organizaciones exponenciales*, Bubok, 2016.

176 «He estado haciendo una lista de las cosas que no te enseñan»: Gaiman, Neil, *The Sandman, vol. 9: Los amables,* DC Comics, 2006.

177 «Los seres humanos no son teléfonos inteligentes»: Mitra, Sugata, *Build a School in the Cloud* (charla), TED (productor), noviembre de 2013. Video recuperado de: https://www.ted.com/talks/sugata_mitra_build_a_school_in_the_cloud/.

183 privarse de 90 minutos: Rath, Tom, *Come, muévete y duerme*, Océano, 2016.

183 se necesitan 10 000 horas para lograr el dominio en cualquier campo: Gladwell, Malcolm, *Fuera de serie. Por qué unas personas tienen éxito y otras no*, Taurus, 2009.

184 pasaban un promedio de 8 horas y 36 minutos durmiendo: Ericsson, Enders K., «The Role of Deliberate Practice in the Acquisition of Expert Performance», *Psychological Review*, vol. 100, núm. 3, 1993, pp. 363-406. Recuperado de: http://projects.ict.usc.edu/itw/gel/EricssonDeliberatePracticePR93.pdf/.

187 Imagínate si pudieras aumentar tu fuerza en un 25%: McGuff, Doug, *Body by Science*, Northern River Productions, 2009.

190 la mayoría de las personas ha sido entrenada para leer como un niño de 6 años: Kwik, Jim, *10 Powerful Hacks to Unlock Your Super Brain*, Mindvalley (productor). Video recuperado de: https://events.blinkwebinars.com/w/5750669740081152/watch-now?_ga=2.163744822.800747580.1575308463-1706431628.1574210435#5924650399563776/.

191 Daniel dijo que la gente necesita libertad: Pink, Daniel, *The Surprising Truth About Motivation*, Mindvalley (productor), 1 de febrero de 2019. Podcast de audio recuperado de: https://podcast.mindvalley.com/daniel-pink-truth-about-motivation/.

Capítulo 6

197 **«El poder sin amor es imprudente y abusivo»**: Carson, Clayborne, *The Autobiography of Martin Luther King, Jr.*, Warner Books, 2001.

201 **En 2013, Gallup publicó una encuesta sobre hombres que se negaron a retirarse**: «Most U.S. Employed Adults Plan to Work Past Retirement Age», *Gallup News*. Recuperado en enero de 2020, de: https://news.gallup.com/poll/210044/employed-adults-plan-work-past-retirement-age.aspx/.

204 **Para explicar Neuralink, Urban escribió una publicación**: Urban, Tim, «Neuralink and the Brain's Magical Future», *Wait But Why*, 20 de abril de 2017. Publicación de blog recuperada de: https://waitbutwhy.com/2017/04/neuralink.html/.

207 **los famosos experimentos de las prisiones de Stanley Milgram**: McLeod, Saul, «The Milgram Shock Experiment», *Simply Psychology*, 2017. Recuperado en enero de 2020, de: www.simplypsychology.org/milgram.html/.

214 **«Una de las cosas que más molestó a Steve Jobs»**: Hertzfeld, Andy, «Saving Lives», *Folklore*, agosto de 1983. Publicación del blog recuperada de: www.folklore.org/StoryView.py?story=Saving_Lives.txt.

216 **Carlos Vásquez, sintió un ardiente deseo**: Boyle, Christina, «East Side Dry Cleaner Helping Jobless with Free Spruce up of Interview Garb», *Daily News*, 22 de marzo de 2009. Recuperado en julio de 2019, de: www.nydailynews.com/news/money/east-side-dry-cleaner-helping-jobless-free-spruceup-interview-garb-article-1.369155/.

217 **el 75% de los estadounidenses dijo que quería que las empresas**: Glassdoor Team, «Glassdoor Survey Finds 75% of Americans Believe Employers Should Take a Political Stand», *Glassdoor for Employers*, 26 de septiembre de 2017. Recuperado en julio de 2019, de: www.glassdoor.com/employers/blog/glassdoor-survey-finds-75-of-americans-believe-employers-should-take-a-political-stand/.

217 **el 66% de los consumidores quiere que las marcas adopten una posición pública**: «#BrandsGetReal: Championing Change in the Age of Social Media», *Sprout Social*. Recuperado en julio de 2019, de: https://sproutsocial.com/insights/data/championing-change-in-the-age-of-social-media/.

218 **«Solía pensar que era un emprendedor»**: Lakhiani, Vishen, *Breaking all the «Brules»*, Impact Theory (productor), 11 de abril de 2017. Video recuperado de: https://www.youtube.com/watch?v=BvpAeRGnkJ4&t=1083s/.

218 **«Tu postura es tu marca»**: Gentempo, Patrick, *Your Stand Is Your Brand: How Deciding Who to Be (NOT What to Do) Will Revolutionize Your Business*, Penguin Random House Canadá, 2020.

219 **«Puede que tengas 38 años»**: Carson, Clayborne, *The Autobiography of Martin Luther King, Jr.*, Warner Books, 2001.

Capítulo 7

225 **«Los buenos líderes tienen visión e inspiran a los demás»:** Bennett, Roy T., *The Light in the Heart*, Roy Bennett, febrero de 2016.

230 **«Hasta que uno se compromete, hay dudas»:** Hutchison, William, *The Scottish Himalayan Expedition*, J. M. Dent, 1951.

232 **«Cuando haces algo audaz»:** Jain, Naveen, *How to Dream so Big You Can't Help but Change the World*, Mindvalley (productor), 5 de abril de 2019. Podcast de audio recuperado de: https://podcast.mindvalley.com/naveen-jain-dream-big-change-the-world/.

237 **cuando establezcas metas para tu negocio o equipo:** Doerr, John E., *Mide lo que importa*, Conecta, 2019.

238 **«Cuando estuve aquí en Michigan»:** *Larry Page University of Michigan Commencement Address*, Google (productor), 2 de mayo de 2009. Video recuperado de: http://googlepress.blogspot.com/2009/05/larry-pages-university-of-michigan.html/.

240 **Las personas que escriben visiones de este tipo:** Thiel, Peter, *De cero a uno*, Gestión 2000, 2015.

246 **«las personas se autogestionan»:** Schwantes, Marcel, «A Young Steve Jobs Once Gave This Priceless Leadership Lesson. Here It Is in a Few Sentences», *Inc.* Recuperado en enero de 2020, de: www.inc.com/marcel-schwantes/a-young-steve-jobs-once-gave-this-priceless-leadership-lesson-here-it-is-in-a-few-sentences.html/.

245 **Dov Seidman lo describe sin rodeos:** Seidman, Dov, *How: ¿por qué significa tanto cómo hacemos las cosas?*, Aguilar, 2014.

246 **«Los grandes equipos no se crean con incentivos»:** McCord, Patty, *Powerful: Building a Culture of Freedom and Responsibility*, Missionday, 2017.

Capítulo 8

258 **hay un nombre para este fenómeno y es acoplamiento cerebral:** Silva, Jason, *Brain Coupling: The Neuroscience of Romantic Love*, Jason Silva (productor), 1 de agosto de 2016. Video recuperado de: www.facebook.com/?watch/?v=1720981828166095.

262 **Pixar difuminó las líneas tradicionales entre los trabajadores:** Catmull, Ed, *Creatividad, S. A. Cómo llevar la inspiración hasta el infinito y más allá*, Conecta, 2015.

263 **Es un fenómeno fascinante que explica por qué adoptamos una religión:** Marsden, Paul, «Memetics and Social Contagion: Two Sides of the Same Coin?», *Journal of Memetics-Evolutionary Models of Information Transmission*, 1998. Recuperado en diciembre de 2019, de: http://cfpm.org/jom-emit/1998/vol2/marsden_p.html/.

272 **Google falla en el 40% de todo lo que comienza:** Levy, Steven, *In the Plex: How Google Thinks, Works, and Shapes Our Lives*, Simon & Schuster, 2011.

276 «Las personas que tienen razón cambian de opinión mucho más a menudo»: Bezos, Jeff, «Las personas inteligentes cambian de opinión», *Techcrunch*, 19 de octubre de 2012. Publicación de blog recuperada de: https://techcrunch.com/2012/10/19/jeff-bezos-the-smart-people-change-their-minds/.

Capítulo 9

283 «El mundo no te da lo que quieres o deseas»: Beckwith, Michael, *True Manifesting from the Soul*, Mindvalley (productor), 2019. Video recuperado de: https://events.blinkwebinars.com/w/6246203867791360/watch-now?_ga=2.124996995.800747580.1575308463-1706431628.1574210435#5053427020988416/.

283 construye una identidad que te haga superar: Clear, James, *Hábitos Atómicos. Un método sencillo y comprobado de desarrollar buenos hábitos y eliminar los malos*, Paidós, 2019.

287 «Era exitosa según todos los estándares»: Tess Katz, Emily, «Arianna Huffington Reveals How Fainting Changed Her Whole Life», *HuffPost*, 12 de junio de 2017. Recuperado en diciembre de 2019, de: www.huffingtonpost.ca/entry/arianna-huffington-fainting_n_5030365?ri18n=true&guccounter=1&guce_referrer=aHR0cHM6Ly93d3cuZ29vZ2xlLmNvbS8S8&guce_referrer_sig=AQAAAIuVU44dbycY5BJ6TzcEnoiWiRUIqvHIiW4c4cFdQWvj1HVsTtpSAV2nqAIU-7H3jTMuTqSBEoqSAuUodgPtEsyv5jz7YGE27twGhQDXbDfrSyPEBF27Dwivxi83LyBX2Ze1bPoDKW f0EwLJGwuRSymDez47Urs_zre9viqHV1Q/.

288 «Cuando profundizo al respecto con ellos»: «El poder del pensamiento enfocado» de Regan Hillyer (entrenamiento), Programa de Mentoría Mindvalley, 2019.

290 «Hay una experiencia única de conciencia»: Barry Kaufman, Scott, *The Science of Creativity: How Imagination and Intelligence Work Together in the Brain*, BigThink (productor), 27 de junio de 2016. Video recuperado de: https://bigthink.com/videos/scott-barry-kaufman-on-intelligence-and-imagination/.

292 «Lo que es real eres tú y tus amigos y tus asociaciones»: McKenna, Terence, *El manjar de los dioses*, Paidós, 2010.

Agradecimientos

Mi agradecimiento va primero y, ante todo, a todos nuestros autores de Mindvalley: José Silva, Burt Goldman, Christie Marie Sheldon, Jim Kwik, Eric Edmeades, Jon y Missy Butcher, Steven Kotler, Steve Cotter, Jeffrey Allan, Donna Eden y David Feinstein, Marisa Peer, Barbara Marx Hubbard, Ken Wilber, Neale Donald Walsch, Robin Sharma, Marie Diamond, Emily Fletcher, Srikumar Rao, Denis Waitley, Lisa Nichols, Ben Green Field, Anodea Judith, Shefali Tsabary, Michael Breus, Katherine Woodward Thomas, Michael Beckwith, Christine Bullock, Ken Honda, Paul McKenna, Keith Ferrazzi, Geelong Thubten, Naveen Jain, Alan Watts.

A Jeffrey Perlman y Kshitij Minglani, por ser aliados tan increíbles. Y a Rajesh Shetty y Omesh Sharma, por su orientación y asesoramiento.

A mi equipo en Mindvalley, especialmente Ezekiel Vicente, TS Lim, Wu Han, Klemen Struc, Miriam Gubovic, Anita Bodnar, Eni Selfo, Alessio Pieroni, Seerat Bath, Marisha Hassaram, Kathy Tan, Wayne Liew, Agata Bas, Laura Viilep, Kadi Oja, Olla Abbas, Natalia Sloma, Alsu Kashapova, Jason Campbell, Nika Karan, John Wong, Kevin Davis, Riyazi Mohamed, Chee Ling Wong, Shafiu Hussain y Vykintas Glodenis, y a todos los demás en Mindvalley, por asegurarnos de que nuestra empresa funcionara sin problemas cuando me alejé brevemente para escribir este libro. Estoy agradecido por sus esfuerzos diarios, sus visiones y su compromiso con la unidad, la transformación y el amor por el planeta.

A los socios comerciales con los que juego para llevar la transformación al mundo: Rene Airya y Akira Chan, de Little Humans; Ajit Nawalkha, de Evercoach; Klemen Struc, de Soulvana.

Al colaborador de mi libro, Kay Walker, por sus geniales habilidades de escritura y narración de historias, y su compromiso
inquebrantable por brindar más capacitación y herramientas
transformadoras al mundo. Tenerte como socio le agregó con-
tundencia a la creación de este libro.

A mi editora, Donna Loffredo, y al equipo de Penguin Random House, por creer en este libro. Jugaron un papel instru-
mental en la configuración de cada aspecto, desde el contenido
hasta el diseño de la portada y la estrategia de marketing.

A mi directora de relaciones públicas, Allison Waksman,
por guiar la estrategia para este libro y por toda tu experiencia
como mi asesora de relaciones públicas.

A Celeste Fine y John Maas, mis agentes en Park & Fine
Literary and Media, que han sido los principales apoyos de mi
trabajo desde el libro uno.

A las mentes creativas que contribuyeron con sus talentos
a la creación de este libro, incluido el equipo de producción de
filmes de Mindvalley, el equipo de diseño y el equipo de diseño
de experiencia de aprendizaje, por su trabajo en la experiencia
en línea. Gracias a Tanya Tesoro, por su magnífico diseño de portada; a Melissa Koay, por liderar la creación de Quest; también a
todo el equipo de filmación de Mindvalley y al equipo de diseño
creativo por aportar sus talentos colectivos a este proyecto.

Un enorme agradecimiento a todo mi equipo en Mindvalley, nuestros clientes, suscriptores y fans. Son la columna ver-
tebral de lo que hacemos. Sin ustedes, Mindvalley y este libro
simplemente no existirían.

A la tribu Mindvalley y los estudiantes de nuestros Quests,
por permitirme amar mi trabajo todos los días y por su compromiso con un planeta más consciente y vidas inspiradas para
ustedes y el resto del mundo.

A los maestros que proporcionaron
sabiduría para este libro:
Drima Starlight, por ser fundamental en los primeros días de
Mindvalley y por su proceso de valores que ha sido clave para

nuestro éxito continuo y ahora el éxito de muchos otros; Cameron Herold, por su técnica de Visión Vívida que llevó mi negocio a nuevas alturas; Srikumar Rao, por su profunda sabiduría, tutoría y apoyo a través de los altibajos; Lisa Nichols, por creer en mí desde el principio, y por su amistad y asociación en el campo del crecimiento personal; al Reverendo Michael Beckwith, por su guía espiritual, su proceso de Visión de Vida y su compromiso con la transformación del planeta; Naveen Jain, por sorprenderme con tus ideas de la luna que han expandido la forma en que creo que dirijo mi negocio; Richard Branson, por sugerir que escribiera el primer libro que condujo a este, por invitarme al *mastermind* contigo en Necker y por ser un ejemplo de cómo los negocios y la vida pueden fluir juntos con facilidad; Bob Proctor, por patearme el trasero y hacerme pensar mejor; Ken Wilber, por ser el padre de la teoría integral cuyos modelos me han dado forma a mí, a mi trabajo y a muchas de las ideas de este libro; Tim Urban, por su blog genial que aborda de una manera ingeniosa y atractiva los temas más relevantes que el mundo necesita conocer; Tom Chi, por tu apoyo a la humanidad y por dar un ejemplo de cómo deben comportarse los líderes en los negocios; John Ratcliff, por inspirar a otros líderes a ver a su gente verdaderamente con su programa *Gerente de ensueño*; Daniel Pink, por su compromiso con el liderazgo compasivo y los equipos que prosperan; Patty McCord, por recordarle al mundo que las personas ya son líderes en el momento en que entran por una puerta; Elon Musk, por ser un pionero que establece un estándar impecable sobre cómo pensar con 10 años de anticipación; Barack Obama, por su mentoría e inspiración; Larry Page, por compartir el sistema OKR que ha transformado la forma en que trabajamos en Mindvalley; Doug McGuff, por tu entrenamiento superlento y por ayudarme a revertir mi edad biológica; Simon Sinek, por enfatizar la importancia de compartir tu porqué; Jim Collins por alentarme a conseguir a las personas adecuadas en mi autobús.

A los líderes de pensamiento que
ya no están con nosotros pero que han influido
en mi vida y en las ideas de este libro:
Buckminster Fuller, por mostrarme cómo abordar problemas
imposibles; Terrence McKenna, por tu apoyo a las personas
que viven vidas autoexpresadas, por tu sabiduría alucinante y
por contribuir a mi visión del mundo; Rumi, por tu guía espiritual y tus poemas que se han quedado conmigo y moldearon
mi forma de trabajar; Martin Luther King Jr., por inspirarnos a
todos a vivir valientemente; y Abraham Maslow, por revolu-
cionar el campo de la psicología humana con tu Jerarquía de
Necesidades.